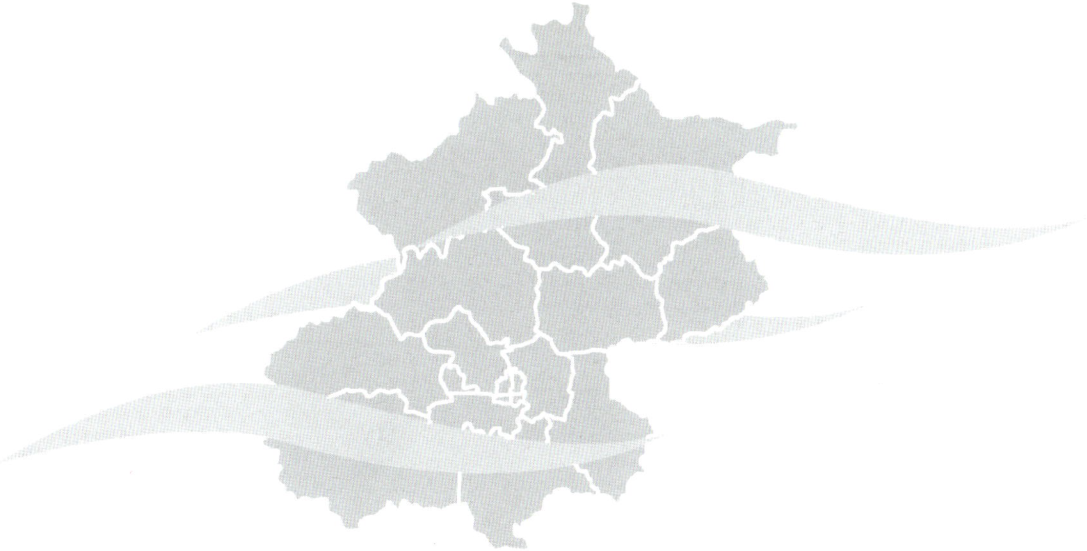

BEIJING AREA STATISTICAL YEARBOOK

北京区域统计年鉴

2010

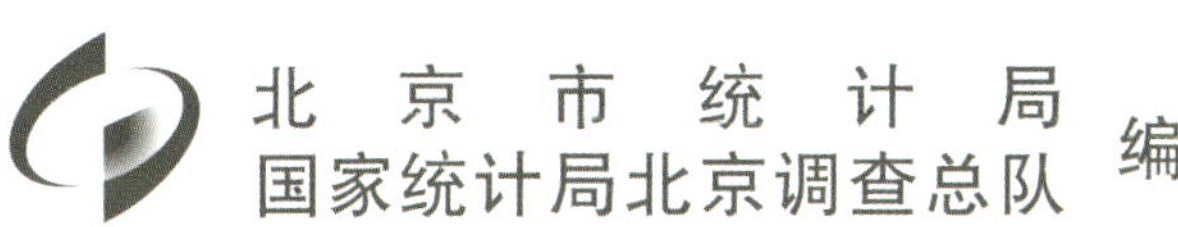

北京日报报业集团
同心出版社

图书在版编目（CIP）数据

北京区域统计年鉴．2010 / 北京市统计局，国家统计局北京调查总队编著．
——北京：同心出版社，2010.12
ISBN 978-7-5477-0064-8

Ⅰ.①北… Ⅱ.①北…②国… Ⅲ.①统计资料—北京市—2010—年鉴
Ⅳ.①C832.1-54

中国版本图书馆CIP数据核字（2010）第229291号

责任编辑：张 迪

出版发行：同心出版社
地　　址：北京市东城区朝阳门南小街6号楼303
邮　　编：100010
电　　话：发行部：（010）65255876　　65251756
　　　　　总编室：（010）65252135
印　　刷：北京公交印刷有限公司
彩页设计：北京揽胜视觉文化艺术传播有限公司
经　　销：各地新华书店
版　　次：2010年12月第1版
　　　　　2010年12月第1次印刷
开　　本：787×1092　1/16
印　　张：15
字　　数：260千字
定　　价：180.00元

北京市行政区划示意图

怀柔区
延庆县
密云县
昌平区
平谷区
顺义区
海淀区
门头沟区
东城区
石景山区
西城区
朝阳区
丰台区
通州区
房山区
大兴区

新东城区

首都文化中心区 古韵今辉新东城

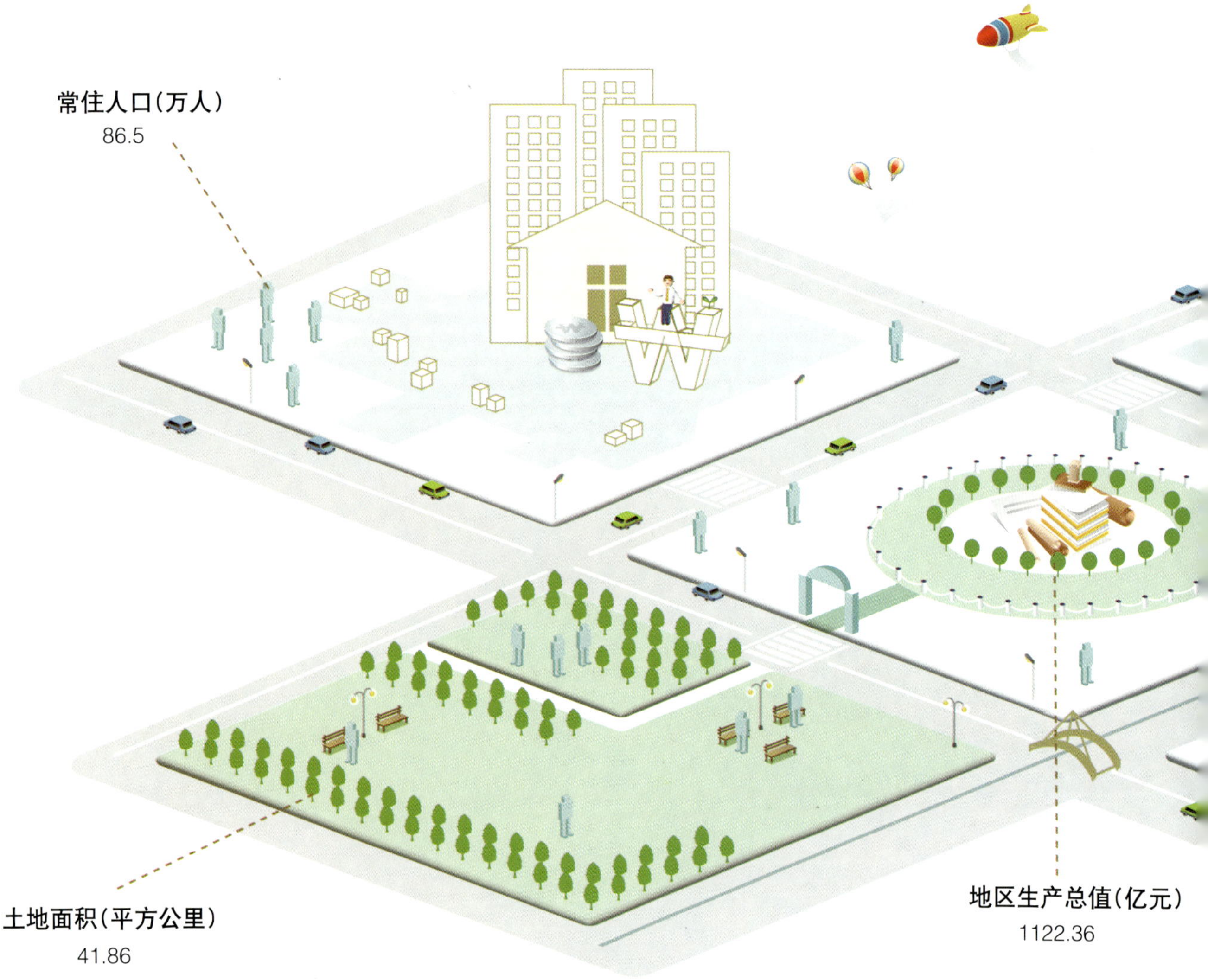

常住人口(万人)
86.5

地区生产总值(亿元)
1122.36

土地面积(平方公里)
41.86

北京游乐园

东方广场夜景

王府井

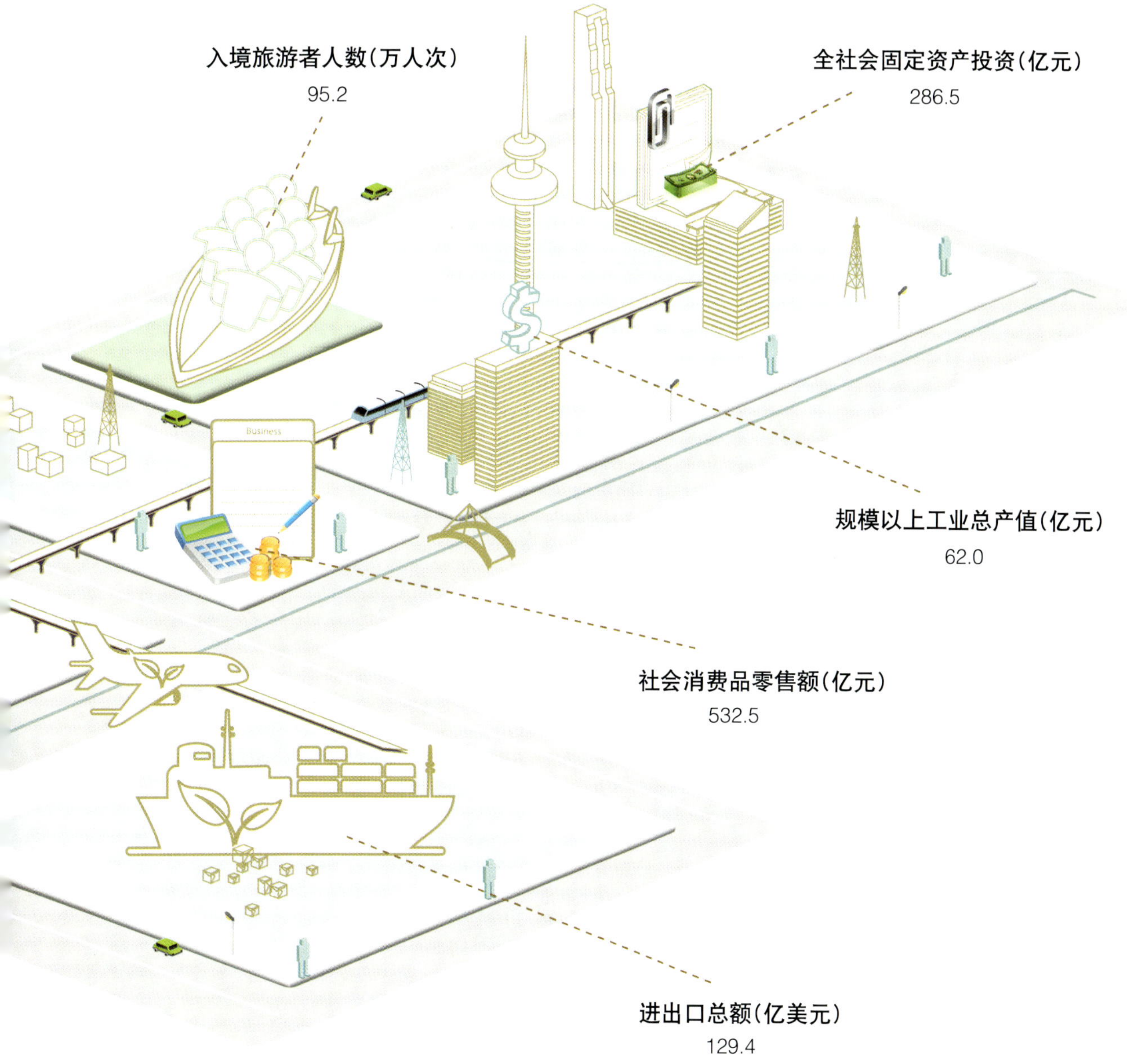

入境旅游者人数(万人次)
95.2

全社会固定资产投资(亿元)
286.5

规模以上工业总产值(亿元)
62.0

社会消费品零售额(亿元)
532.5

进出口总额(亿美元)
129.4

第20届地坛庙会

天坛祈年殿

北京城东南角楼

原东城区

推进科学发展 建设和谐东城

历年城镇居民人均住宅使用面积(平方米)

2009年地方财政支出情况(万元)

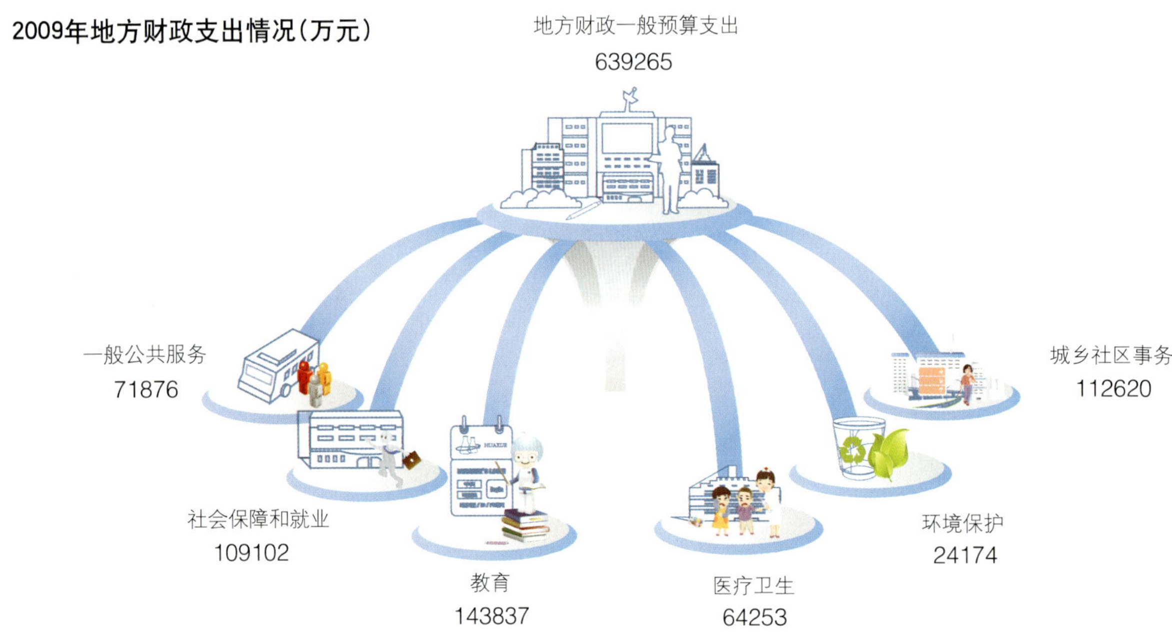

北京站前街

朝内大街

故宫角楼

原崇文区

现代化都市文化休闲区

历年商品房销售面积(万平方米)

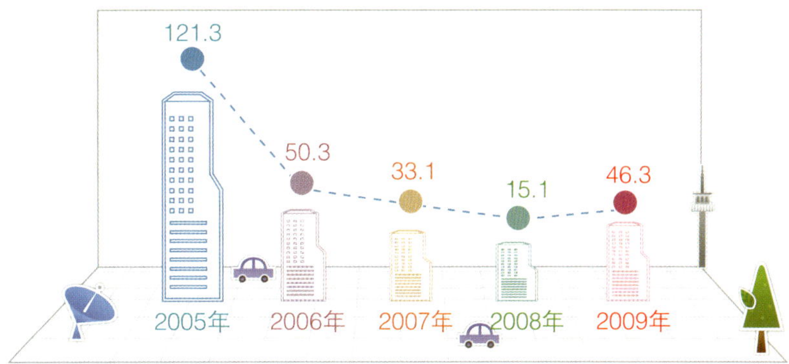

2009年景区旅游情况

前门大街

大都市街夜景

新世界商场

新西城区

创造城市美好生活 建设世界城市示范区

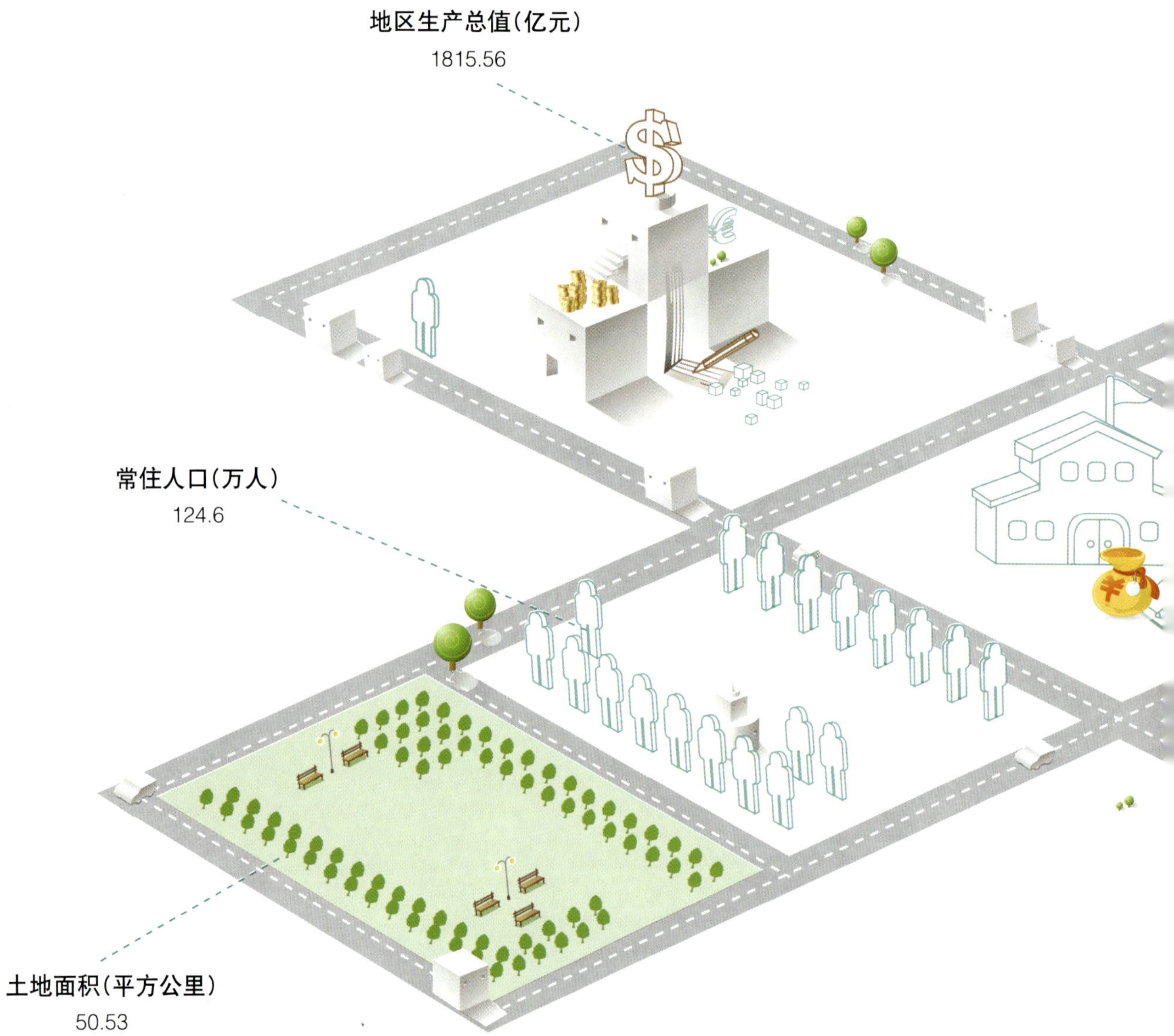

地区生产总值(亿元)
1815.56

常住人口(万人)
124.6

土地面积(平方公里)
50.53

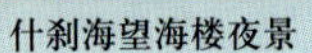

什刹海望海楼夜景

国家大剧院

牛街礼拜寺

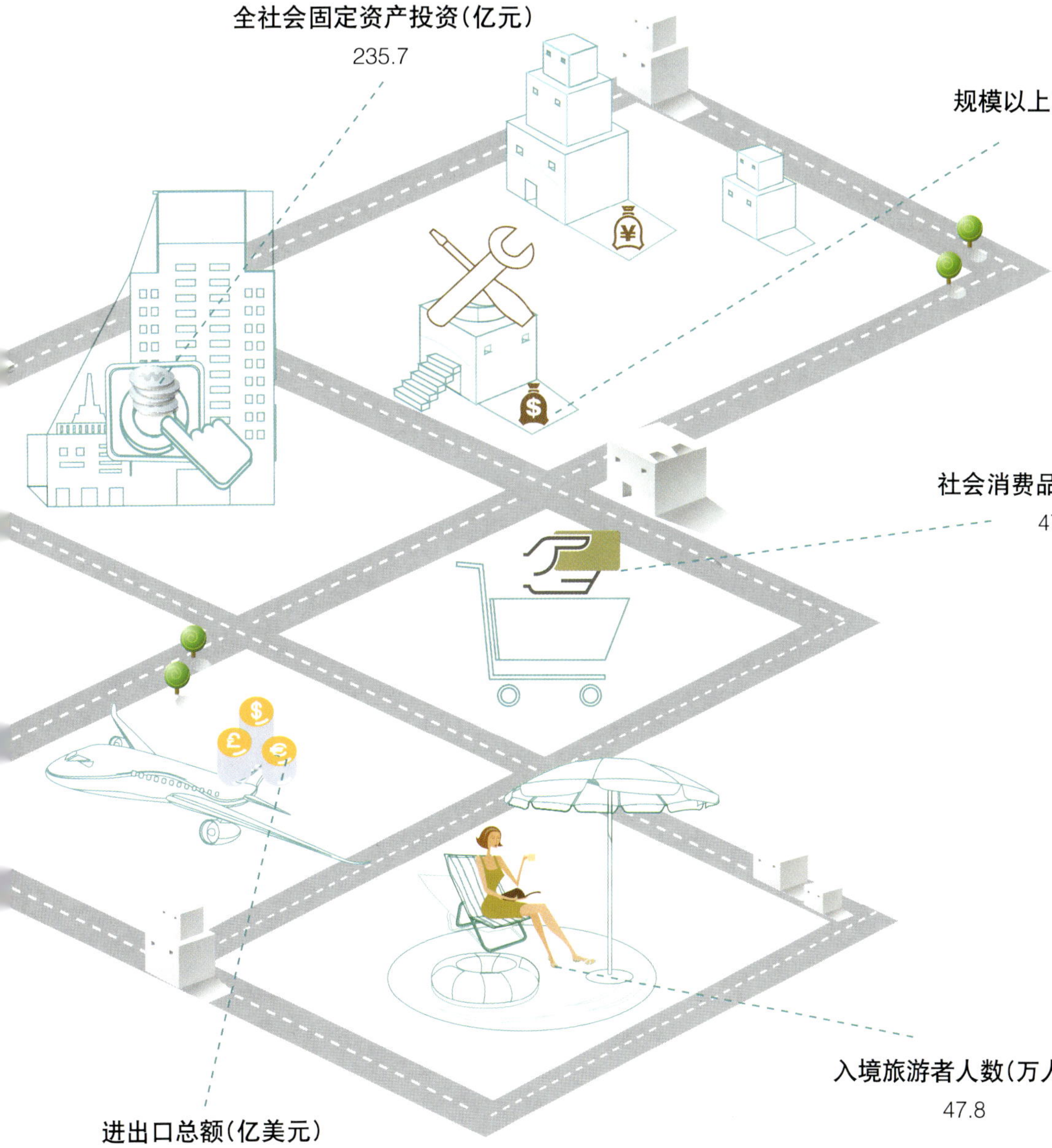

全社会固定资产投资(亿元)
235.7

规模以上工业总产值(亿元)
584.0

社会消费品零售额(亿元)
474.7

入境旅游者人数(万人次)
47.8

进出口总额(亿美元)
474.4

西直门

金融街

庄胜崇光

原西城区

三区战略促发展

历年城镇居民人均可支配收入及增速

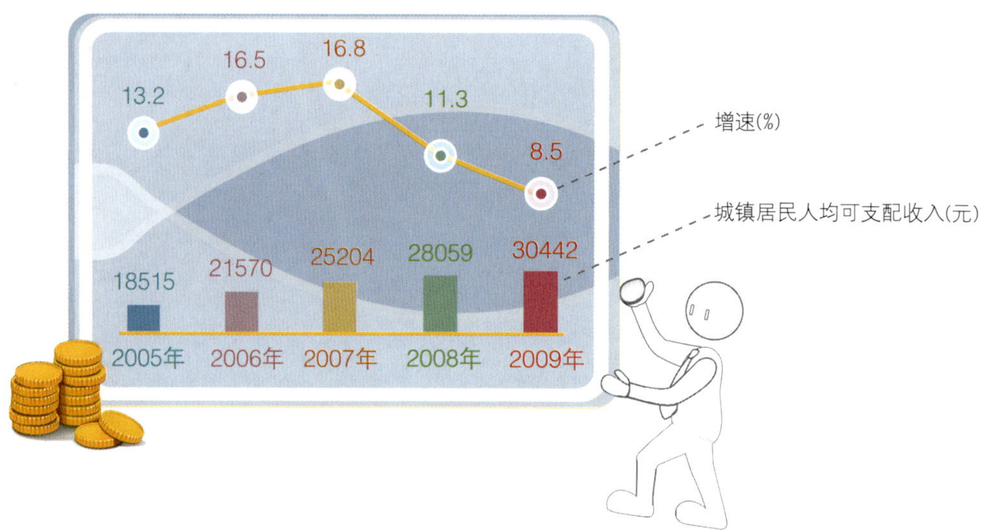

2009年西城区功能街区法人单位构成

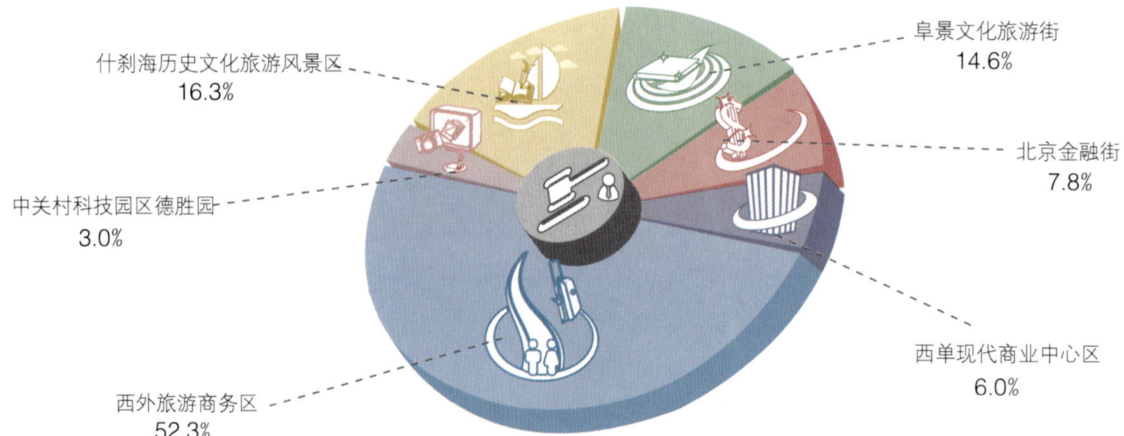

北海

银锭桥

妙应寺白塔

原宣武区 传承宣南古韵 推进和谐城区建设

历年城镇居民人均消费支出（元）

2009年限额以上主要商品零售额及比重

限额以上商品零售额
1044389 万元

类别	零售额	比重
粮油、食品、饮料、烟酒类	66640 万元	6.4%
中西药品类	105888 万元	10.1%
服装鞋帽针纺织品类	141216 万元	13.5%
金银珠宝类	493279 万元	47.2%

今日宣武

宣南文化博物馆

马连道茶城

朝阳区

魅力“新四区” 精彩新朝阳

地区生产总值(亿元)

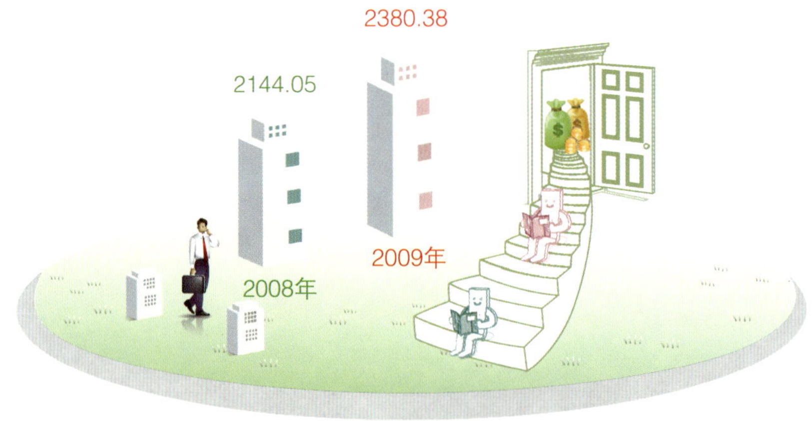

历年规模以上工业总产值(万元)

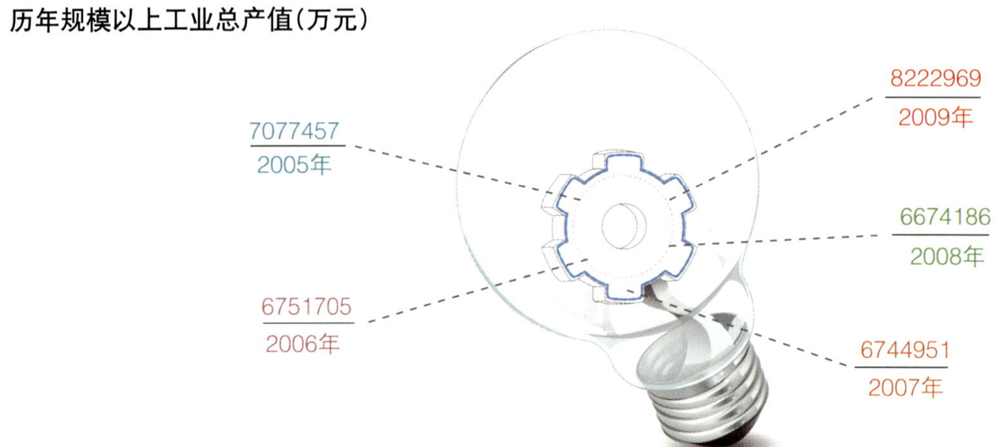

电子城科技园

CBD街景

电子城科技大厦

2009年限额以上社会消费品零售额情况(亿元)

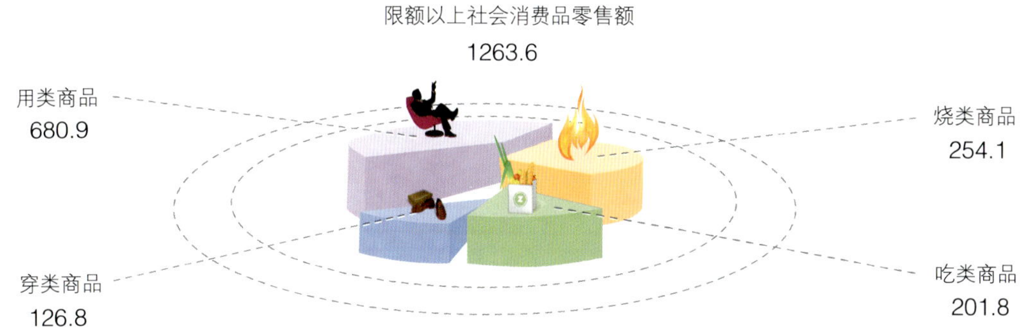

2009年文化创意产业法人单位构成

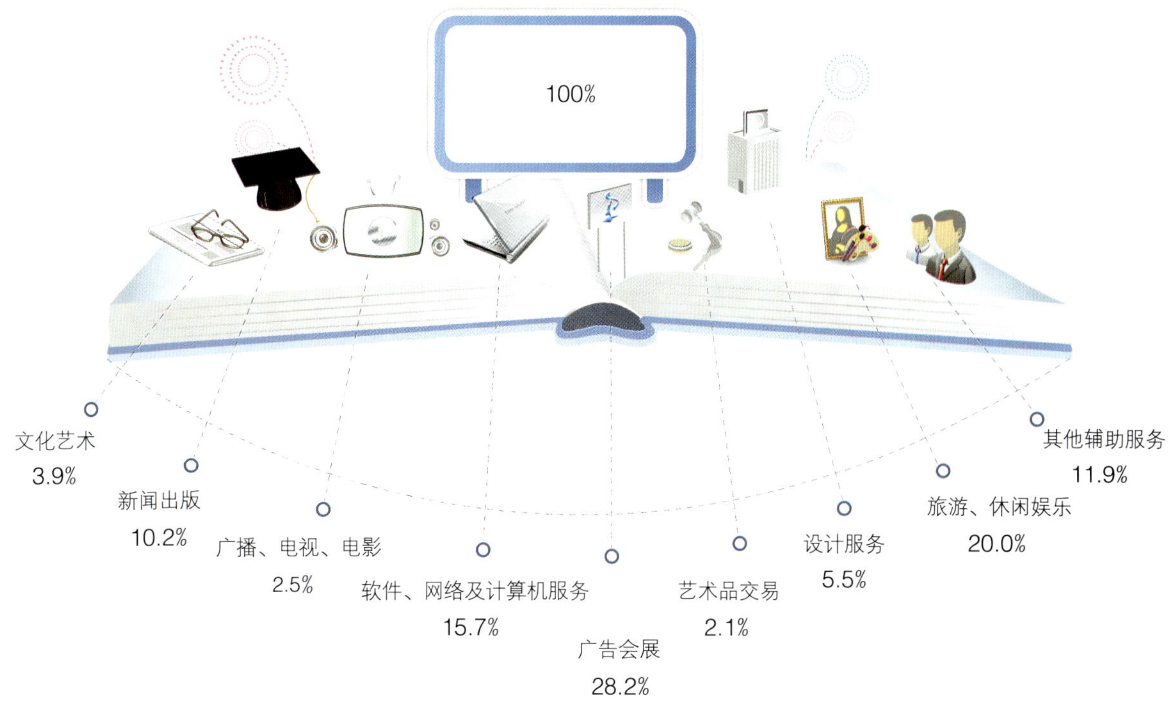

望京科技园

两带四区助推丰台崛起

历年中关村科技园区丰台园总收入及增速

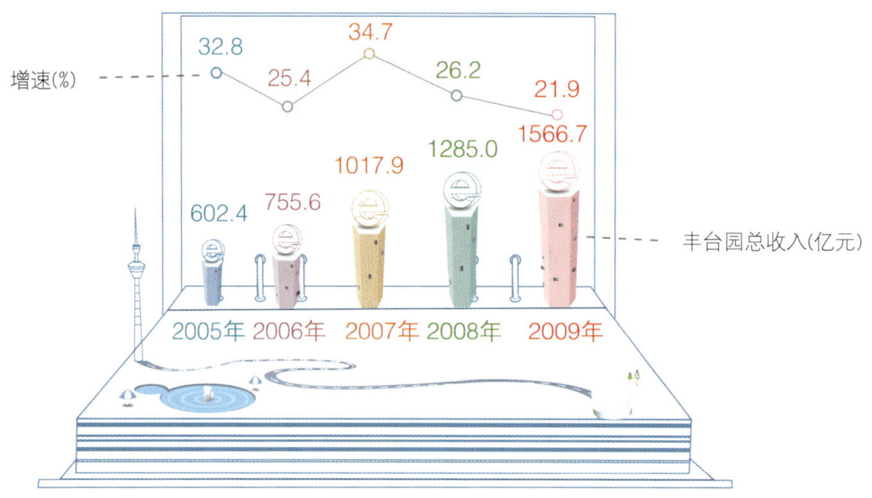

历年全社会固定资产投资(亿元)

232.2
389.3

历年基础设施投资(亿元)

149.4
120.3
169.8
165.4
151.2
210.7
164.7
306.3
154.6
86.2
59.9
270.5

历年房地产开发投资(亿元)

346.0

■ 2005年　■ 2006年　■ 2007年　■ 2008年　■ 2009年

世界花卉大观园

卢沟桥

北宫春色

2009年中关村科技园区丰台园高新技术企业人员及占比重

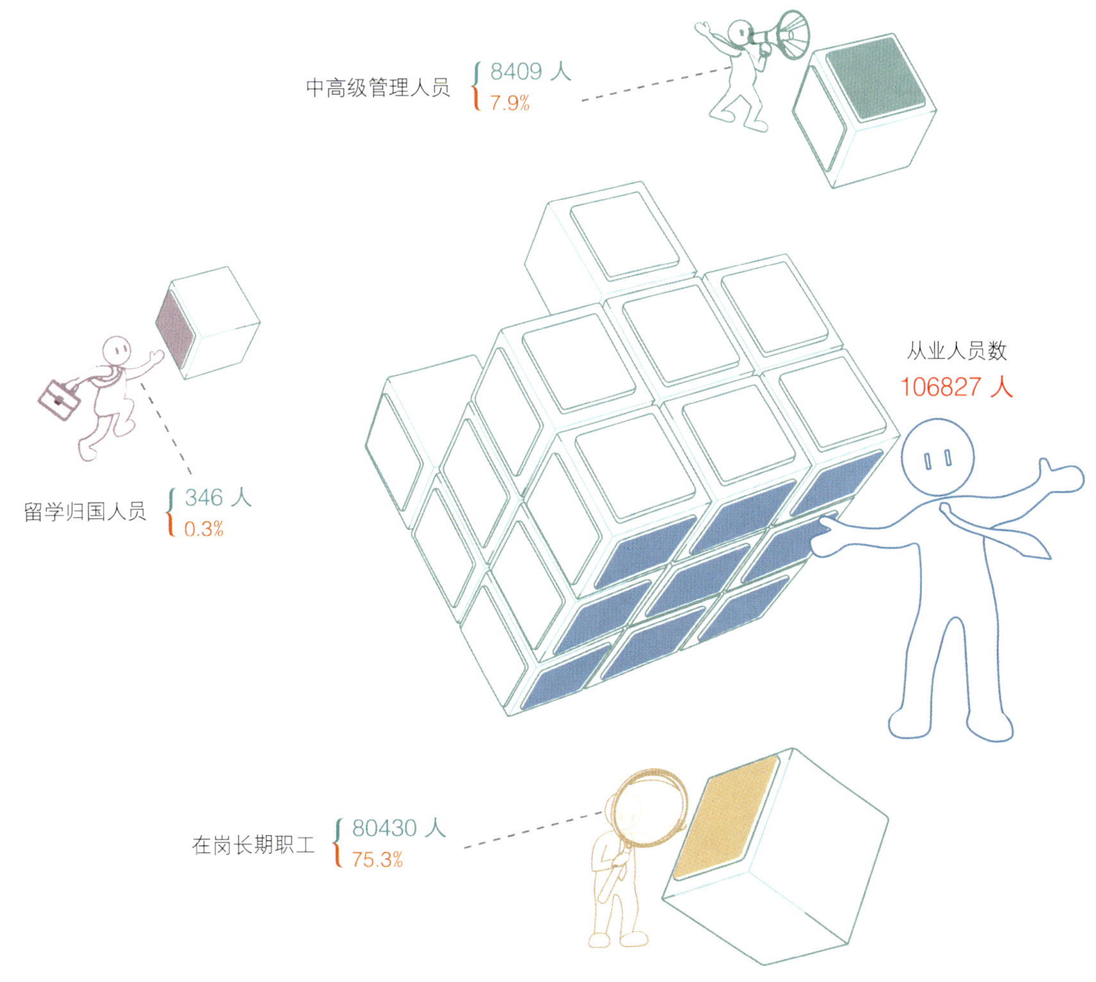

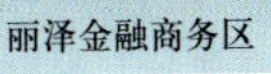

丽泽金融商务区

大红门国际会展中心

菜户营桥区绿化

石景山区

创意创智CRD 宜商宜居石景山

历年城镇居民人均可支配收入及增速

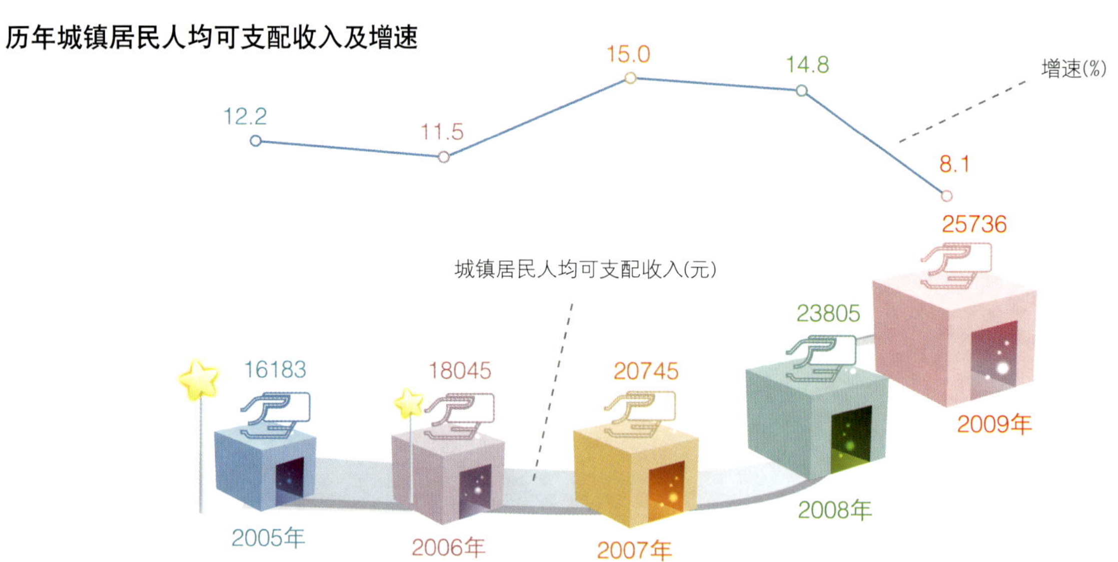

历年空气质量二级和好于二级天数(天)

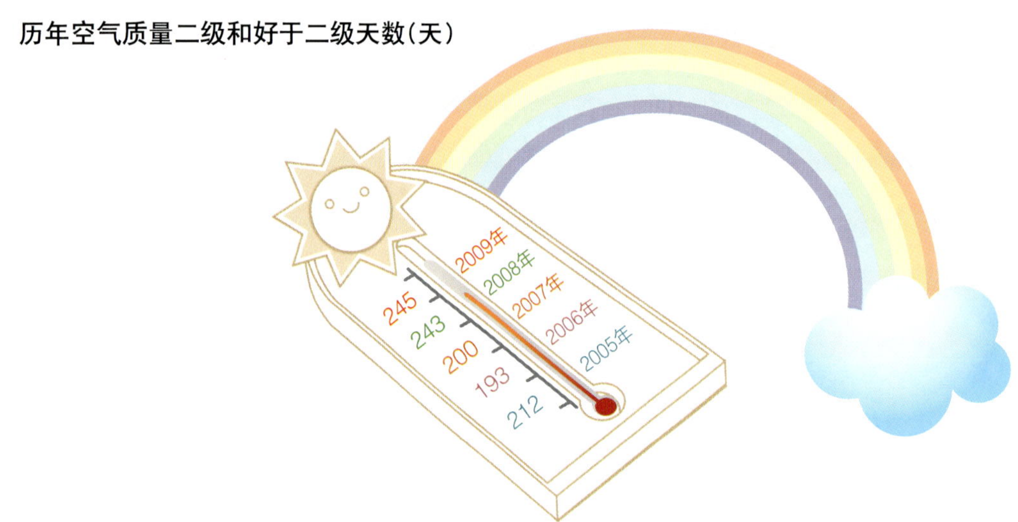

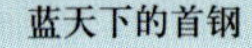
蓝天下的首钢

工业科技新环境

童话世界游乐园

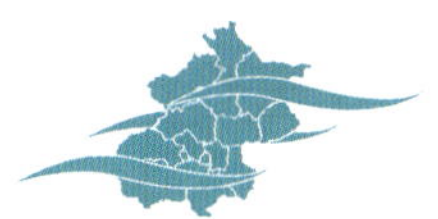

2009年文化创意产业情况

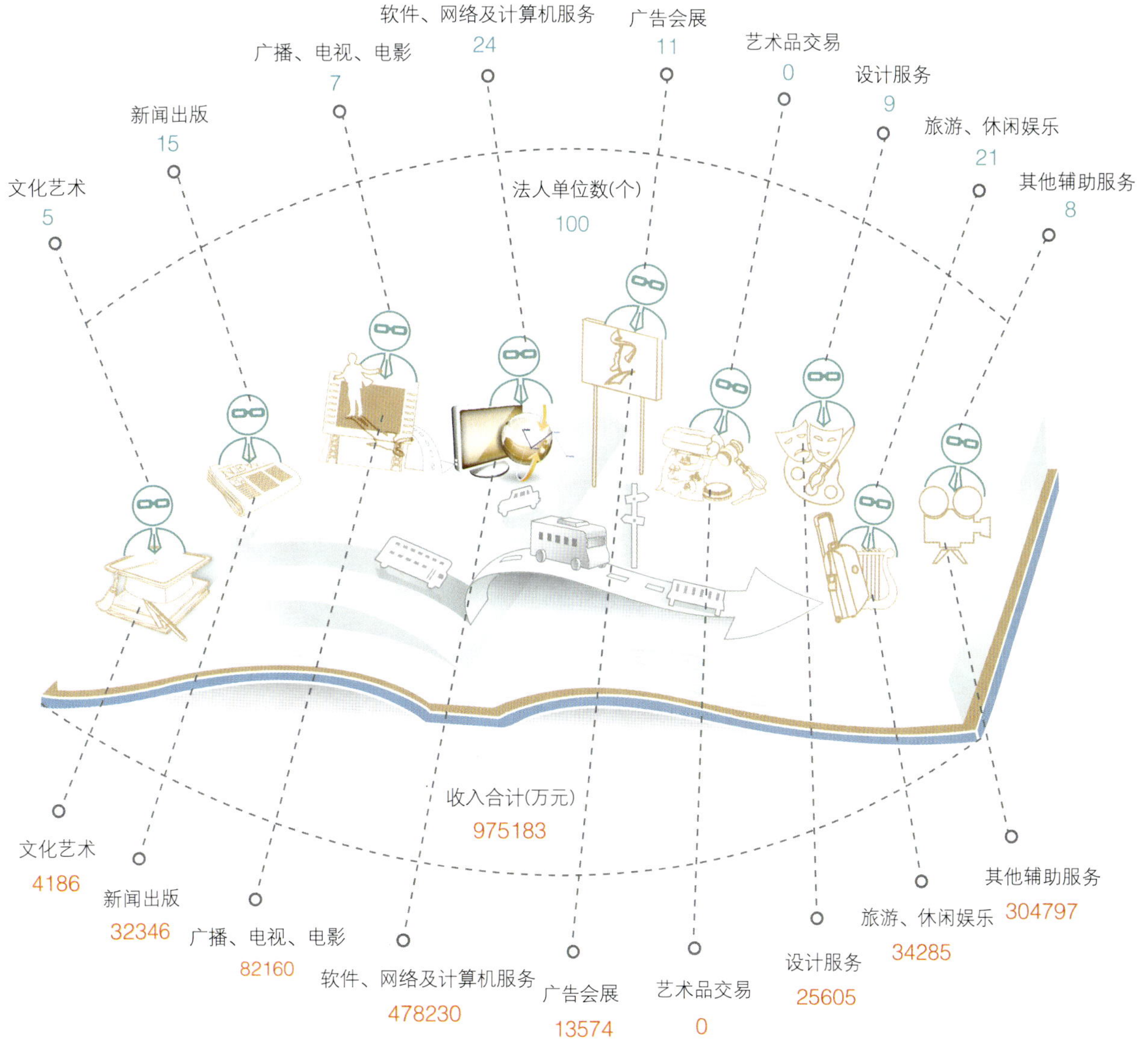
法人单位数(个)
100
文化艺术
5
新闻出版
15
广播、电视、电影
7
软件、网络及计算机服务
24
广告会展
11
艺术品交易
0
设计服务
9
旅游、休闲娱乐
21
其他辅助服务
8
收入合计(万元)
975183
文化艺术
4186
新闻出版
32346
广播、电视、电影
82160
软件、网络及计算机服务
478230
广告会展
13574
艺术品交易
0
设计服务
25605
旅游、休闲娱乐
34285
其他辅助服务
304797

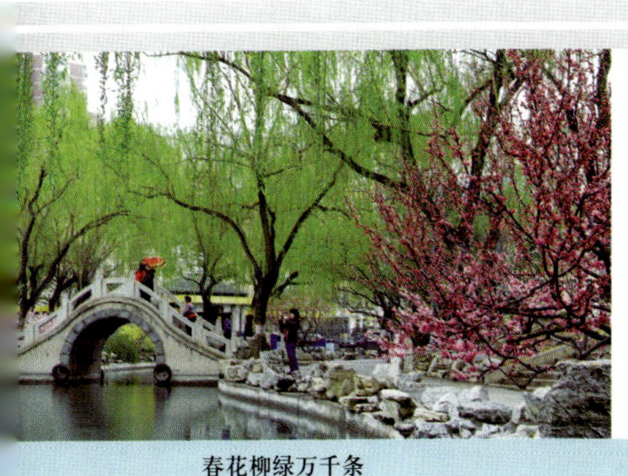

春花柳绿万千条

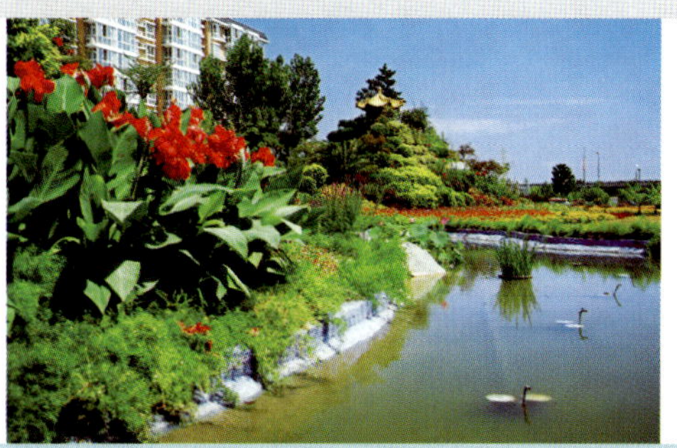

美丽家园

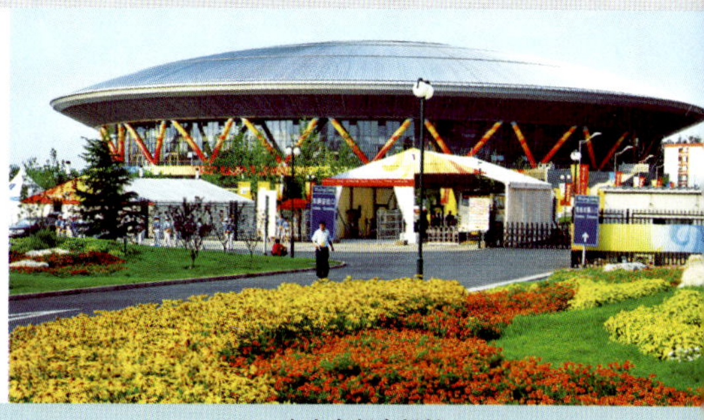

老山自行车场馆

海淀区 文化之海 创意之淀

历年中关村科技园区海淀园总收入(亿元)

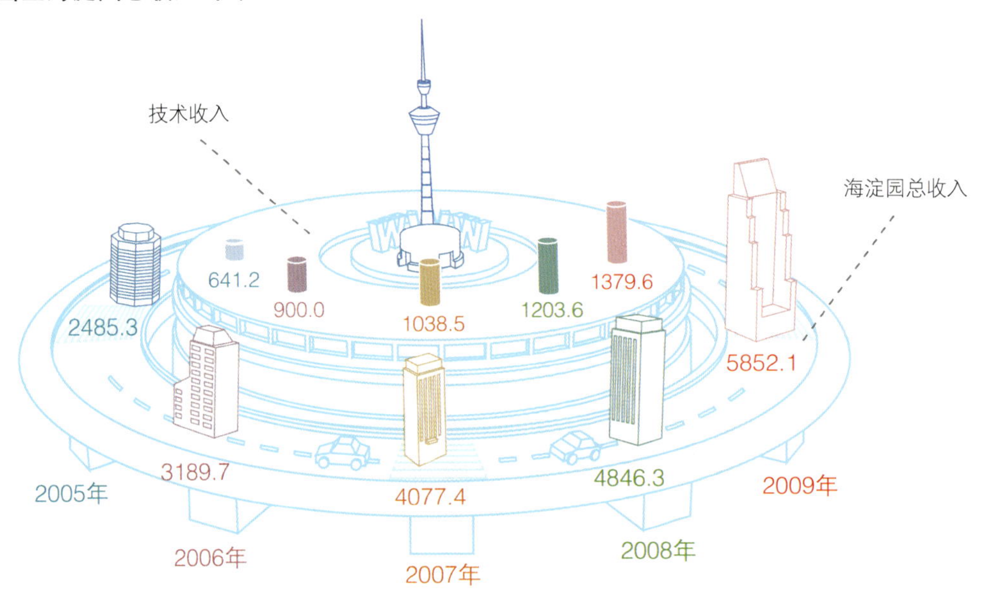

历年农业观光园接待人次(万人次)

历年农业观光园经营总收入(万元)

元土城遗址公园

海洋馆

紫竹园

2009年教育情况

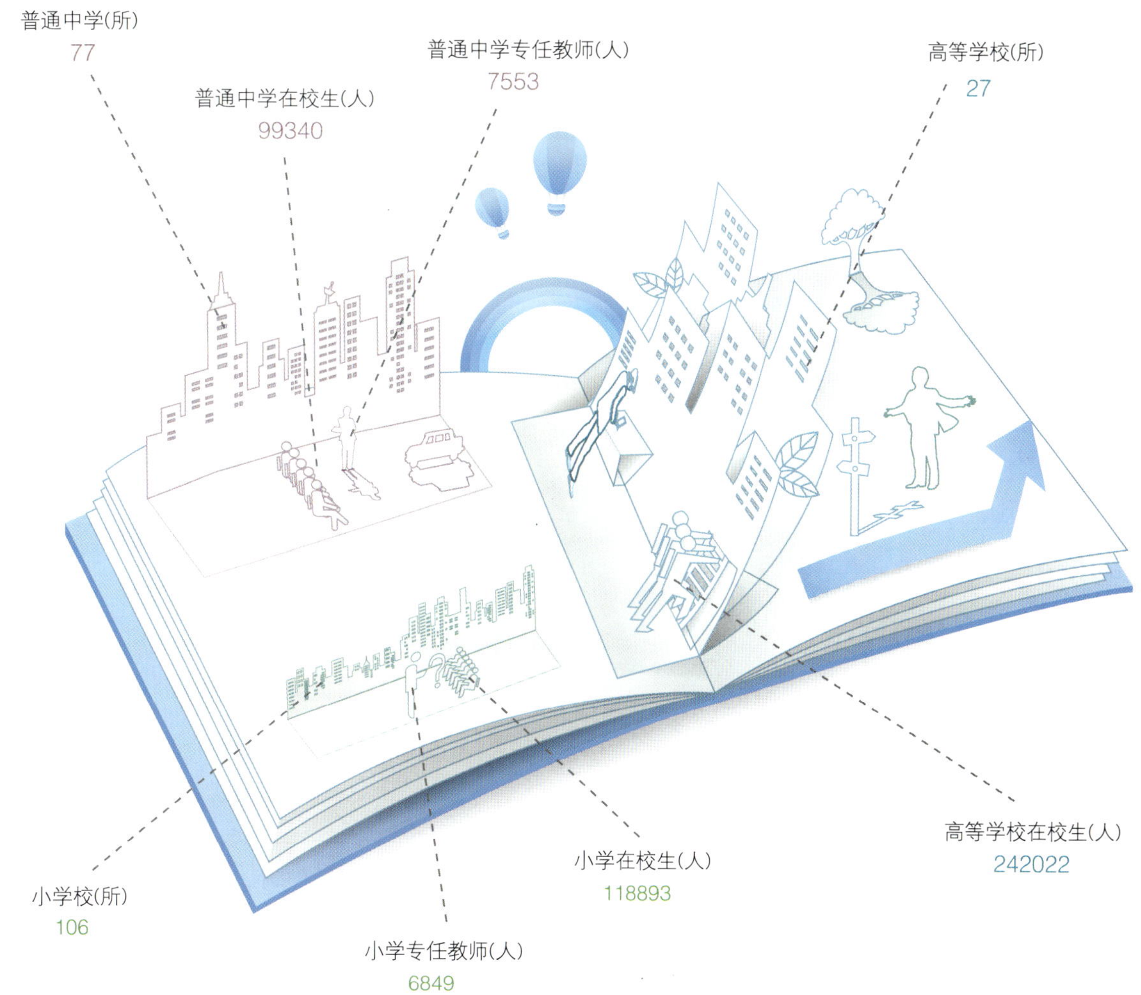

颐和园

圆明园

颐和园苏州街

绿色生态门头沟

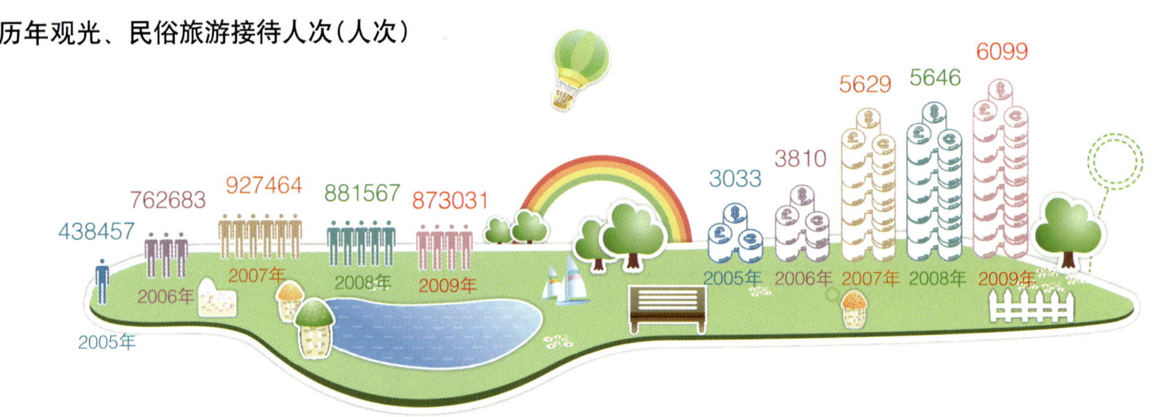

韭园村小流域治理

憩心（摄于葡萄咀山地公园）

109国道

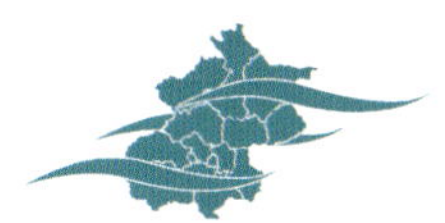

2009年A级及以上旅游景区情况

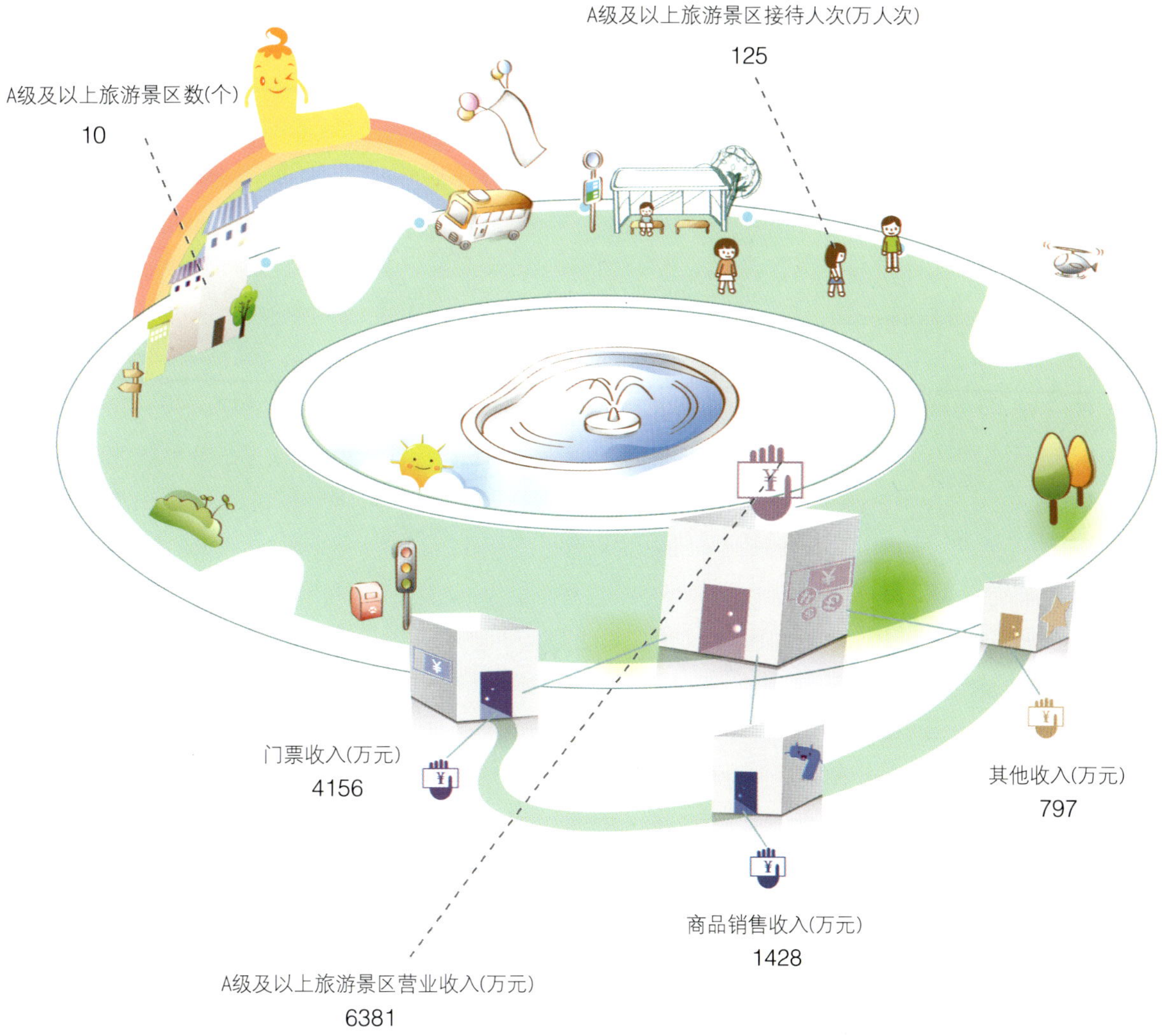
A级及以上旅游景区数(个)
10
A级及以上旅游景区接待人次(万人次)
125
门票收入(万元)
4156
商品销售收入(万元)
1428
其他收入(万元)
797
A级及以上旅游景区营业收入(万元)
6381

黑山公园

京都
第一山

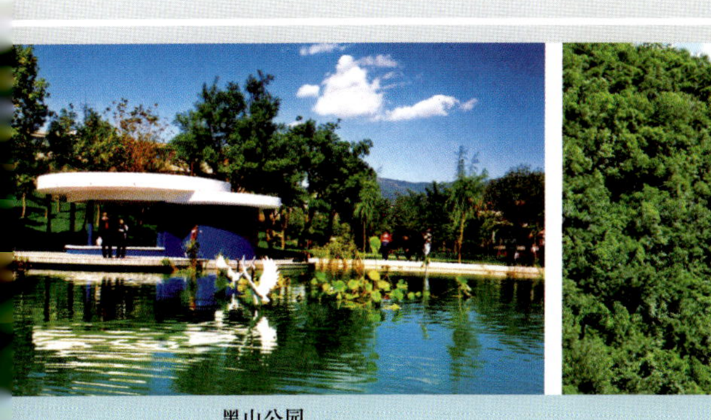

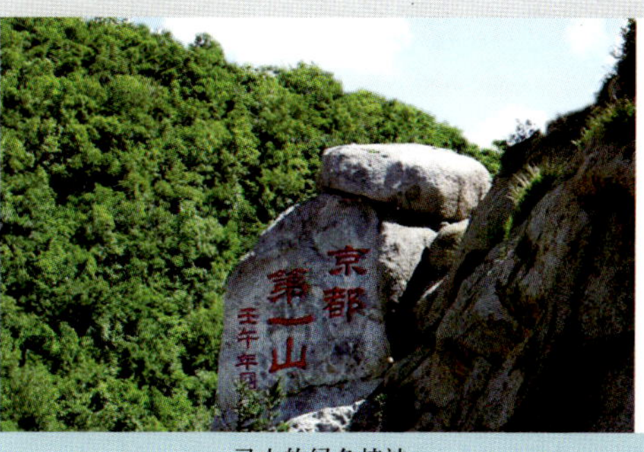

灵山的绿色植被

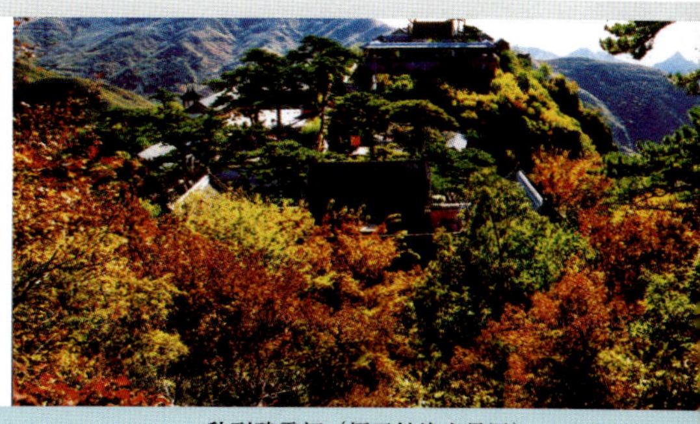

秋到碧霞祠（摄于妙峰山景区）

房山区 产业友好 生态宜居

历年规模以上工业总产值(亿元)

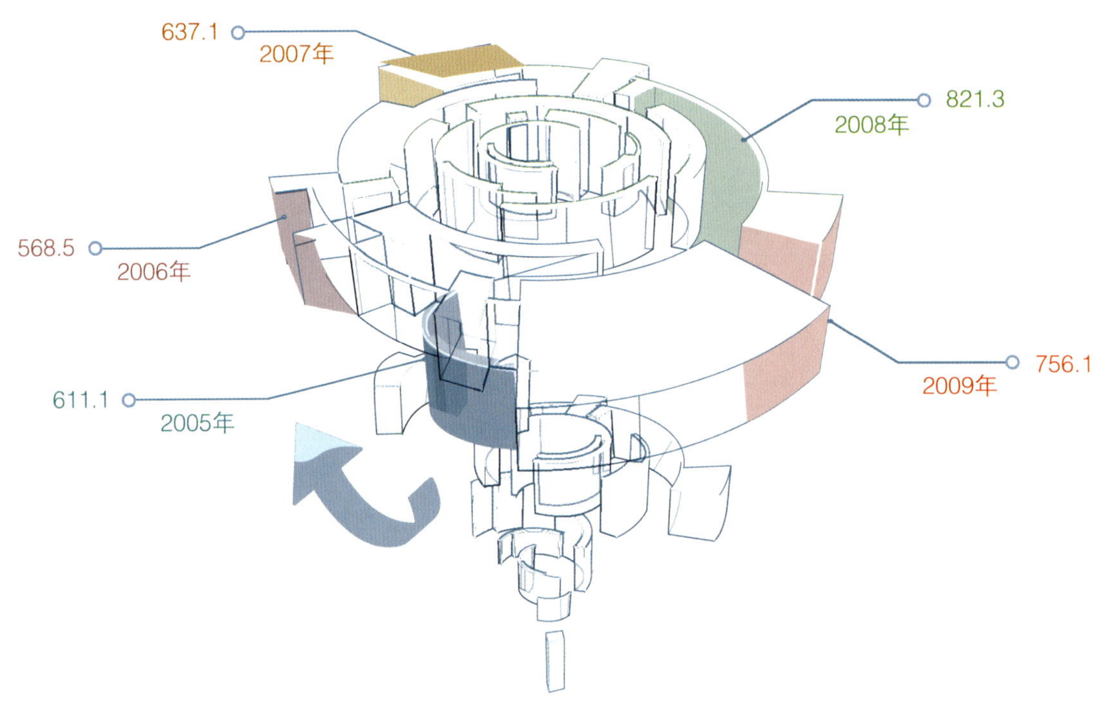

历年全社会固定资产投资及增速

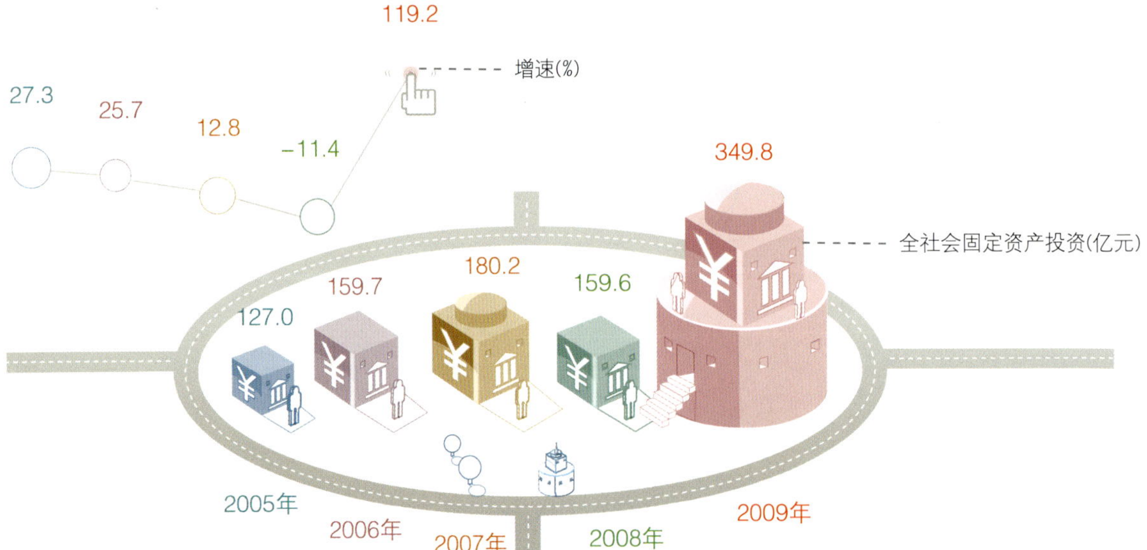

中国房山世界地址公园

休闲度假村

中国房山世界地址公园内景

2009年房地产开发情况

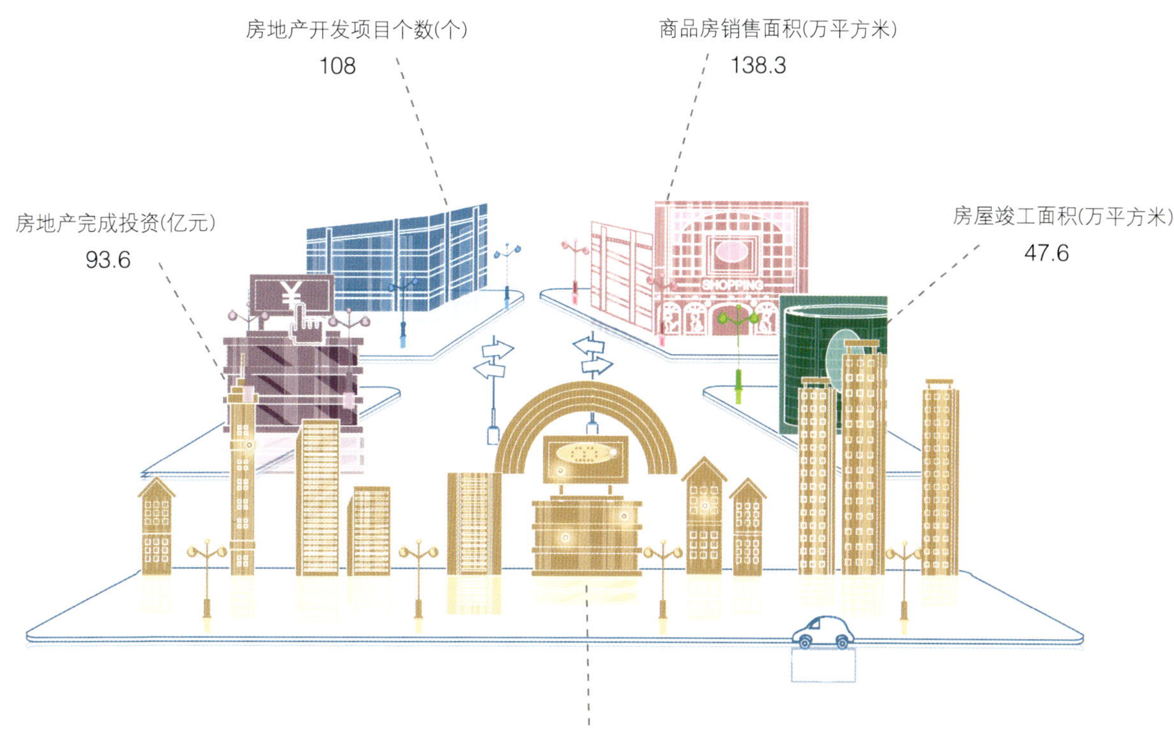

高尔夫球场

国际长走大会

长阳半岛

通州区

区域服务中心 文化产业基地 滨水宜居新城

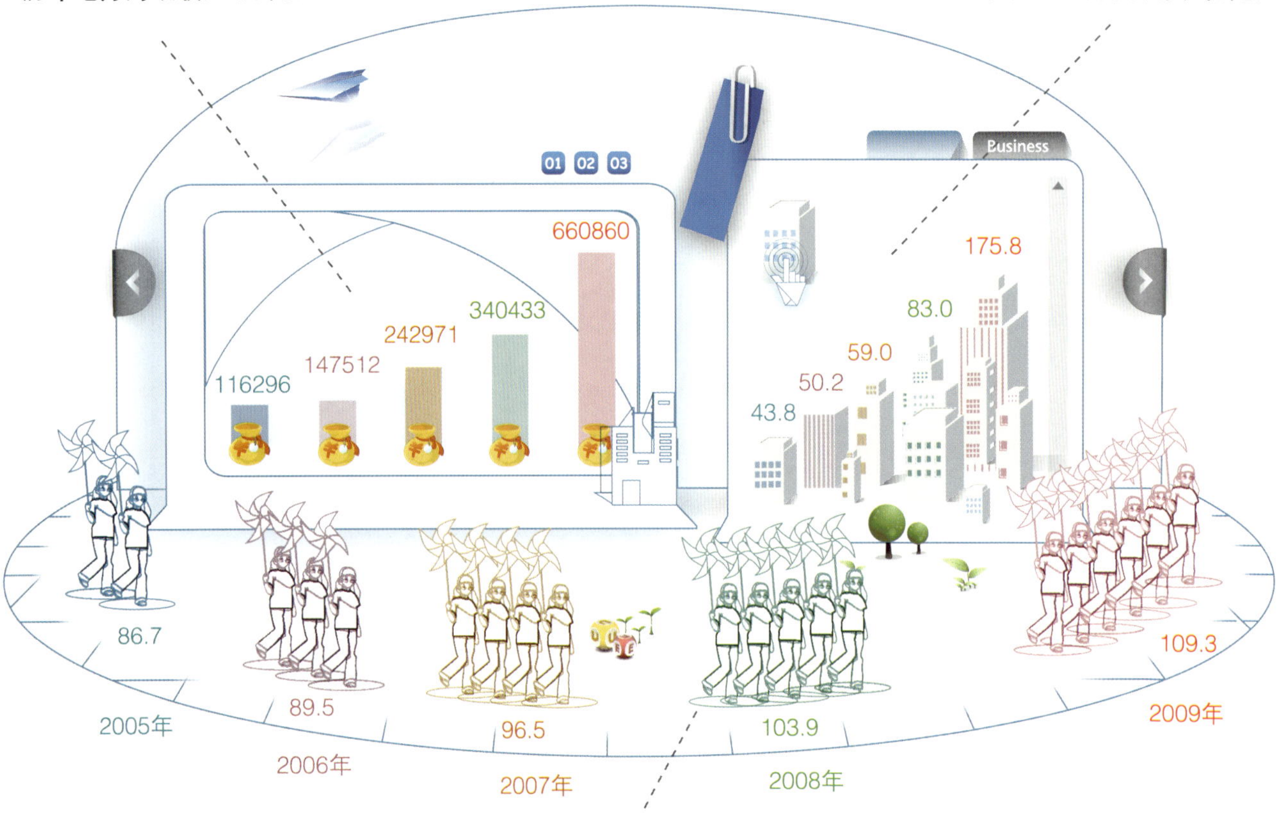

历年地方财政收入(万元)

116296
147512
242971
340433
660860

历年房地产开发投资(亿元)

43.8
50.2
59.0
83.0
175.8

Business

01 02 03

历年常住人口(万人)

86.7
89.5
96.5
103.9
109.3

2005年
2006年
2007年
2008年
2009年

伯爵园高尔夫俱乐部　　六园十八景　　中国民兵武器装备陈列馆

2009年农村居民收支情况(元)

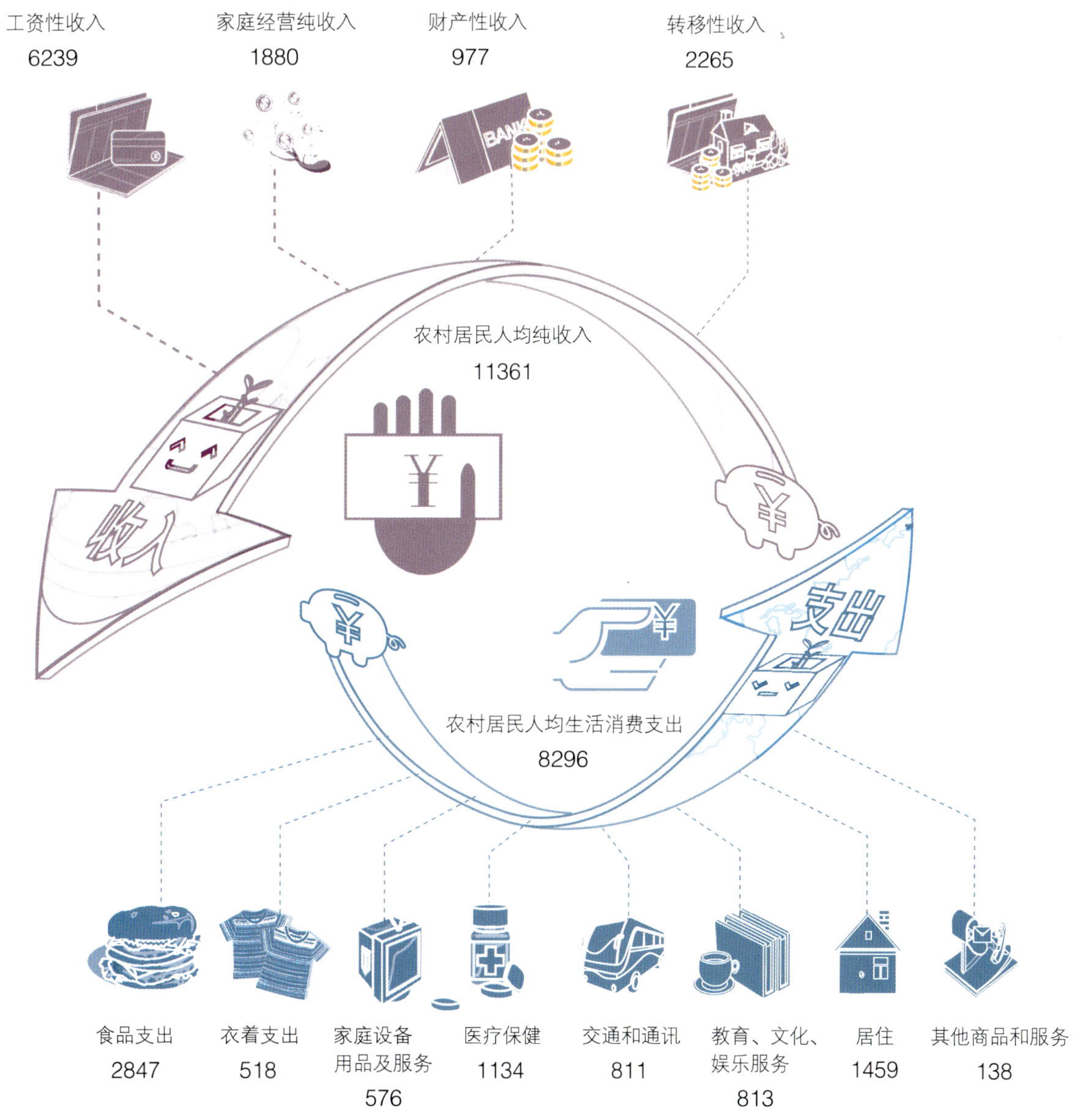

工资性收入 6239

家庭经营纯收入 1880

财产性收入 977

转移性收入 2265

收入

农村居民人均纯收入 11361

支出

农村居民人均生活消费支出 8296

食品支出 2847

衣着支出 518

家庭设备用品及服务 576

医疗保健 1134

交通和通讯 811

教育、文化、娱乐服务 813

居住 1459

其他商品和服务 138

北京吉鼎立达观光采摘园

夕阳映运河

通州国际新城效果图

顺义区 打造临空经济区 建设世界空港城

地区生产总值（亿元）

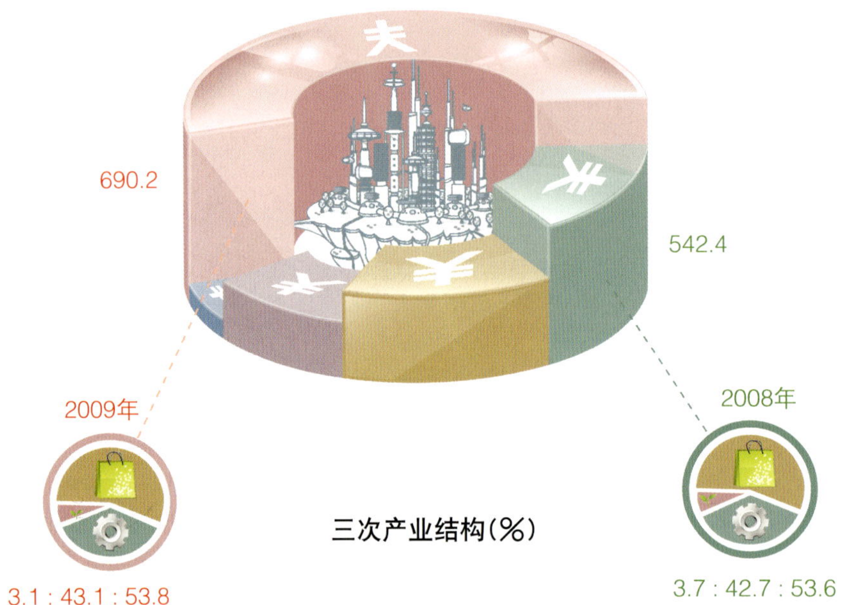

历年规模以上工业总产值(亿元)

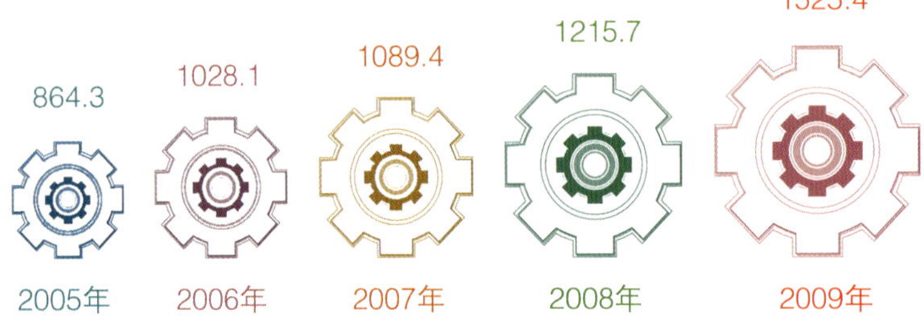

北京国际鲜花港

花博会主场馆及室外展区

现代汽车

2009年农业生产情况

绿色的顺义　　北京国际鲜花港幻花湖　　花博会开幕式

昌平区 打造商务花园城市 创建一流现代化城市发展新区

中关村科技园区昌平园情况

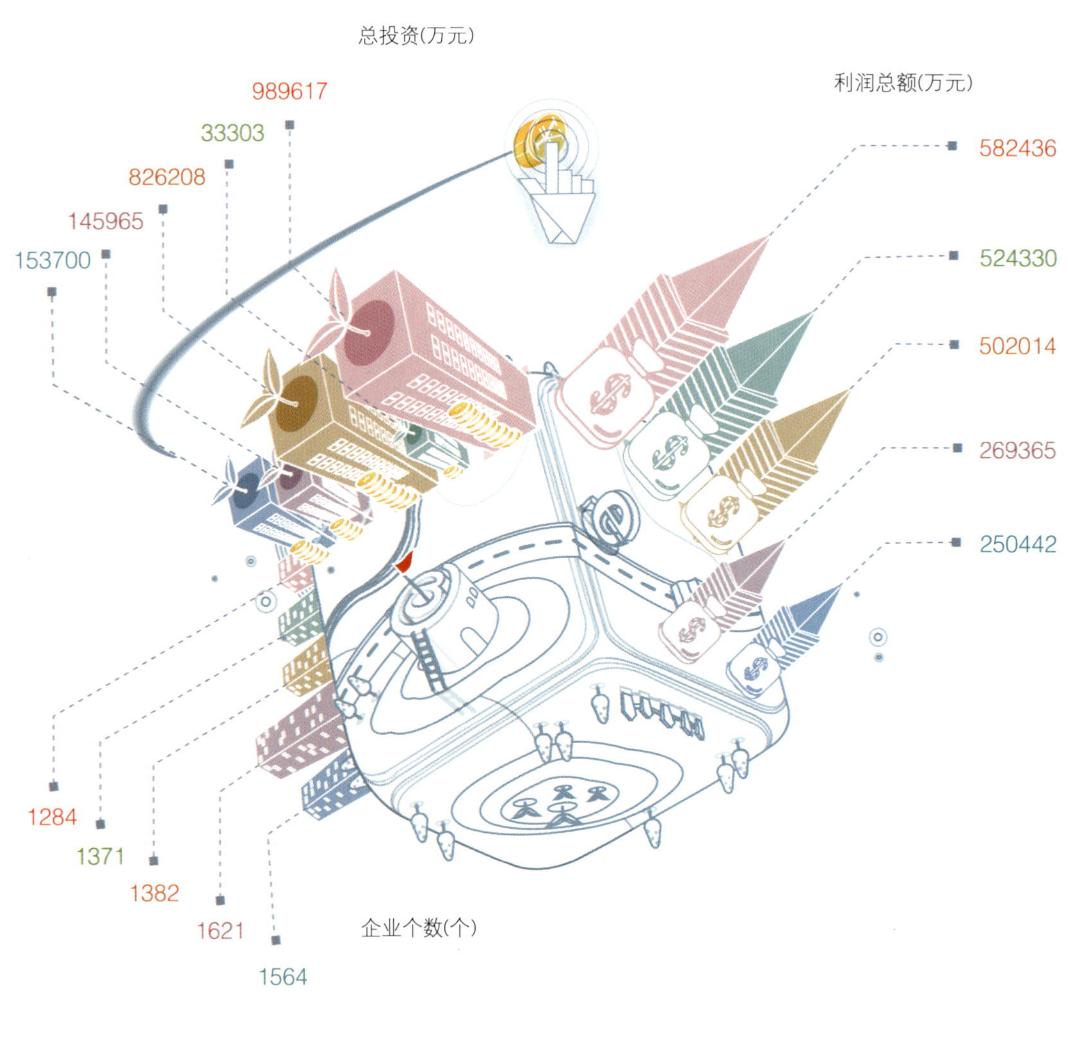

铁人三项赛

昌平体育场

昌平街心公园

历年规模以上工业总产值（亿元）

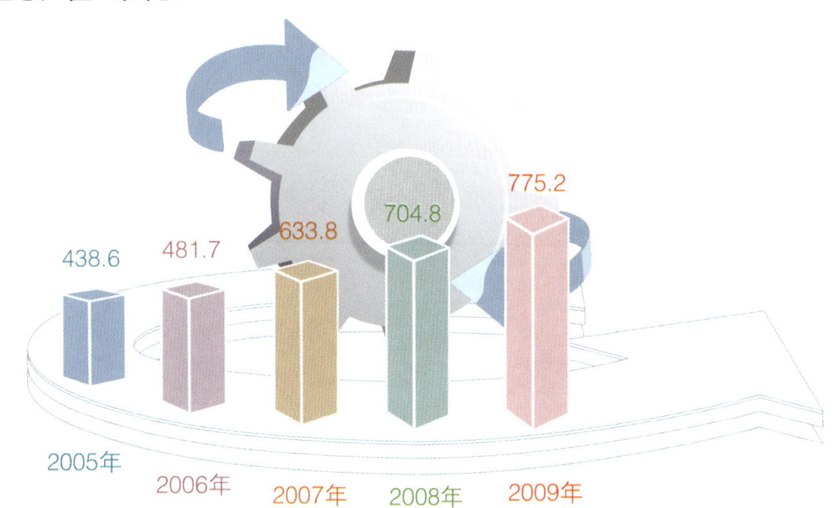

2009年旅游情况

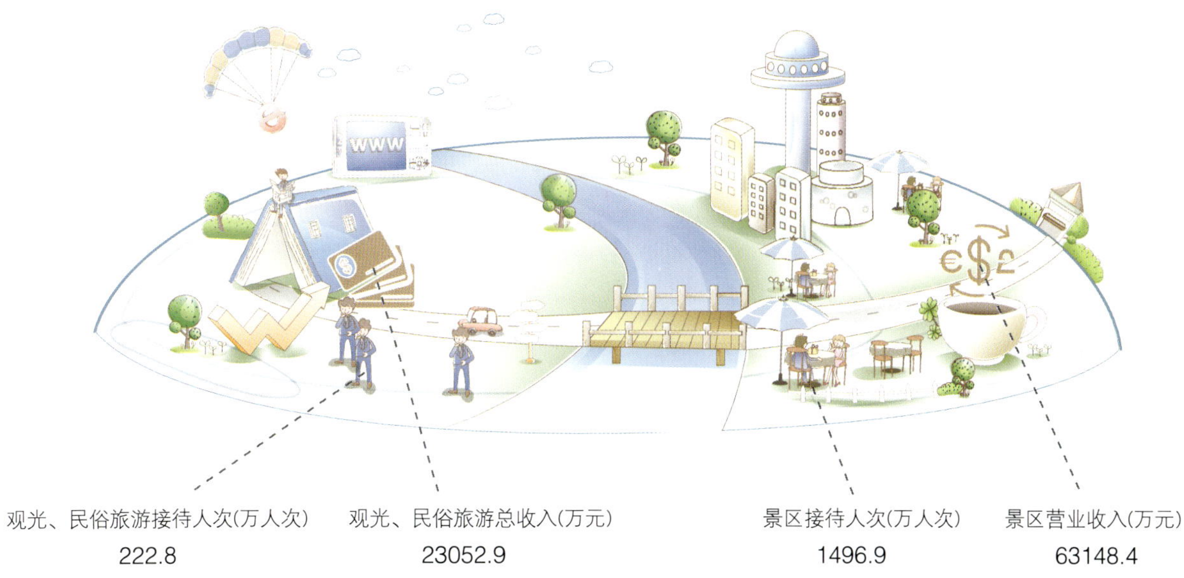

桃林苹果

温泉节演出

温榆河的春色

大兴区 坚持科学发展 走城乡一体化道路 建宜居宜业和谐新大兴

历年农林牧渔业总产值(万元)

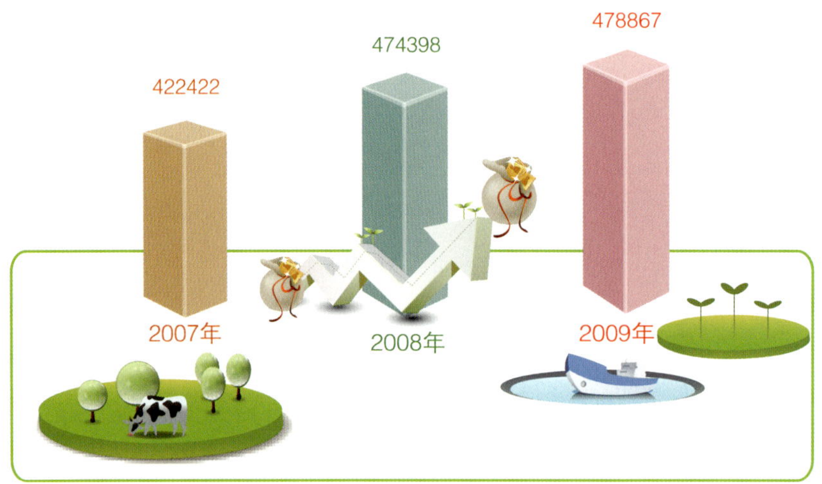

房地产开发投资(万元)

991182
1414898
2008年
2009年

211238
1065101

基础设施投资(万元)

儿童乐园 春暖花开 踏青时节

老宋瓜园西瓜树

南海子公园

2009年开发区情况

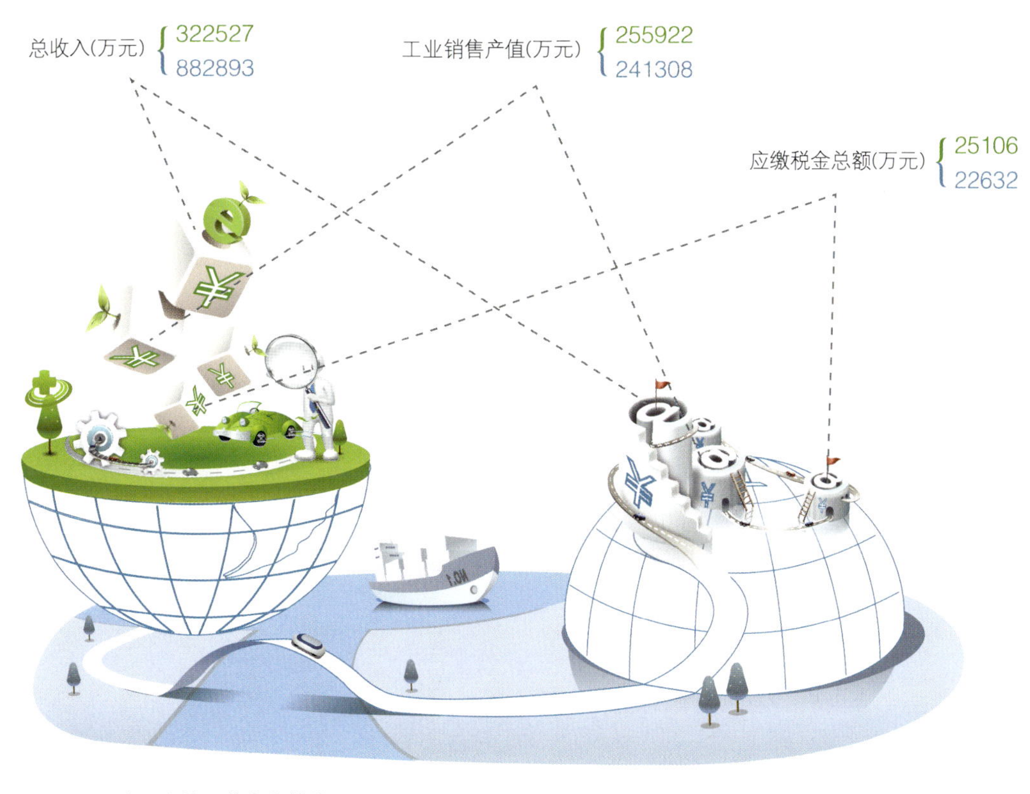

大兴水晶城社区

北京轨道交通大兴线西红门站

京开高速两侧

怀柔区 休闲养生佳地 影视文化新都

历年观光、民俗旅游总收入（万元）

历年观光、民俗旅游接待人次（万人次）

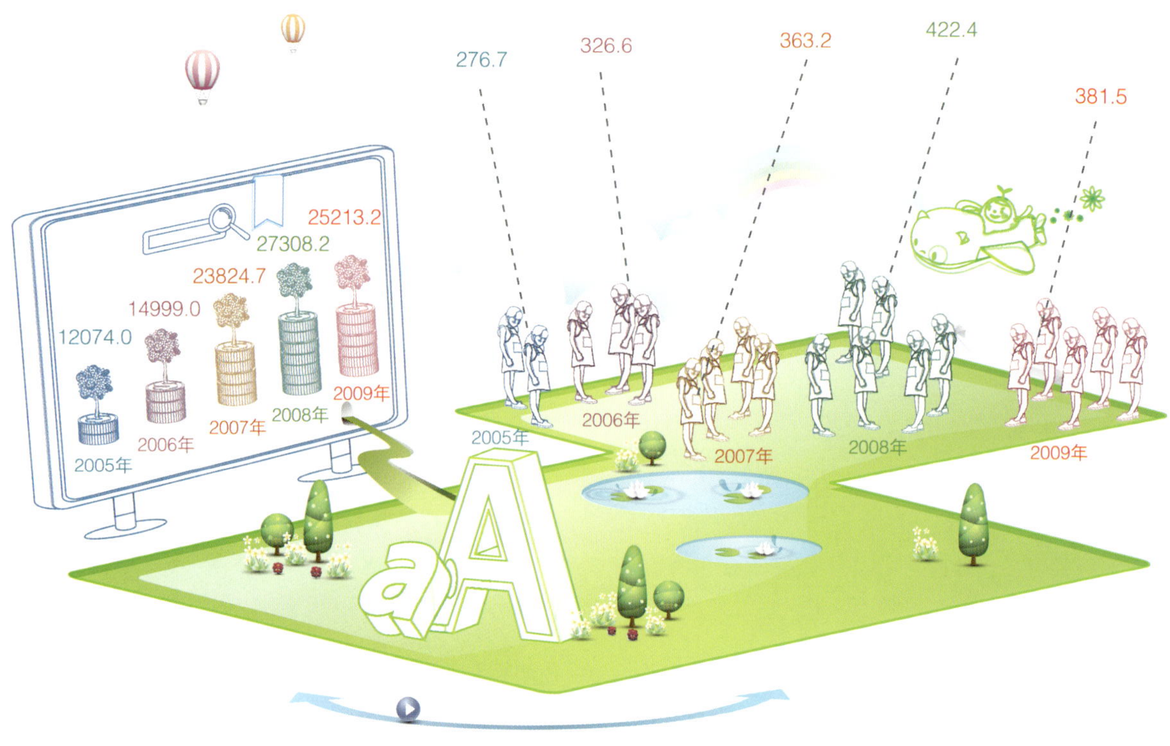

福　禄

樱桃园

板栗开口笑

历年地方财政一般预算收入(亿元)

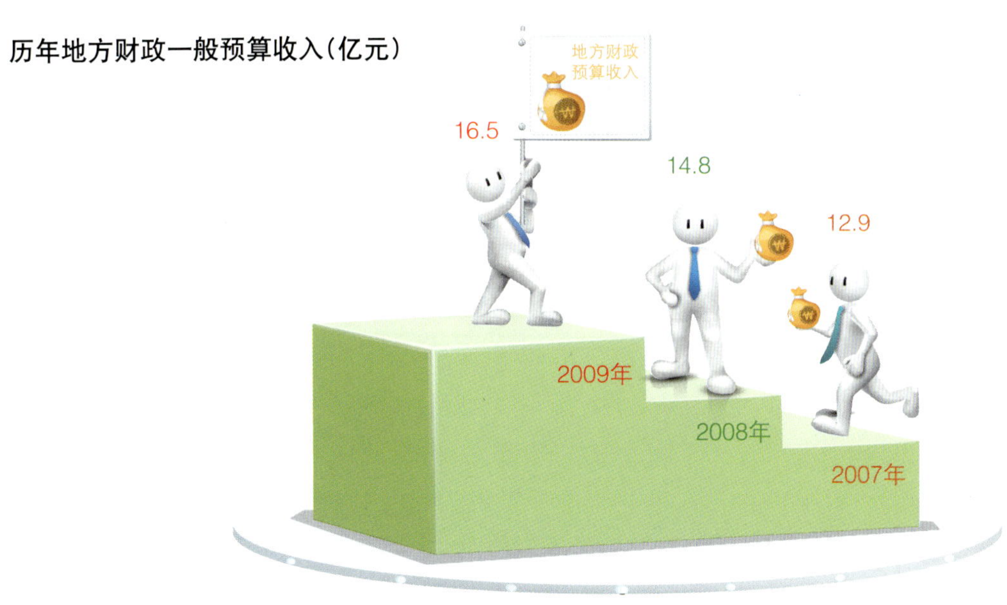

2009年畜牧生产情况

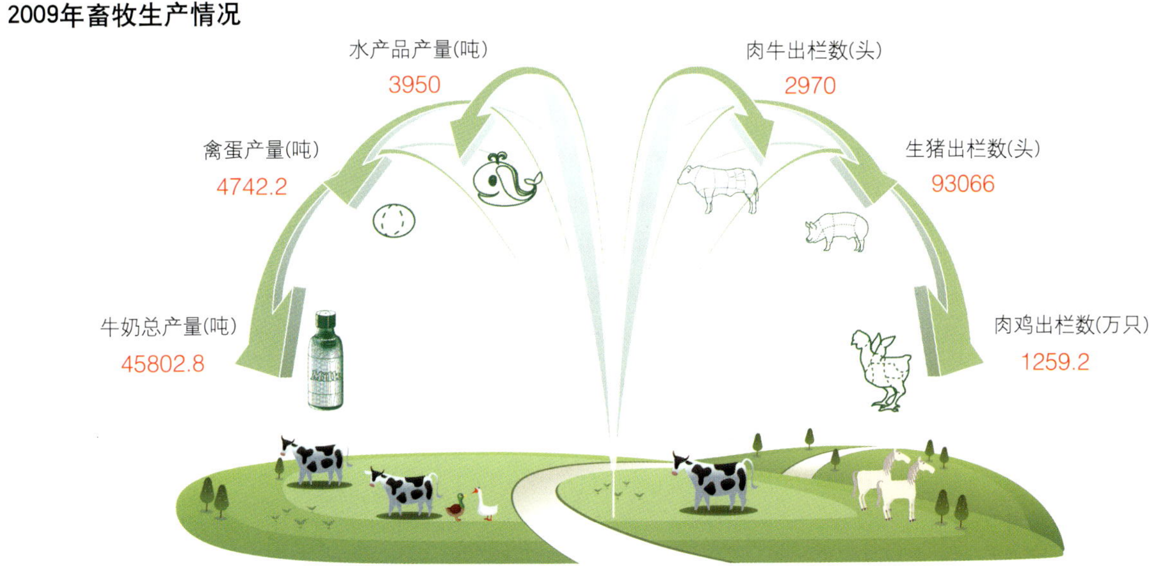

虹鳟鱼儿肥　金秋时节　中影数字基地

平谷区 生态绿谷 京津商谷 绿能新谷 中国乐谷

历年空气质量二级和好于二级天数(天)

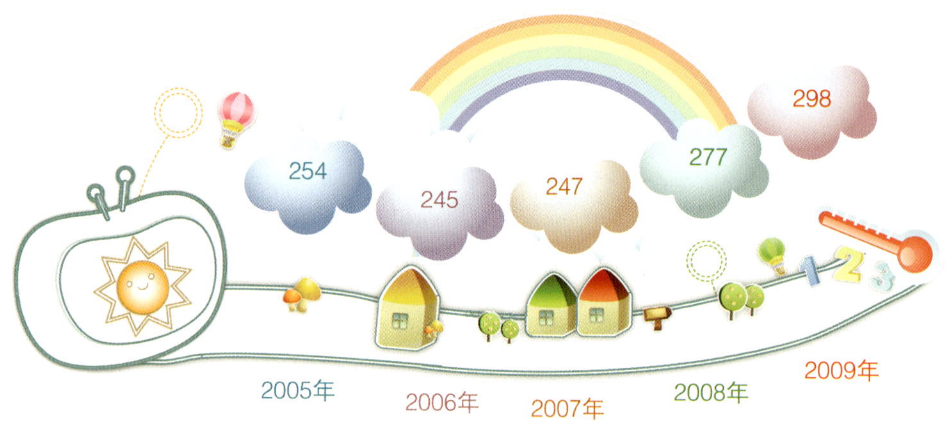

历年农村居民人均纯收入及增速

休闲在桃花海

春到挂甲峪

徒步大道

2009年设施农业产量情况

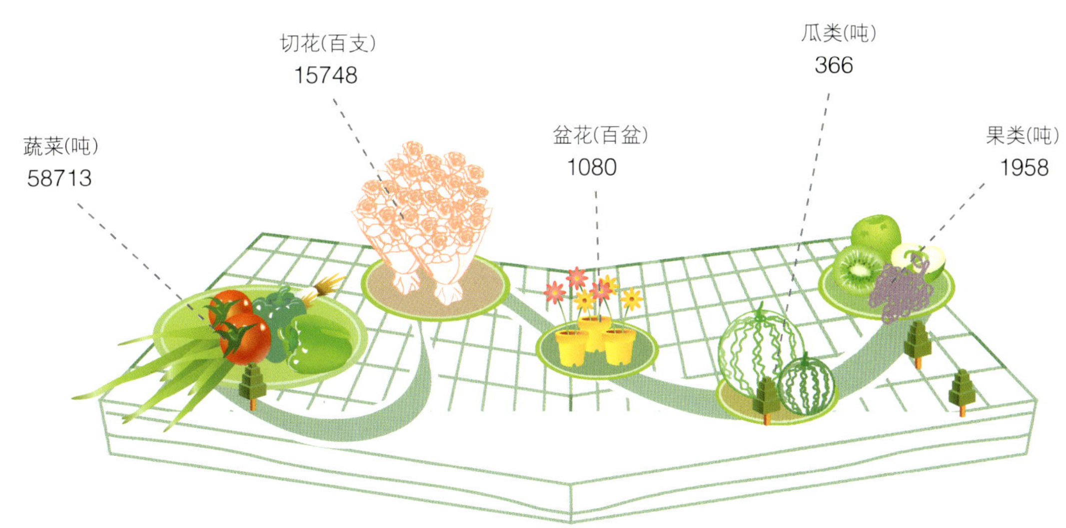

九曲十八弯秋色

城区夜景

迎宾环岛

密云县 绿色国际休闲之都

历年农村居民人均住房面积（平方米）

历年参加农村新型合作医疗人数（万人）

历年参加农村养老保险人数（万人）

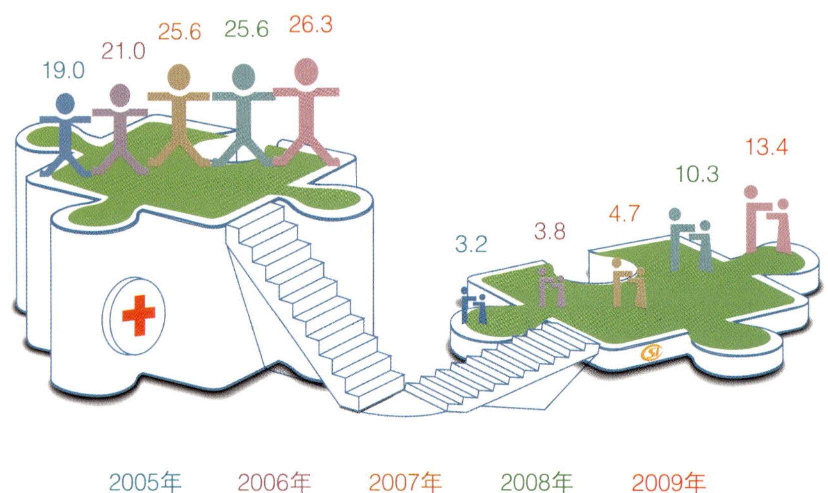

2005年　2006年　2007年　2008年　2009年

暮色长城

硕果累累

薰衣草园

2009年新农村建设情况

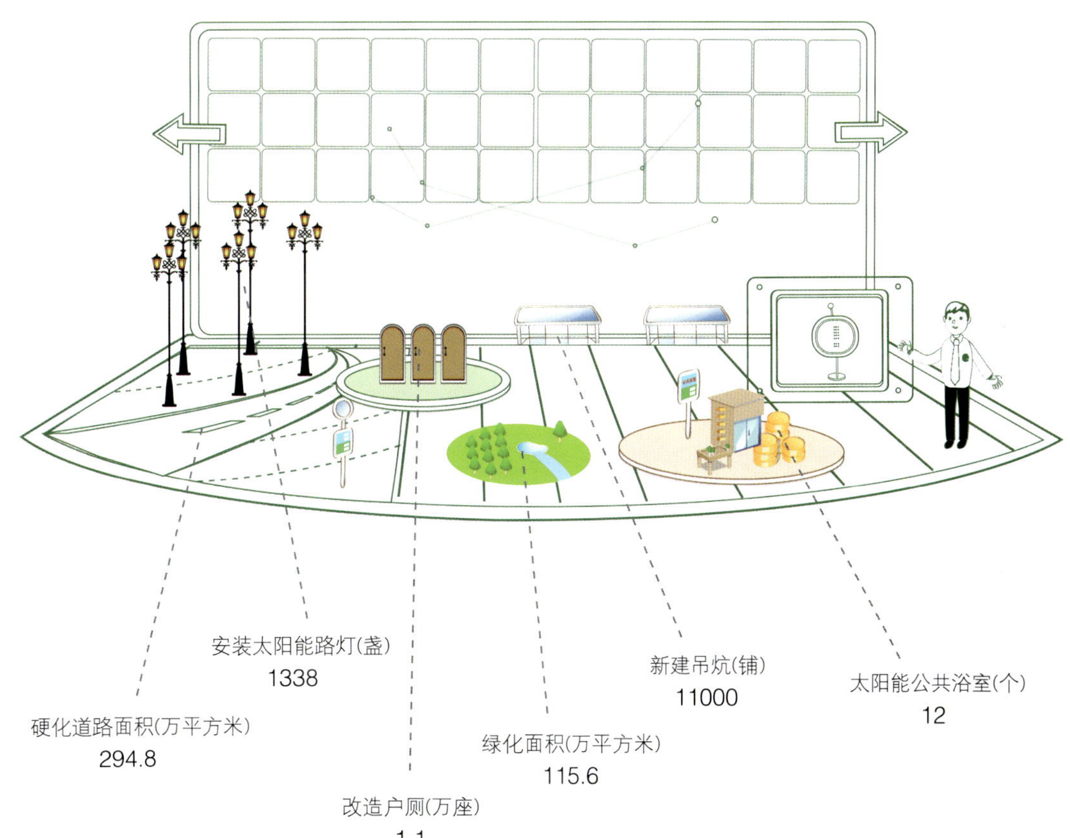

密云水库

水库天鹅

奥林匹克健身园

延庆县 生态旅游 休闲名区

地区生产总值(亿元)

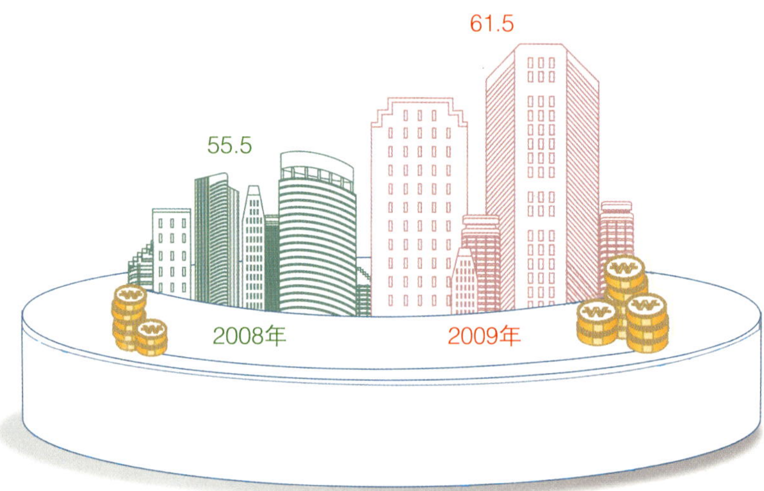

历年农村居民人均纯收入及增速

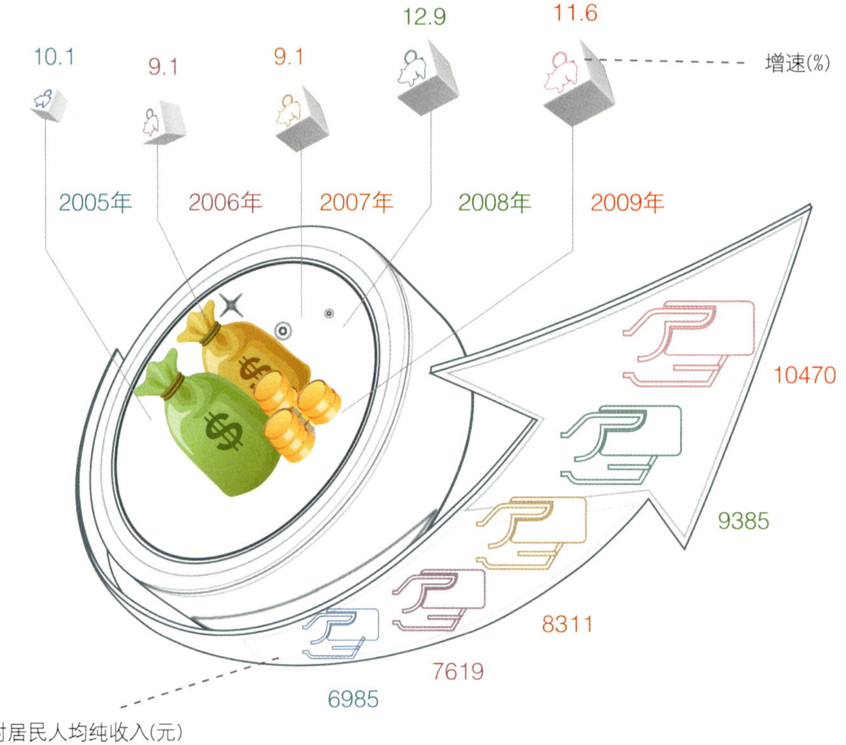

谷家营湿地

大山的眼

菊花绽放

2009年旅游业综合收入情况（万元）

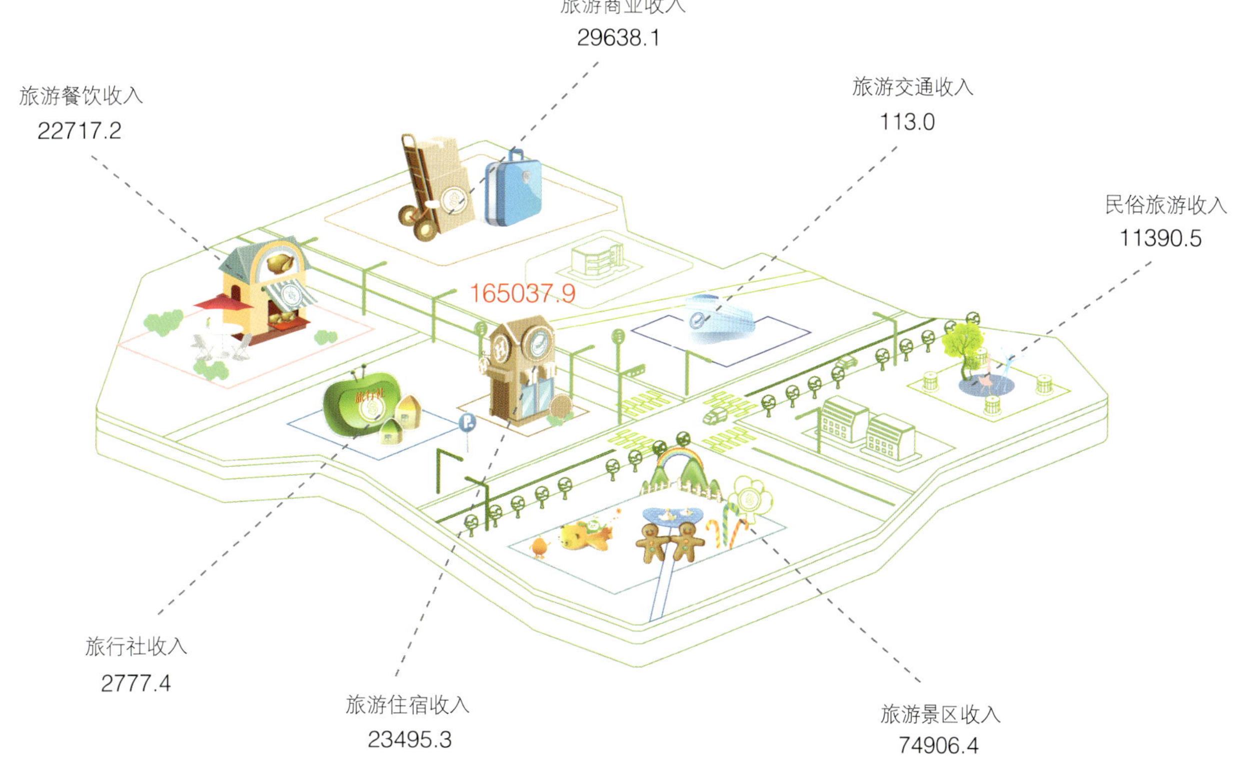

葡萄熟了

冰灯里的奇幻世界

雪后山村

《北京区域统计年鉴2010》编辑委员会

编 辑 说 明

《北京区域统计年鉴2010》是一部全面、系统反映北京市各区县2009年经济社会发展状况的资料性年刊，同时收录了华北五省市、国内三大都市区、港澳台地区及世界主要国家2009年经济社会发展状况数据资料。

1、全书共包括十一个部分，分别为北京概览、北京区县概览、北京市四大功能区、北京山区概览、北京开发区、北京特色经济区域、华北五省市经济社会发展比较、四大直辖市经济社会发展比较、三大都市圈发展比较、北京在全国的位置、港澳台地区及世界主要国家统计资料。

2、本书采用《国民经济行业分类和代码GB/T4754—2002》；分区县资料，除特殊说明外，全部为“在地”（即：法人经营地）口径，资料年度为2009年；受口径等原因影响，分区县数据可能与区县统计局出版的统计年鉴中刊载的数据有所不同，请读者在使用时加以注意。

3、本年鉴在篇章设置上进行了调整，将原北京特色经济区域篇分为北京开发区、北京特色经济区域两部分；丰富了北京区县概览篇中部门资料，增加了分区县商品住宅供应、北京地区用电、经营性停车场、文化、技术专利、社会保险、社区服务、火灾、交通、生产安全等情况。

4、书中的分区县数据，均由北京市统计局、国家统计局北京调查总队各有关业务处提供；部门数据均在表下注有资料来源；全国及外省市统计资料摘自《中国统计年鉴》、《中国区域经济统计年鉴》及相关省市统计年鉴。

5、由于北京市第二次全国经济普查，本年鉴中北京市和分区县、全国及外省市2008年国民经济核算、社会消费品零售额等数据根据经济普查结果进行了相应调整。

6、2010年国务院批复了北京市部分行政区划调整方案。为了满足使用需求，本资料中对部分指标的新东城区、新西城区数据进行了加工整理。

7、本书中使用的符号说明：“…”表示数据不足本表最小单位；“空格”表示该项指标数据不详或没有数据；“#”表示其中项目；“‖”表示不在同一分组类中的其中项。

8、本书配有电子光盘，具有数据加工等功能。

目　　录

第一篇　北京概览

第二篇　北京区县概览

第三篇 北京市四大功能区

第四篇 北京山区概览

第五篇 北京开发区

第六篇 北京特色经济区域

第七篇 华北五省市经济社会发展比较

第八篇 四大直辖市经济社会发展比较

第九篇 三大都市圈发展比较

第十篇 北京在全国的位置

附录： 港澳台地区及世界主要国家统计资料

BEIJING AREA STATISTICAL YEARBOOK

北京概览

BEIJING GAILAN

1-1 主要年份国民经济和社会发展总量与速度指标

项目		总量指标			
		1990	1995	2000	2005
人口与就业					
人　口					
年末全市常住人口	(万人)	1086.0	1251.1	1363.6	1538.0
按性别分					
男性人口	(万人)	545.0	627.0	710.9	778.7
女性人口	(万人)	541.0	624.1	652.7	759.3
按城乡分					
城镇人口	(万人)	798.0	946.2	1057.4	1286.1
乡村人口	(万人)	288.0	304.9	306.2	251.9
年末户籍人口	(万人)	1032.2	1070.3	1107.5	1180.7
就　业					
从业人员	(万人)	627.1	665.3	619.3	878.0
#在岗职工人数	(万人)	454.9	470.9	434.2	448.4
年末实有城镇登记失业人员	(万人)	1.67	2.19	3.32	10.57
宏观经济					
国民经济核算					
地区生产总值	(亿元)	500.8	1507.7	3161.7	6969.5
第一产业	(亿元)	43.9	73.5	79.3	88.7
第二产业	(亿元)	262.4	645.8	1033.3	2026.5
第三产业	(亿元)	194.5	788.4	2049.1	4854.3
人均地区生产总值	(元)	4635	12690	24127	45993
固定资产投资					
全社会固定资产投资	(亿元)	179.2	841.5	1297.4	2827.2
#房地产开发投资	(亿元)	22.5	352.8	522.1	1525.0
#国有单位	(亿元)	154.2	514.2	765.8	897.7
商品房施工面积	(万平方米)	774.0	2810.2	4455.0	10748.5
商品房竣工面积	(万平方米)	271.6	653.0	1365.6	3770.9
财　政					
地方财政收入	(亿元)	74.0	115.3	398.4	1007.4
#一般预算	(亿元)			345.0	919.2
地方财政支出	(亿元)	66.5	154.4	490.3	1137.3
#一般预算	(亿元)			443.0	1058.3
价格指数(上年=100)					
居民消费价格指数	(%)	105.4	117.3	103.5	101.5
商品零售价格指数	(%)	104.1	112.6	98.9	99.7
农产品生产价格指数	(%)	101.9	130.6	95.0	102.9
工业品出厂价格指数	(%)	107.9	107.3	102.5	101.3
原材料、燃料、动力购进价格指数	(%)	114.8	106.7	100.0	111.4
固定资产投资价格指数	(%)		113.9	101.0	100.7
能源消费总量	**(万吨标准煤)**	2709.7	3533.3	4144.0	5521.9
产　业					
农村经济					
耕地面积	(万公顷)	41.3	39.4	32.9	23.3
农林牧渔业总产值(现价)	(亿元)	70.2	164.4	188.6	239.3
主要农产品产量					
粮　食	(万吨)	264.6	259.8	144.2	94.9
蔬　菜	(万吨)	356.1	397.3	466.3	373.1
鲜　蛋	(万吨)	25.8	28.5	16.0	16.0
牛　奶	(万吨)	21.7	20.6	30.3	64.2
猪牛羊肉	(万吨)	20.4	28.9	30.9	31.7

注：1. 地区生产总值绝对值按现价计算，发展速度按可比价格计算。
2. 2007年及以前在岗职工人数包括乡及乡以上独立核算法人单位，不包括乡镇企业、私营单位和个体工商户；2008年及以后包括乡镇企业。

1-1-1

2007	2008	2009	速度指标(%)					
			指　数(2009年为以下各年)					
			1990	1995	2000	2005	2007	2008
1633.0	1695.0	1755.0	161.6	140.3	128.7	114.1	107.5	103.5
829.0	861.6	896.2	164.4	142.9	126.1	115.1	108.1	104.0
804.0	833.4	858.8	158.7	137.6	131.6	113.1	106.8	103.0
1379.9	1439.1	1491.8	186.9	157.7	141.1	116.0	108.1	103.7
253.1	255.9	263.2	91.4	86.3	86.0	104.5	104.0	102.9
1213.3	1229.9	1245.8	120.7	116.4	112.5	105.5	102.7	101.3
942.7	980.9	998.3	159.2	150.1	161.2	113.7	105.9	101.8
478.9	526.1	560.4						106.5
10.63	10.33	8.16	488.6	372.6	245.8	77.2	76.8	79.0
9846.8	11115.0	12153.0	784.8	448.6	275.4	155.5	120.2	110.2
101.3	112.8	118.3	124.9	119.7	111.7	108.7	105.8	104.6
2509.4	2626.4	2855.5	624.2	372.7	237.4	138.6	111.3	110.4
7236.1	8375.8	9179.2	1058.7	527.2	298.8	163.5	124.0	110.2
61274	66797	70452	490.8	308.7	209.1	136.7	112.0	106.3
3966.6	3848.5	4858.4	2711.2	577.3	374.5	171.8	122.5	126.2
1995.8	1908.7	2337.7	10389.8	662.6	447.7	153.3	117.1	122.5
1343.0	1388.6	2316.8	1502.5	450.6	302.5	258.1	172.5	166.8
10438.6	10014.3	9719.1	1255.7	345.9	218.2	90.4	93.1	97.1
2891.7	2558.0	2678.6	986.2	410.2	196.1	71.0	92.6	104.7
1882.0	2282.0	2678.8	3619.5	2324.1	672.4	265.9	142.3	117.4
1492.6	1837.3	2026.8			587.5	220.5	135.8	110.3
2067.7	2400.9	2820.9	4240.6	1827.0	575.3	248.0	136.4	117.5
1649.5	1959.3	2319.4			523.6	219.2	140.6	118.4
102.4	105.1	98.5						
100.8	104.4	97.8						
114.4	112.3	98.3						
99.7	103.3	94.4						
105.0	115.8	88.6						
102.8	107.8	97.1						
6285.0	6327.1	6570.3	242.5	186.0	158.6	119.0	104.5	103.8
23.2	23.2							
272.3	303.9	315.0	448.7	191.6	167.0	131.6	115.7	103.6
102.1	125.5	124.8	47.2	48.0	86.5	131.5	122.2	99.5
340.1	321.3	317.1	89.0	79.8	68.0	85.0	93.2	98.7
15.6	15.2	15.4	59.7	54.0	96.3	96.3	98.7	101.0
62.2	66.4	67.4	310.6	327.2	222.4	105.0	108.4	101.5
27.1	25.9	27.6	135.3	95.5	89.3	87.1	101.8	106.6

1-1-2

项　　目		总量指标			
		1990	1995	2000	2005
工　业					
工业增加值(现价,规模以上)	(亿元)		473.1	776.0	1627.0
工业总产值(现价,规模以上)	(亿元)	625.9	1493.3	2842.0	6946.2
轻工业	(亿元)	262.2	472.2	719.3	1164.9
重工业	(亿元)	363.7	1021.1	2122.7	5781.3
工业企业主要经济指标(规模以上)					
资产总计	(亿元)	498.3	2582.6	4612.7	12829.8
负债总额	(亿元)		1528.8	2676.4	4706.7
主营业务收入	(亿元)	610.5	1590.4	2821.4	7279.1
利润总额	(亿元)	48.9	85.3	127.1	413.5
建　筑					
建筑业施工企业总产值	(亿元)	94.7	426.6	812.5	1894.0
建筑业施工企业从业人员	(万人)	60.2	82.6	56.6	67.2
运　输					
货物周转量	(亿吨公里)	268.8	323.1	299.6	457.7
铁　路	(亿吨公里)	206.7	239.3	200.2	310.8
公　路	(亿吨公里)	57.5	76.2	82.6	85.5
民　航	(亿吨公里)	4.5	7.5	16.8	28.2
管　道	(亿吨公里)	0.15	0.07	0.04	33.3
旅客周转量	(亿人公里)	119.8	207.7	314.0	838.1
邮　电					
邮电业务总量	(亿元)	11.9	56.1	214.7	413.0
年末全市移动电话用户	(万户)	0.3	16.9	347.2	1459.8
百人拥有移动电话	(部)	0.03	1.4	25.5	94.9
商　业					
社会消费品零售额	(亿元)	345.1	950.4	1658.7	2911.7
批发零售业	(亿元)	277.9	672.2	1178.6	2537.2
餐饮业	(亿元)	21.6	72.4	99.3	268.8
其他行业	(亿元)	45.6	205.8	380.8	105.7
对外经济贸易和旅游					
北京地区进出口总额	(亿美元)	236.4	370.4	494.0	1255.1
进口额	(亿美元)	192.3	267.9	374.3	946.4
出口额	(亿美元)	44.1	102.5	119.7	308.7
实际利用外商直接投资额	(亿美元)	2.8	14.0	24.6	35.3
接待入境旅游者人数	(万人次)	100.0	207.0	282.1	362.9
旅游外汇收入	(亿美元)	6.6	21.8	27.7	36.2
金融保险					
金融机构(含外资)本外币存款余额	(亿元)			11526.0	28970.0
金融机构(含外资)本外币贷款余额	(亿元)			6407.9	15335.5
保险费收入	(亿元)			93.4	498.2

注：1. 工业增加值按生产法计算。
2. 邮电业务总量2000年及以前按1990年不变价格计算，以后按2000年不变价格计算。

1-1-3

			速度指标(%)					
			指　数(2009年为以下各年)					
2007	2008	2009	1990	1995	2000	2005	2007	2008
2159.4	2037.6	2282.2						
9648.4	10413.1	11039.1	1763.7	739.2	388.4	158.9	114.4	106.0
1505.5	1674.3	1766.7	673.8	374.1	245.6	151.7	117.4	105.5
8142.9	8738.8	9272.4	2549.5	908.1	436.8	160.4	113.9	106.1
16215.5	16802.4	19540.7	3921.5	756.6	423.6	152.3	120.5	116.3
6508.3	8085.0	9874.6		645.9	369.0	209.8	151.7	122.1
10440.2	11275.8	12173.1	1994.0	765.4	431.5	167.2	116.6	108.0
695.6	557.0	742.9	1519.2	870.9	584.5	179.7	106.8	133.4
2576.8	3066.2	4059.7	4286.9	951.6	499.7	214.3	157.5	132.4
51.7	47.0	56.2	93.4	68.0	99.3	83.6	108.7	119.6
449.0	454.2	441.2	164.1	136.6	147.3	96.4	98.3	97.1
268.5	253.5	229.4	111.0	95.9	114.6	73.8	85.4	90.5
79.3	84.1	87.9	152.8	115.3	106.4	102.8	110.8	104.5
37.6	35.7	35.5	789.5	473.7	211.5	126.0	94.5	99.6
63.7	80.9	88.4				265.5	138.9	109.3
960.3	1042.0	1146.5	957.0	552.0	365.1	136.8	119.4	110.0
672.7	800.8	917.5	7710.1	1635.5	427.3	222.2	136.4	114.6
1598.3	1616.2	1825.4	608466.7	10801.2	525.7	125.0	114.2	112.9
97.9	95.3	104.0						
3835.2	4645.5	5309.9	1538.7	558.7	320.1	182.4	138.5	114.3
3366.4	4049.5	4662.3	1677.7	693.6	395.6	183.8	138.5	115.1
346.2	454.2	503.7	2331.9	695.7	507.3	187.4	145.5	110.9
122.6	141.8	143.9	315.6	69.9	37.8	136.1	117.4	101.5
1930.0	2716.9	2147.9		579.9	434.8	171.1	111.3	79.1
1440.7	2141.9	1664.3		621.3	444.7	175.9	115.5	77.7
489.3	575.0	483.6		471.8	404.0	156.7	98.8	84.1
50.7	60.8	61.2	2185.7	437.1	248.8	173.4	120.7	100.6
435.5	379.0	412.5	412.5	199.3	146.2	113.7	94.7	108.8
45.8	44.6	43.6	660.6	200.0	157.4	120.4	95.2	97.7
37700.3	43980.7	56960.1			494.2	196.6	151.1	129.5
19861.5	23010.7	31052.9			484.6	202.5	156.3	135.0
498.1	585.9	697.6			746.9	140.0	140.1	119.1

1-1-4

项　目		总量指标			
		1990	1995	2000	2005
教育、文化、科技、卫生					
教　育					
在校学生数	(万人)		238.0	229.9	226.4
专任教师数	(万人)		17.7	16.7	18.9
文　化					
公共图书馆总藏数	(万册、万件)	2205.4	2629.0	3020.0	3626.3
专业艺术剧团国内演出场次	(场)	7527	6728	7610	8934
科　技					
研究与发展经费内部支出	(亿元)			155.7	379.5
技术合同成交总额	(亿元)	20.3	41.2	140.3	434.4
专利授权量	(件)	2268	4025	5905	10100
卫　生					
卫生机构个数	(个)	4953	4955	6176	4818
卫生机构病床数	(万张)	5.9	6.7	7.1	7.9
卫生技术人员数	(万人)	11.2	11.6	11.6	12.0
#执业医师	(万人)	5.1	5.4	5.2	5.1
注册护师(士)	(万人)	3.5	3.7	4.0	4.3
生活与环境					
婚　姻					
结婚登记对数	(万对)	9.3	8.5	8.0	9.7
离婚登记对数	(万对)	1.5	2.0	2.7	2.4
居　住					
城镇居民人均住宅使用面积	(平方米)	11.17	13.34	16.75	20.13
农村居民人均住房面积	(平方米)	20.62	24.74	28.91	36.94
生　活					
城镇居民人均可支配收入	(元)	1787.1	5868.4	10349.7	17653
农村居民人均纯收入	(元)	1297.1	3208.5	4687	7860
金融机构(含外资)储蓄					
存款余额	(亿元)				8315.8
定　期	(亿元)				5586.8
活　期	(亿元)				2729.0
工　资					
城镇单位在岗职工工资总额	(亿元)	118.9	382.0	695.5	1520.1
城镇单位在岗职工平均工资	(元)	2653	8144	15726	34191
市政建设					
北京地区用电量	(亿千瓦时)	150.5	222.6	384.4	570.5
自来水销售总量	(亿立方米)	5.3	6.8	7.5	7.2
居民燃气用户	(万户)	176.1	219.8	291.9	458.5
城市公共交通客运量	(亿人次)	33.5	37.2	40.7	51.8
环　境					
城市绿化覆盖率	(%)	28.00	32.68	36.50	42.00
污水处理率	(%)	7.3	19.4	39.4	62.4
空气质量二级及好于二级的天数	(天)			177	234

注：1. 北京地区用电量来源于北京市电力公司，2000年以前工业用电量不包含输配损失和发电企业自产自用电量。
2. 从2001年开始，有关职工的指标调整为在岗职工的指标。2007年及以前城镇单位在岗职工工资包括乡及乡以上独立核算法人单位，不包括乡镇企业、私营单位和个体工商户；2008年及以后包括乡镇企业。
3. 城镇住户调查的口径范围：2006年及以前年份抽样调查样本覆盖城八区；2007年样本覆盖18个区县，共3000户；2008年及以后调查样本为5000户。
4. 2004—2007年的城镇居民人均住宅使用面积根据2007年房屋普查进行了调整。
5. 离婚对数包括在民政部门登记的对数和经法院调离和判离的对数。

1-1-5

2007	2008	2009	速度指标(%)					
			指　数(2009年为以下各年)					
			1990	1995	2000	2005	2007	2008
319.6	320.9	321.4		135.0	139.8	142.0	100.6	100.2
19.6	19.9	20.4		115.3	122.2	107.9	104.1	102.5
3940.0	4100.0	4368.0	198.1	166.1	144.6	120.5	110.9	106.5
10076	10663	9684	128.7	143.9	127.3	108.4	96.1	90.8
527.1	620.1							
882.6	1027.2	1236.2	6098.7	3002.7	881.2	284.6	140.1	120.3
14954	17747	22921	1010.6	569.5	388.2	226.9	153.3	129.2
6189	6523	6603	133.3	133.3	106.9	137.0	106.7	101.2
8.4	8.6	9.0	152.7	134.5	126.9	114.1	107.3	104.8
13.9	15.0	16.0	143.2	138.3	138.3	133.7	115.4	107.0
5.5	5.9	6.2	122.3	115.5	119.9	122.3	113.4	105.7
5.1	5.5	6.2	176.0	166.5	154.0	143.3	120.8	112.0
11.8	14.8	18.2	195.5	213.8	227.2	187.4	154.0	122.8
3.7	3.8	4.1	280.0	204.9	155.0	120.6	112.8	109.8
21.50	21.56	21.61	193.5	162.0	129.0	107.4	100.5	100.2
39.54	39.40	39.42	191.2	159.3	136.4	106.7	99.7	100.1
21989	24725	26738	1496.2	455.6	258.3	151.5	121.6	108.1
9559	10747	11986	924.1	373.6	255.7	152.5	125.4	111.5
9743.5	12538.1	15329.2				184.3	157.3	122.3
6029.4	8440.9	9960.8				178.3	165.2	118.0
3714.1	4097.3	5368.3				196.7	144.5	131.0
2194.3	2874.3	3227.2						112.3
46507	54913	58140						105.9
667.0	689.7	739.1	491.1	332.0	192.3	129.6	110.8	107.2
7.8	8.1	8.7	163.9	127.8	115.8	120.7	111.4	107.3
556.4	591.0	600.0	340.7	273.0	205.5	130.9	107.8	101.5
48.8	59.3	65.9	196.7	177.2	161.9	127.2	135.0	111.1
43.00	43.50	44.40						
76.2	78.9	80.3						
246	274	285						

1-2 主要年份国民经济和社会发展结构指标

单位：%

项　　目	1990	1995	2000	2002	2003	2004	2005	2007	2008	2009
人口与就业										
人　口										
按性别分										
男	50.2	50.1	52.1	52.2	52.3	52.2	50.6	50.8	50.8	51.1
女	49.8	49.9	47.9	47.8	47.7	47.8	49.4	49.2	49.2	48.9
按城乡分										
城　镇	73.5	75.6	77.5	78.5	79.1	79.5	83.6	84.5	84.9	85.0
农　村	26.5	24.4	22.5	21.5	20.9	20.5	16.4	15.5	15.1	15.0
就　业										
产业结构										
第一产业	14.5	10.6	11.8	10.0	8.9	7.2	7.1	6.5	6.4	6.2
第二产业	44.9	40.7	33.6	34.6	32.1	27.3	26.3	24.2	21.2	20.0
第三产业	40.6	48.7	54.6	55.4	59.0	65.5	66.6	69.3	72.4	73.8
宏观经济										
国民经济核算										
地区生产总值										
第一产业	8.8	4.9	2.5	1.9	1.7	1.4	1.3	1.0	1.0	1.0
第二产业	52.4	42.8	32.7	29.0	29.7	30.8	29.1	25.5	23.6	23.5
第三产业	38.8	52.3	64.8	69.1	68.6	67.8	69.6	73.5	75.4	75.5
投　资										
全社会固定资产投资										
城　镇	88.2	94.4	91.9	93.0	92.7	92.3	91.8	92.2	92.4	90.1
农　村	9.7	4.8	6.5	5.6	6.1	7.7	8.2	7.8	7.6	9.9
资金来源结构										
#国家预算内资金	25.3	7.7	7.4	5.2	2.9	3.2	2.8	1.7	2.0	1.4
国内贷款	16.7	13.4	26.0	26.2	28.2	21.7	23.2	24.4	26.9	34.9
利用外资	11.2	20.5	3.6	2.0	2.0	3.2	1.6	1.3	1.5	0.5
自筹和其他投资	46.8	58.4	63.0	66.5	66.9	71.9	72.4	72.6	69.6	63.3
财　政										
一般预算财政收入主要税种										
#增值税			13.3	12.5	12.7	9.3	10.6	9.0	8.6	8.9
营业税			43.2	42.7	44.5	44.8	41.7	40.3	35.5	37.1
企业所得税			16.8	18.7	15.8	16.3	17.9	20.7	27.1	21.2
个人所得税			16.3	11.5	9.7	9.9	9.2	9.1	9.3	8.8
能源消费总量										
第一产业	3.9	3.4	2.5	2.3	2.1	1.7	1.6	1.5	1.5	1.5
第二产业	63.5	65.9	58.5	54.4	53.3	51.8	49.0	44.5	40.3	38.7
第三产业	19.0	17.9	26.1	30.1	29.9	31.9	34.8	38.0	41.3	42.0
生活消费	13.6	12.8	12.9	13.2	14.6	14.6	14.7	16.0	16.9	17.8

1-2-1

单位：%

项　　目	1990	1995	2000	2002	2003	2004	2005	2007	2008	2009
产　业										
农　业										
农林牧渔业产值结构										
农　业	55.6	52.8	46.7	39.1	36.0	35.4	38.0	42.4	42.2	44.6
林　业	1.3	1.7	2.8	5.6	5.5	4.9	5.2	6.5	6.7	7.3
牧　业	39.8	41.8	46.4	50.9	50.9	52.9	50.5	45.0	46.2	43.2
渔　业	3.3	3.7	4.1	4.4	4.1	3.8	3.6	3.7	3.2	3.3
农林牧渔服务业					3.6	3.1	2.7	2.4	1.6	1.7
工　业										
规模以上工业总产值结构										
#国有企业	72.1	58.9	28.4	18.9	13.5	12.6	5.7	6.4	9.8	10.0
集体企业	19.8	13.7	9.5	4.2	3.5	2.9	1.3	0.9	0.8	0.6
港澳台商投资企业	1.1	6.6	12.5	11.4	11.0	9.4	7.0	6.9	9.0	9.2
外商投资企业	7.0	17.8	29.6	28.2	29.8	32.7	37.4	38.3	32.8	32.6
建筑业										
建筑业总产值结构										
#国有企业	68.7	69.1	44.8	30.5	32.1	27.9	27.4	15.1	9.5	8.9
集体企业	31.3	26.4	21.7	11.3	9.0	5.2	4.7	3.3	2.3	2.2
港澳台商投资企业		1.4	1.4	0.9	0.9	0.9	1.2	1.9	2.1	1.4
外商投资企业		1.2	2.0	1.6	1.9	1.7	1.7	2.1	1.9	1.5
交通运输业										
货运量结构(按运输方式分)										
铁　路	11.4	9.2	8.5	7.6	7.3	6.2	6.1	9.3	7.9	7.4
公　路	87.5	90.4	91.2	91.6	91.7	92.3	92.4	86.0	85.4	85.2
民　航	0.04	0.05	0.11	0.14	0.15	0.23	0.24	0.47	0.42	0.44
管　道	1.0	0.3	0.2	0.6	0.8	1.3	1.2	4.2	6.3	7.0
客运量结构(按运输方式分)										
铁　路	50.4	45.1	24.2	17.7	14.3	10.9	9.5	34.5	5.9	6.1
公　路	46.7	47.7	70.7	77.9	81.7	83.3	85.3	46.3	91.1	90.7
民　航	2.9	7.2	5.1	4.4	4.0	5.7	5.2	19.2	2.9	3.2
国内贸易										
社会消费品零售额										
食品类	39.6	42.7	28.4	26.9	26.0	24.5	25.8	24.5	23.1	22.2
衣着类	13.2	14.6	12.0	11.0	11.0	9.2	9.7	9.4	8.8	8.9
日用品类	44.8	40.8	56.2	58.2	59.0	58.6	56.4	57.5	60.3	61.8
燃料类	2.4	1.9	3.4	3.9	4.0	7.7	8.1	8.6	7.8	7.1
对外贸易										
地区出口商品										
#一般贸易		70.6	65.9	57.9	62.0	57.9	54.5	50.6	52.1	41.9
加工贸易		21.3	29.6	36.2	32.7	35.3	39.6	41.4	36.0	44.2
地区进口商品										
#一般贸易		84.4	87.3	87.3	89.3	88.6	85.2	85.6	89.0	85.9
加工贸易		5.2	3.5	6.7	6.1	6.1	8.2	8.1	5.7	7.9
国际旅游										
接待海外旅游人数										
外国人	63.7	80.5	84.4	85.8	82.5	85.0	85.9	87.9	88.6	83.1
港澳台同胞	34.6	17.6	15.6	14.2	17.5	15.0	14.1	12.1	11.4	19.9

注：从2003年起农业统计执行新《国民经济行业分类标准》及按生产者价格计算，农林牧渔业总产值中含农林牧渔服务业产值。

1–2–2

单位：%

项　　目	1990	1995	2000	2002	2003	2004	2005	2007	2008	2009
教育、科技、卫生										
教　育										
在校学生结构										
#高等教育	8.3	9.0	14.0	21.6	24.8	28.1	46.2	45.9	47.7	48.9
中等教育	32.5	41.0	48.7	43.0	42.5	40.1	29.7	26.3	24.4	23.0
小学教育	59.0	49.6	36.8	25.9	23.8	22.5	16.9	20.9	20.6	20.1
专任教师结构										
#高等教育	24.6	22.7	22.2	21.2	23.1	25.6	32.7	34.6	35.2	35.2
中等教育	38.3	38.6	40.5	38.9	38.6	37.4	33.6	33.1	30.7	30.7
小学教育	36.7	37.9	36.8	32.1	29.9	28.3	25.3	25.9	24.5	24.2
科　技										
科技经费筹集额结构										
#政府资金				48.3	43.9	45.2	40.9	52.7	43.3	
企业资金				34.5	35.5	39.1	44.5	32.6	44.8	
金融机构贷款				2.1	2.6	1.8	1.5	0.6	0.7	
科技经费内部支出结构										
#人员劳务费				24.6	25.6	26.5	25.2	25.5	28.6	
固定资产购建				18.5	17.5	17.6	18.9	20.4	20.0	
卫　生										
卫生技术人员结构										
#执业医师	45.6	46.7	44.6	43.1	42.7	42.1	42.2	39.5	39.2	38.9
注册护士	31.0	31.7	34.5	35.5	35.6	35.6	35.8	36.5	36.9	38.4
生活、环境										
生　活										
城镇居民消费结构										
食　品(恩格尔系数)	54.2	48.5	36.3	33.8	31.7	32.2	31.8	32.2	33.8	33.2
衣　着	14.8	15.1	8.9	8.4	8.1	8.7	8.9	9.9	9.5	10.0
居　住	3.5	4.5	6.9	9.0	8.6	8.7	7.9	8.1	7.8	7.2
家庭设备用品及服务	10.4	8.8	12.9	6.2	6.3	6.8	6.4	6.4	6.7	6.8
医疗保健	1.4	2.9	6.9	9.2	8.9	9.7	9.8	8.4	9.5	7.8
交通和通信	1.5	4.7	7.1	12.4	15.2	12.8	14.7	15.2	13.9	15.5
教育文化娱乐服务	11.5	10.2	15.1	17.6	17.7	17.3	16.5	15.6	14.5	14.8
其他商品和服务	2.7	5.2	5.8	3.5	3.5	3.8	4.0	4.2	4.3	4.7
农村居民消费结构										
食　品(恩格尔系数)	50.7	49.6	36.7	33.0	31.7	32.6	32.8	32.1	34.3	32.4
衣　着	9.5	10.9	7.6	7.5	7.1	7.4	7.8	7.7	7.8	7.7
居　住	19.2	9.7	15.7	17.0	19.8	17.1	16.2	17.0	16.9	19.4
家庭设备用品及服务	8.0	7.6	7.3	6.7	5.8	5.4	6.2	5.7	6.3	6.5
医疗保健	3.8	4.8	8.0	8.8	8.3	8.8	9.0	9.4	9.9	9.5
交通和通信	1.7	4.1	6.3	8.4	10.1	11.2	11.0	12.8	11.6	12.1
文教娱乐用品及服务支出	6.6	10.6	14.4	14.7	15.4	15.8	15.1	13.2	11.5	10.5
其他商品和服务	0.6	2.8	4.0	3.9	1.7	1.8	1.9	2.1	1.8	1.9
环　境										
空气质量达到二级及好于二级天数比重			48.4	55.6	61.4	62.6	64.1	67.4	74.9	78.1

1-3 国民经济和社会发展比例与效益指标

项　　目		2008	2009
人口与就业			
人　口			
常住人口出生率	(‰)	8.17	8.06
常住人口死亡率	(‰)	4.75	4.56
常住人口自然增长率	(‰)	3.42	3.50
就　业			
城镇登记失业率	(%)	1.82	1.44
就业弹性系数		0.45	0.17
宏观经济			
国民经济核算			
产业结构	(%)	100.0	100.0
第一产业		1.0	1.0
第二产业		23.6	23.5
第三产业		75.4	75.5
全社会劳动生产率	(元/人)	115565	122807
第一产业		18208	18898
第二产业		120615	140354
第三产业		122794	126872
固定资产投资			
全社会固定资产投资相当于			
地区生产总值比例	(%)	34.6	40.0
财　政			
地方财政收入相当于			
地区生产总值比例	(%)	20.5	22.0
地方财政支出相当于			
地区生产总值比例	(%)	21.6	23.2
能源消费			
能源消费弹性系数		0.07	0.38
电力消费弹性系数		0.54	0.70
万元地区生产总值能耗(现价)	(吨标准煤)	0.57	0.54
万元地区生产总值水耗(现价)	(立方米)	31.58	29.92
产　业			
限额以上工业企业效益			
综合效益指数	(%)	187.24	210.87
总资产贡献率	(%)	6.32	7.56
资产保值增值率	(%)	89.80	110.88

1-3-1

项　　目		2008	2009
资产负债率	(%)	48.12	50.53
流动资产周转率	(次)	1.90	1.77
成本费用利润率	(%)	5.09	6.43
全员劳动生产率	(元/人)	165153	189529
产品销售率	(%)	98.95	98.78
建筑业			
全员劳动生产率	(元/人)	220425	249137
产值竣工率	(%)	56.4	50.8
面积竣工率	(%)	24.6	23.0
邮电通信业			
移动电话普及率	(部/百人)	95.3	104.0
固定电话主线普及率	(线/百人)	52.2	50.9
国内贸易			
人均社会消费品零售额	(元)	27917.7	30782.0
教育、科技、文化、卫生			
教　育			
学龄儿童入学率	(%)	100.00	100.00
平均每一专任教师负担学生数			
高等学校	(人)	17.1	16.5
普通中学	(人)	10.9	10.0
小学学校	(人)	13.5	13.0
科　技			
研究与试验发展经费支出			
相当于地区生产总值比例	(%)	5.91	
文　化			
每万人拥有公共图书馆	(个)	0.02	0.02
每万人拥有博物馆	(个)	0.09	0.09
卫　生			
婴儿死亡率	(‰)	3.70	3.49
孕产妇死亡率	(1/10万)	18.52	14.55
平均每千人口拥有执业医师数(户籍人口)	(人)	4.78	5.00
平均每千人口拥有医院床位数(户籍人口)	(张)	6.43	6.62
家庭、生活、环境、灾害			
家　庭			
少儿抚养比(常住人口)	(%)	12.3	12.2
老年抚养比(常住人口)	(%)	14.4	14.2
生　活			
城镇与农村居民收入比例			
(以农村居民收入为1)		2.30	2.23
城镇居民人均住房使用面积	(平方米)	21.56	21.61
农村居民人均住房面积	(平方米)	39.40	39.42
环境、灾害			
人均公园绿地面积	(平方米)	13.60	14.50
平均每起火灾直接经济损失	(元)	1397.6	28429.4
平均每起交通事故直接经济损失	(元)	5172.2	5360.4

1-4 北京一日

项　　目		2008	2009
每天创造的财富			
地区生产总值	(万元)	303688.5	332958.9
第一产业	(万元)	3082.0	3241.1
第二产业	(万元)	71759.6	78232.9
工　业	(万元)	58243.2	63098.6
建筑业	(万元)	13516.4	15134.2
第三产业	(万元)	228847.0	251484.9
#交通运输、仓储和邮政业	(万元)	13631.1	15249.3
地方财政收入	(万元)	62350.7	73391.1
地方财政支出	(万元)	65599.1	77284.0
发电量	(万千瓦时)	6642.8	6643.4
汽车生产量	(辆)	2093	3482
移动电话机生产量	(部)	566271	585076
每天收入与消费量			
城镇居民人均可支配收入	(元)	67.6	73.3
城镇居民人均消费支出	(元)	45.0	49.0
农村居民人均纯收入	(元)	29.4	32.8
农村居民人均生活消费支出	(元)	20.9	25.0
在岗职工平均工资	(元)	150.0	159.3
社会消费品零售额	(万元)	126926.2	145476.7
机动车销售量	(辆)	2399	3145
生活消费用电量	(万千瓦时)	3177.8	3528.6
居民家庭用自来水	(万立方米)	105.7	115.1
每天其他活动			
地区出口额	(万美元)	15710.3	13248.8
旅游外汇收入	(万美元)	1218.6	1194.5
国内旅游收入	(万元)	52103.8	58753.4
接待入境旅游人数	(人次)	10355	11301
接待国内旅游者人数	(人次)	387459	445397
市内公共交通客运量	(万人次)	1618.9	1804.9
报刊、图书印数量	(万份、万册、万张)	2824.0	2804.7
每天人口和婚姻变动			
出生人口(户籍)	(人)	289	299
死亡人口(户籍)	(人)	140	171
登记结婚对数	(对)	403	498
离婚对数	(对)	103	113

注：1. 自2009年起，在岗职工范围包括乡镇企业，2008年数据做相应调整。
2. 离婚对数包括在民政部门登记的对数和经法院调离和判离的对数。

1-5 “十一五”时期主要监测指标

项　目		2005	2006	2007	2008	2009
城镇登记失业率	(%)	2.11	1.98	1.84	1.82	1.44
居民消费价格指数(上年=100)	(%)	101.5	100.9	102.4	105.1	98.5
地方财政一般预算收入比上年增长	(%)	23.5	21.5	33.6	23.1	10.3
万元地区生产总值能耗比上年降低(可比价)	(%)	4.17	5.37	7.02	7.74	5.76
万元地区生产总值水耗比上年降低(可比价)	(%)	11.07	12.01	11.38	7.56	8.12
农村养老保险参保率	(%)	25.1	29.3	36.6	85.0	90.0
新型农村合作医疗参合率	(%)	80.3	86.9	88.9	92.9	95.7
空气质量达到二级及好于二级天数比例	(%)	64.1	66.0	67.4	74.9	78.1
化学需氧量(COD)排放量	(万吨)	11.60	10.99	10.65	10.13	9.89
二氧化硫(SO_2)排放量	(万吨)	19.06	17.55	15.17	12.32	11.88
全市林木绿化率	(%)	50.5	51.0	51.6	52.1	52.6
城市绿化覆盖率	(%)	42.0	42.5	43.0	43.5	44.4
人均公园绿地面积	(平方米)	12.0	12.0	12.6	13.6	14.5
地区生产总值比上年增长(可比价)	(%)	12.1	13.0	14.5	9.1	10.2
第三产业增加值比重	(%)	69.6	71.9	73.5	75.4	75.5
全社会研究与试验发展经费						
支出相当于地区生产总值比例	(%)	5.45	5.33	5.35	5.58	
高新技术产品出口占地区出口的比重	(%)	31.5	36.6	36.7	33.2	36.2
接待入境旅游者人数	(万人次)	362.9	390.3	435.5	379.0	412.5
城市居民人均可支配收入实际增长	(%)	11.2	12.2	11.2	7.0	9.7
农村居民人均纯收入实际增长	(%)	8.1	8.7	8.2	6.5	13.4

BEIJING AREA
STATISTICAL YEARBOOK

北京区县概览

BEIJING QUXIAN GAILAN

2-1 土地利用状况 (2009年)

单位：平方公里

区　县	土地面积	农用地	#耕　地	建设用地	未利用地
全　市	**16410.54**				
东城区	25.34				
西城区	31.62				
崇文区	16.52				
宣武区	18.91				
朝阳区	455.08				
丰台区	305.80				
石景山区	84.32				
海淀区	430.73				
门头沟区	1450.70				
房山区	1989.54				
通州区	906.28				
顺义区	1019.89				
昌平区	1343.54				
大兴区	1036.32				
怀柔区	2122.62				
平谷区	950.13				
密云县	2229.45				
延庆县	1993.75				

注：2009年土地利用情况数据待全国第二次土地调查办公室审定后公布。
资料来源：北京市国土资源局。

2-2 行政区划 (2009年)

单位：个

区　县	街道办事处	建制镇	建制乡	社区居委会	村民委员会
全　市	**140**	**142**	**40**	**2665**	**3950**
东城区	10			115	
西城区	7			148	
崇文区	7			90	
宣武区	8			107	
朝阳区	23		19	350	155
丰台区	16	2	3	271	69
石景山区	9			139	
海淀区	22	5	2	590	84
门头沟区	4	9		100	177
房山区	8	14	6	120	462
通州区	4	10	1	99	480
顺义区	6	19		77	426
昌平区	2	15		177	303
大兴区	5	14		123	527
怀柔区	2	12	2	31	284
平谷区	2	14	2	29	273
密云县	2	17	1	70	334
延庆县	3	11	4	29	376

资料来源：北京市民政局。

2–3 法人单位数 (2009年)

单位：个

区 县	法人单位数合计			#企业法人
		单产业法人	多产业法人	
全 市	**377580**	**359355**	**18225**	**347226**
新东城区	25979	24271	1708	22876
东城区	18182	16992	1190	15967
崇文区	7797	7279	518	6909
新西城区	32501	29984	2517	28696
西城区	20702	18975	1727	18012
宣武区	11799	11009	790	10684
朝 阳 区	77349	73596	3753	74190
丰 台 区	36063	34709	1354	34344
石景山区	11063	10471	592	10230
海 淀 区	91654	88040	3614	87946
门头沟区	5866	5443	423	4727
房 山 区	11405	10802	603	9566
通 州 区	16632	16135	497	15445
顺 义 区	11739	11271	468	10108
昌 平 区	15550	14828	722	13780
大 兴 区	19548	18833	715	17666
怀 柔 区	5945	5636	309	4699
平 谷 区	5338	5117	221	4144
密 云 县	5958	5598	360	4779
延 庆 县	2800	2585	215	1888
北京经济技术开发区	2190	2036	154	2142

2-4 主要年份户籍人口数

单位：万人

区 县	户籍人口数							
	2000	2005	2006	2007	2008	2009		
							男	女
全 市	**1107.5**	**1180.7**	**1197.6**	**1213.3**	**1229.9**	**1245.8**	**627.5**	**618.3**
东 城 区	62.6	61.2	61.4	61.8	61.9	62.1	30.6	31.5
西 城 区	78.1	75.7	76.4	77.4	78.3	79.3	39.6	39.7
崇 文 区	41.3	35.8	34.3	33.6	33.5	33.5	16.7	16.8
宣 武 区	56.2	53.0	53.2	53.5	53.7	53.7	26.9	26.9
朝 阳 区	152.2	171.1	174.5	178.4	181.8	185.3	93.3	92.0
丰 台 区	82.2	97.4	99.6	101.7	103.6	105.2	53.5	51.7
石景山区	33.2	35.0	35.2	35.4	35.7	36.0	18.7	17.3
海 淀 区	161.6	191.8	198.9	203.9	209.9	215.8	109.7	106.1
门头沟区	23.4	23.8	23.9	24.0	24.1	24.4	12.6	11.9
房 山 区	74.3	75.4	75.8	76.1	76.5	76.7	38.6	38.1
通 州 区	59.7	62.9	63.7	64.3	64.9	65.6	32.6	33.0
顺 义 区	53.7	55.9	56.2	56.7	57.4	57.8	28.7	29.1
昌 平 区	42.8	48.2	49.2	50.4	51.2	52.3	26.5	25.8
大 兴 区	52.8	56.6	57.5	58.1	58.7	59.3	29.7	29.6
怀 柔 区	26.3	27.3	27.4	27.6	27.7	27.8	14.0	13.8
平 谷 区	38.7	39.5	39.7	39.6	39.7	39.8	20.0	19.7
密 云 县	41.5	42.5	42.9	42.9	43.1	43.1	21.7	21.5
延 庆 县	26.9	27.6	27.8	27.9	28.0	28.1	14.2	13.8

资料来源：北京市公安局。

2-5 主要年份户籍人口户数

单位：万户

区　县	户籍人口户数					
	2000	2005	2006	2007	2008	2009
全　市	**397.9**	**451.7**	**463.6**	**473.0**	**481.2**	**488.7**
东 城 区	23.5	21.9	21.9	21.9	21.9	21.8
西 城 区	28.2	26.2	26.2	26.3	26.3	26.4
崇 文 区	15.7	13.3	12.7	12.5	12.5	12.5
宣 武 区	20.3	19.7	19.9	19.9	20.0	20.0
朝 阳 区	56.9	65.5	67.1	68.6	70.2	71.9
丰 台 区	31.4	39.0	40.5	41.7	42.7	43.5
石景山区	11.5	12.7	13.0	13.2	13.4	13.5
海 淀 区	52.6	60.1	61.8	63.3	64.5	66.0
门头沟区	9.1	10.5	10.8	10.9	11.0	11.4
房 山 区	25.6	31.2	32.5	33.5	34.1	34.7
通 州 区	23.1	28.8	30.0	30.6	31.2	31.6
顺 义 区	18.3	23.8	24.7	25.3	25.7	25.9
昌 平 区	15.8	19.7	20.4	21.2	21.8	22.5
大 兴 区	17.2	21.3	22.1	22.7	23.4	23.8
怀 柔 区	10.2	12.0	12.5	12.8	13.1	13.2
平 谷 区	12.8	15.6	16.1	16.3	16.5	16.6
密 云 县	15.5	18.2	18.9	19.5	20.0	20.2
延 庆 县	10.2	12.2	12.5	12.8	13.1	13.3

资料来源：北京市公安局。

2-6 主要年份暂住人口数

单位：万人

区 县	暂住人口数					
	2000	2005	2006	2007	2008	2009
全 市	**170.5**	**355.1**	**516.9**	**554.9**	**748.3**	**874.9**
东 城 区	8.7	9.2	12.5	11.2	14.0	12.5
西 城 区	7.5	7.3	10.3	10.4	18.2	11.9
崇 文 区	4.9	4.4	7.1	7.3	6.8	8.5
宣 武 区	7.0	8.8	10.5	11.9	14.7	14.4
朝 阳 区	37.5	90.7	130.6	135.3	188.2	222.0
丰 台 区	28.1	38.4	80.4	85.8	87.8	108.9
石景山区	8.3	15.0	15.4	17.4	23.4	19.9
海 淀 区	34.2	65.3	92.5	103.7	120.8	156.1
门头沟区	2.1	4.9	8.1	6.4	8.0	7.9
房 山 区	4.0	13.4	16.1	12.0	19.5	19.9
通 州 区	5.5	21.6	24.2	33.7	48.5	59.6
顺 义 区	5.6	14.8	21.9	23.8	34.0	27.0
昌 平 区	6.7	18.8	35.5	41.8	69.0	89.5
大 兴 区	6.1	29.4	35.5	41.5	72.6	93.6
怀 柔 区	2.0	5.3	7.0	5.2	8.9	9.5
平 谷 区	1.2	2.4	2.6	2.3	3.7	4.4
密 云 县	0.7	3.6	4.5	3.0	7.3	6.0
延 庆 县	0.4	1.8	2.2	2.2	3.0	3.3

资料来源：北京市公安局。

2-7 户籍人口迁移情况 (2009年)

单位：人

区　县	市外迁入人数	迁往市外人数
全　市	**189744**	**77581**
东 城 区	4791	842
西 城 区	10596	2992
崇 文 区	1173	178
宣 武 区	3098	489
朝 阳 区	27994	12970
丰 台 区	8757	1776
石景山区	3417	1267
海 淀 区	97421	47722
门头沟区	1027	173
房 山 区	3646	437
通 州 区	3507	841
顺 义 区	2450	208
昌 平 区	11714	5367
大 兴 区	4572	1592
怀 柔 区	1254	142
平 谷 区	1261	211
密 云 县	1599	230
延 庆 县	1467	144

资料来源：北京市公安局。

2-8 主要年份户籍人口自然变动情况

单位：人

区　县	出生人数			死亡人数			自然增加人数		
	2000	2008	2009	2000	2008	2009	2000	2008	2009
全　　市	**72168**	**105770**	**109170**	**77587**	**51348**	**62440**	**-5419**	**54422**	**46730**
东 城 区	2696	4525	4959	4044	2505	2651	-1348	2020	2308
西 城 区	3501	5978	6315	5296	2780	2735	-1795	3198	3580
崇 文 区	1489	2314	2473	3093	1452	1401	-1604	862	1072
宣 武 区	1996	3701	4067	4218	2347	2966	-2222	1354	1101
朝 阳 区	8923	15828	17082	9126	6792	7303	-203	9036	9779
丰 台 区	4954	8770	8973	5207	4268	4916	-253	4502	4057
石景山区	1602	2807	2841	1880	1548	1630	-278	1259	1211
海 淀 区	9019	17558	18449	7228	5416	5649	1791	12142	12800
门头沟区	1862	1827	1873	2395	1239	1739	-533	588	134
房 山 区	6240	7448	6669	5541	4332	5148	699	3116	1521
通 州 区	4627	6270	6251	4501	4142	4889	126	2128	1362
顺 义 区	3891	5057	5411	4297	3162	4393	-406	1895	1018
昌 平 区	3496	5551	5783	4163	2374	3249	-667	3177	2534
大 兴 区	5405	6246	5945	3843	2775	3681	1562	3471	2264
怀 柔 区	2682	2589	2772	2130	1086	1907	552	1503	865
平 谷 区	3283	3349	3255	3395	2141	2957	-112	1208	298
密 云 县	3747	3539	3587	4925	1976	3118	-1178	1563	469
延 庆 县	2755	2413	2465	2305	1013	2108	450	1400	357

资料来源：北京市公安局。

2-9　常住人口及外来人口（2005—2009年）

单位：万人

区　县	常住人口					#外来人口				
	2005	2006	2007	2008	2009	2005	2006	2007	2008	2009
全　市	**1538.0**	**1581.0**	**1633.0**	**1695.0**	**1755.0**	**357.3**	**383.4**	**419.7**	**465.1**	**509.2**
新东城区	86.0	85.2	85.1	85.0	86.5	15.3	15.4	15.6	15.4	17.8
东城区	54.9	55.1	55.2	55.3	56.3	10.2	10.2	10.1	10.1	12.0
崇文区	31.1	30.1	29.9	29.7	30.2	5.1	5.2	5.5	5.3	5.8
新西城区	119.2	120.9	121.8	123.3	124.6	21.1	21.8	21.9	22.7	25.6
西城区	66.0	66.6	66.5	67.3	68.1	11.8	11.7	11.0	11.2	13.1
宣武区	53.2	54.3	55.3	56.0	56.5	9.3	10.1	10.9	11.5	12.5
朝 阳 区	280.2	291.1	300.1	308.3	317.9	84.0	91.5	96.3	99.8	105.6
丰 台 区	156.8	161.6	169.3	175.3	182.3	36.6	39.3	44.7	48.9	52.5
石景山区	52.4	52.2	54.6	59.0	60.5	14.9	14.5	16.7	20.8	21.5
海 淀 区	258.6	268.7	281.4	293.0	308.2	73.7	76.7	84.8	90.6	100.1
门头沟区	27.7	27.7	27.0	27.5	28.0	4.1	4.0	3.2	3.6	3.8
房 山 区	87.0	88.6	88.7	90.5	91.2	11.9	13.1	13.0	14.5	15.0
通 州 区	86.7	89.5	96.5	103.9	109.3	19.7	21.5	27.8	34.7	39.9
顺 义 区	71.1	71.8	73.6	72.5	73.2	15.6	16.0	17.3	15.4	15.3
昌 平 区	78.2	82.9	89.6	94.2	102.1	21.9	25.5	30.5	34.2	39.5
大 兴 区	88.6	91.9	97.8	109.7	115.9	25.3	28.4	33.7	45.5	51.3
怀 柔 区	32.2	33.0	31.6	35.8	38.0	5.3	6.0	4.5	8.6	10.6
平 谷 区	41.4	42.3	42.4	42.6	42.7	2.4	3.1	3.2	3.2	3.3
密 云 县	43.9	45.0	44.9	45.7	45.8	3.5	4.1	4.0	4.7	4.8
延 庆 县	28.0	28.6	28.6	28.7	28.8	2.0	2.5	2.5	2.5	2.6

注：2005年数据根据2005年1%人口抽样调查数据推算，2006—2009年数据根据历年人口变动情况抽样调查数据推算。

2-10 常住人口密度 (2009年)

区 县	常住人口（万人）	土地面积（平方公里）	常住人口密度（人/平方公里）
全 市	**1755.0**	**16410.54**	**1069**
新东城区	86.5	41.86	20664
东城区	56.3	25.34	22218
崇文区	30.2	16.52	18281
新西城区	124.6	50.53	24659
西城区	68.1	31.62	21537
宣武区	56.5	18.91	29878
朝 阳 区	317.9	455.08	6986
丰 台 区	182.3	305.80	5961
石景山区	60.5	84.32	7175
海 淀 区	308.2	430.73	7155
门头沟区	28.0	1450.70	193
房 山 区	91.2	1989.54	458
通 州 区	109.3	906.28	1206
顺 义 区	73.2	1019.89	718
昌 平 区	102.1	1343.54	760
大 兴 区	115.9	1036.32	1118
怀 柔 区	38.0	2122.62	179
平 谷 区	42.7	950.13	449
密 云 县	45.8	2229.45	205
延 庆 县	28.8	1993.75	144

注：常住人口数据根据2009年人口变动情况抽样调查推算，土地面积来自于北京市国土资源局。

2–11 城镇单位从业人员人数、劳动报酬总额

区县	从业人员人数(人)		增长速度(%)
	2008	2009	
全市	**5890263**	**6193478**	**5.1**
新东城区	531845	527114	-0.9
东城区	435588	428141	-1.7
崇文区	96257	98973	2.8
新西城区	785776	815912	3.8
西城区	571981	594030	3.9
宣武区	213795	221882	3.8
朝阳区	1055992	1110486	5.2
丰台区	609305	654896	7.5
石景山区	155288	161523	4.0
海淀区	1192714	1263574	5.9
门头沟区	64849	65407	0.9
房山区	148108	163325	10.3
通州区	190101	215093	13.1
顺义区	328292	330330	0.6
昌平区	208573	232511	11.5
大兴区	314569	333428	6.0
怀柔区	76772	78174	1.8
平谷区	80689	92335	14.4
密云县	92202	92970	0.8
延庆县	55188	56400	2.2

注：城镇单位不包括私营单位和个体工商户的独立核算法人单位(下表同)，2008年为同口径数据。

2-11-1

区　县	从业人员人数(人)				从业人员劳动报酬总额(万元)		
	#国　有	#集　体	#港澳台商投资	#外商投资	2008	2009	增长速度(%)
全　市	**1856503**	**242643**	**366115**	**712323**	**31930284**	**35456211**	**11.0**
新东城区	211831	8303	46652	64135	3461049	3684646	6.5
东城区	174951	5619	34376	58995	3020856	3193934	5.7
崇文区	36880	2684	12276	5140	440193	490712	11.5
新西城区	302934	15192	29948	29908	5784180	6384233	10.4
西城区	235729	8903	27055	26173	4580342	5100755	11.4
宣武区	67205	6289	2893	3735	1203838	1283478	6.6
朝 阳 区	250246	35127	83325	204520	6696876	7332098	9.5
丰 台 区	197817	36885	12395	30889	2152453	2416760	12.3
石景山区	39609	5674	5193	16917	686598	761281	10.9
海 淀 区	463681	31006	56122	138360	7238817	8157245	12.7
门头沟区	18469	10510	936	817	220308	245048	11.2
房 山 区	47871	17641	2120	4912	506415	579932	14.5
通 州 区	37535	8446	8503	25426	577174	715566	24.0
顺 义 区	54075	26177	53221	61224	1484750	1593717	7.3
昌 平 区	62311	19296	6248	18137	732879	874998	19.4
大 兴 区	55758	8966	44197	83986	1479350	1673589	13.1
怀 柔 区	23933	4628	5192	11448	279391	315817	13.0
平 谷 区	22432	3677	3675	12497	223252	261777	17.3
密 云 县	32754	8911	6847	8257	248926	279109	12.1
延 庆 县	35247	2204	1541	890	157866	180396	14.3

2-12 城镇单位在岗职工人数、工资总额、平均工资及城镇登记失业人员

区　县	在岗职工人数(人)			在岗职工工资总额(万元)			在岗职工平均工资(元)		
	2008	2009	增长速度(%)	2008	2009	增长速度(%)	2008	2009	增长速度(%)
全　市	**5260627**	**5603939**	**6.5**	**28742678**	**32271711**	**12.3**	**54913**	**58140**	**5.9**
新东城区	455659	467553	2.6	3048802	3332201	9.3	67437	71513	6.0
东城区	370151	378992	2.4	2642768	2880182	9.0	72078	76206	5.7
崇文区	85508	88561	3.6	406034	452019	11.3	47519	51359	8.1
新西城区	673765	713966	6.0	5390820	5996431	11.2	80115	85346	6.5
西城区	485674	512808	5.6	4273309	4779947	11.9	88416	94623	7.0
宣武区	188091	201158	6.9	1117511	1216485	8.9	58950	61611	4.5
朝 阳 区	888601	948574	6.7	5454282	6070932	11.3	61953	64223	3.7
丰 台 区	540878	595114	10.0	1946863	2237296	14.9	36699	38141	3.9
石景山区	145756	150271	3.1	659231	728510	10.5	45190	48298	6.9
海 淀 区	1063598	1138157	7.0	6676909	7554983	13.2	63447	67409	6.2
门头沟区	61895	62628	1.2	214518	238702	11.3	34568	38176	10.4
房 山 区	143984	158632	10.2	496666	567159	14.2	34792	36056	3.6
通 州 区	181342	205264	13.2	546039	675746	23.8	29686	32869	10.7
顺 义 区	318861	321718	0.9	1390442	1496354	7.6	44018	47000	6.8
昌 平 区	195914	218110	11.3	693599	835260	20.4	35148	39075	11.2
大 兴 区	303064	321680	6.1	1352169	1545047	14.3	43801	48160	10.0
怀 柔 区	73524	75104	2.1	264636	296505	12.0	35987	40218	11.8
平 谷 区	77852	89547	15.0	213044	251042	17.8	27332	28496	4.3
密 云 县	82244	82680	0.5	240484	268929	11.8	28674	32722	14.1
延 庆 县	53690	54941	2.3	154174	176613	14.6	28480	31408	10.3

2-12-1

区　县	国有单位在岗职工平均工资(元)			集体单位在岗职工平均工资(元)			其他单位在岗职工平均工资(元)			城镇登记失业人员(人)	
	2008	2009	增长速度(%)	2008	2009	增长速度(%)	2008	2009	增长速度(%)	2008	2009
全　市	**59361**	**63239**	**6.5**	**20990**	**23553**	**12.2**	**54983**	**57911**	**5.3**	**103250**	**81550**
新东城区	64197	68414	6.6	26391	32024	21.3	71106	74841	5.3		
东城区	64873	68974	6.3	26081	34030	30.5	79068	82703	4.6	3439	3586
崇文区	60997	65769	7.8	27060	27582	1.9	38729	42682	10.2	2480	2718
新西城区	74111	79443	7.2	37387	42316	13.2	85762	90564	5.6		
西城区	76234	81041	6.3	40997	45382	10.7	98920	106222	7.4	5025	4786
宣武区	67557	73762	9.2	32342	38034	17.6	55435	56957	2.7	5186	3951
朝 阳 区	65095	69780	7.2	22188	24896	12.2	62938	64228	2.0	19085	13909
丰 台 区	40249	40511	0.7	18274	20702	13.3	36812	38629	4.9	13844	9009
石景山区	53564	60064	12.1	21108	24644	16.8	42788	45491	6.3	5871	5542
海 淀 区	66020	70833	7.3	27735	34021	22.7	63304	66733	5.4	11940	8966
门头沟区	44583	49250	10.5	15929	17742	11.4	34621	38575	11.4	4471	3948
房 山 区	46552	49783	6.9	17450	19475	11.6	32138	32091	-0.1	7243	7263
通 州 区	45377	51479	13.4	16518	17077	3.4	26375	29592	12.2	4475	3801
顺 义 区	42928	46877	9.2	17796	19578	10.0	47382	49991	5.5	2989	2524
昌 平 区	46129	47636	3.3	17390	14503	-16.6	33167	38987	17.5	5260	2821
大 兴 区	44798	50104	11.8	16911	18159	7.4	44516	48856	9.7	4258	2286
怀 柔 区	43442	47914	10.3	22255	28183	26.6	33420	37388	11.9	2154	1483
平 谷 区	43629	46444	6.5	16123	24429	51.5	21417	22783	6.4	2217	1658
密 云 县	44976	49763	10.6	17252	18835	9.2	21545	24933	15.7	2373	2133
延 庆 县	33781	36106	6.9	15795	17999	14.0	20668	24654	19.3	921	1146
北京经济技术开发区										19	20

注：城镇登记失业人员数据来自北京市人力资源和社会保障局。

2-13 地区生产总值

单位：万元

区　县	地区生产总值			第一产业		
	2008	2009	增长速度(%)	2008	2009	增长速度(%)
全　市	**111150000**	**121530300**	**10.2**	**1128300**	**1182900**	**4.6**
新东城区	9999941	11223551	12.2			
东城区	8448920	9454049	11.9			
崇文区	1551021	1769502	14.1			
新西城区	16667961	18155618	8.9			
西城区	13738410	15067417	9.7			
宣武区	2929551	3088201	5.4			
朝 阳 区	21440479	23803815	11.0	14123	13941	-1.3
丰 台 区	5655722	6273601	10.9	9511	10006	5.2
石景山区	2569361	2486612	-3.2			
海 淀 区	22980221	24468726	6.5	13462	14261	5.9
门头沟区	731790	747950	2.2	10464	12609	20.5
房 山 区	2003495	2934747	46.5	133159	138228	3.8
通 州 区	2258280	2789280	23.5	137236	141197	2.9
顺 义 区	5423862	6901792	27.2	201270	213657	6.2
昌 平 区	3162432	3423846	8.3	47831	50314	5.2
大 兴 区	2304513	2711755	17.7	169362	174135	2.8
怀 柔 区	1214897	1314410	8.2	63283	65004	2.7
平 谷 区	873179	1069844	22.5	105303	112022	6.4
密 云 县	1127238	1195304	6.0	146910	152896	4.1
延 庆 县	555278	614829	10.7	76368	83699	9.6
北京经济技术开发区	5548240	5925172	6.8			

注：1. 行业按国家2002年国民经济行业分类标准核算(下同)。
2. 增长速度全市为可比价，区县为现价(下同)。
3. 地区生产总值区县合计不等于全市是由于区县中扣除了划归市一级核算部分。
4. 2008年数据为全国第二次经济普查后核实数。

2-13-1

单位：万元

区　县	第二产业			工　业			建筑业		
	2008	2009	增长速度(%)	2008	2009	增长速度(%)	2008	2009	增长速度(%)
全　市	**26264100**	**28555500**	**10.4**	**21317500**	**23030800**	**8.8**	**4946600**	**5524700**	**18.5**
新东城区	509197	530305	4.1	243635	245197	0.6	265562	285108	7.4
东城区	258884	289710	11.9	101277	116859	15.4	157607	172851	9.7
崇文区	250313	240595	-3.9	142358	128338	-9.8	107955	112257	4.0
新西城区	1910225	1854685	-2.9	1500425	1361493	-9.3	409800	493192	20.3
西城区	1587601	1505170	-5.2	1356887	1198872	-11.6	230714	306298	32.8
宣武区	322624	349515	8.3	143538	162621	13.3	179086	186894	4.4
朝 阳 区	2486025	2656222	6.8	1791477	1953085	9.0	694548	703137	1.2
丰 台 区	1357358	1524549	12.3	959347	835282	-12.9	398011	689267	73.2
石景山区	1413903	1123252	-20.6	1174751	838576	-28.6	239152	284676	19.0
海 淀 区	3819138	3819825	0.0	2597017	2601974	0.2	1222121	1217851	-0.3
门头沟区	411423	374546	-9.0	362453	330008	-9.0	48970	44538	-9.1
房 山 区	1029107	1793715	74.3	761400	1491249	95.9	267707	302466	13.0
通 州 区	1077732	1180384	9.5	817386	877011	7.3	260346	303373	16.5
顺 义 区	2313528	2975636	28.6	2010476	2774630	38.0	303052	201006	-33.7
昌 平 区	1588254	1625994	2.4	1403550	1423456	1.4	184704	202538	9.7
大 兴 区	940529	1008730	7.3	768280	828006	7.8	172249	180724	4.9
怀 柔 区	748692	802134	7.1	630400	689062	9.3	118292	113072	-4.4
平 谷 区	359170	469537	30.7	244903	369336	50.8	114267	100201	-12.3
密 云 县	540406	539971	-0.1	429958	400011	-7.0	110448	139960	26.7
延 庆 县	129656	157353	21.4	84900	98590	16.1	44756	58763	31.3
北京经济技术开发区	3258179	3541663	8.7	3165562	3336774	5.4	92617	204889	121.2

2–13–2

单位：万元

区　县	第三产业			交通运输、仓储和邮政业		
	2008	2009	增长速度(%)	2008	2009	增长速度(%)
全　市	**83757600**	**91791900**	**10.2**	**4989200**	**5566400**	**3.0**
新东城区	9490744	10693246	12.7	233841	239702	2.5
东城区	8190036	9164339	11.9	226696	230648	1.7
崇文区	1300708	1528907	17.5	7145	9054	26.7
新西城区	14757736	16300933	10.5	299409	226018	-24.5
西城区	12150809	13562247	11.6	190929	181047	-5.2
宣武区	2606927	2738686	5.1	108480	44971	-58.5
朝 阳 区	18940331	21133652	11.6	1015020	1162343	14.5
丰 台 区	4288853	4739046	10.5	246547	212062	-14.0
石景山区	1155458	1363360	18.0	40974	44678	9.0
海 淀 区	19147621	20634640	7.8	200208	131202	-34.5
门头沟区	309903	360795	16.4	10273	13412	30.6
房 山 区	841229	1002804	19.2	59168	63259	6.9
通 州 区	1043312	1467699	40.7	44167	54935	24.4
顺 义 区	2909064	3712499	27.6	1405354	1902143	35.3
昌 平 区	1526347	1747538	14.5	23788	31602	32.8
大 兴 区	1194622	1528890	28.0	87670	116879	33.3
怀 柔 区	402922	447272	11.0	10705	13797	28.9
平 谷 区	408706	488285	19.5	25420	45824	80.3
密 云 县	439922	502437	14.2	5121	13009	154.0
延 庆 县	349254	373777	7.0	52015	62289	19.8
北京经济技术开发区	2290061	2383509	4.1	423859	319083	-24.7

2-13-3

单位：万元

区　县	信息传输、计算机服务和软件业			批发与零售业		
	2008	2009	增长速度(%)	2008	2009	增长速度(%)
全　市	**9991300**	**10664700**	**6.8**	**14267200**	**15250300**	**9.3**
新东城区	1236615	1295262	4.7	1256098	1134250	-9.7
东城区	1227463	1286786	4.8	1017394	863951	-15.1
崇文区	9152	8476	-7.4	238704	270299	13.2
新西城区	158772	793345	399.7	2057145	2019874	-1.8
西城区	83370	742572	790.7	1469744	1323275	-10.0
宣武区	75402	50773	-32.7	587401	696599	18.6
朝 阳 区	1256288	1224129	-2.6	4568804	5302349	16.1
丰 台 区	273823	307521	12.3	576325	774174	34.3
石景山区	139259	186392	33.8	131774	173335	31.5
海 淀 区	5229584	5323533	1.8	2446735	2424041	-0.9
门头沟区	690	668	-3.2	48092	62371	29.7
房 山 区	4466	5161	15.6	107727	137867	28.0
通 州 区	6612	6426	-2.8	270813	451728	66.8
顺 义 区	10946	19509	78.2	175733	260250	48.1
昌 平 区	113344	111444	-1.7	141995	231468	63.0
大 兴 区	4482	19101	326.2	172577	203157	17.7
怀 柔 区	931	924	-0.8	67300	63910	-5.0
平 谷 区	1933	2187	13.1	36293	43998	21.2
密 云 县	1529	1725	12.8	59782	73905	23.6
延 庆 县	188	168	-10.6	38166	31271	-18.1
北京经济技术开发区	249271	220542	-11.5	1322942	1487886	12.5

2-13-4

单位：万元

区　县	住宿和餐饮业			金融业		
	2008	2009	增长速度(%)	2008	2009	增长速度(%)
全　市	**2744300**	**2625100**	**-3.3**	**15191900**	**16036300**	**6.4**
新东城区	418597	372666	-11.0	1486595	2168889	45.9
东城区	376056	322180	-14.3	1216874	1901800	56.3
崇文区	42541	50486	18.7	269721	267089	-1.0
新西城区	307356	319445	3.9	6603276	7209921	9.2
西城区	201844	214200	6.1	6201976	6759822	9.0
宣武区	105512	105245	-0.3	401300	450099	12.2
朝 阳 区	820098	689239	-16.0	1939248	2206886	13.8
丰 台 区	156250	178878	14.5	509524	507762	-0.3
石景山区	28904	38261	32.4	133166	124642	-6.4
海 淀 区	540774	524445	-3.0	2176407	2273224	4.4
门头沟区	15783	16563	4.9	26241	24883	-5.2
房 山 区	33741	39990	18.5	86878	95946	10.4
通 州 区	52191	55627	6.6	119495	125792	5.3
顺 义 区	66678	79798	19.7	313532	374398	19.4
昌 平 区	120883	119558	-1.1	123481	130588	5.8
大 兴 区	60956	68969	13.1	139775	156939	12.3
怀 柔 区	36852	35632	-3.3	42864	39603	-7.6
平 谷 区	22564	24613	9.1	41519	40333	-2.9
密 云 县	31730	31665	-0.2	48199	40704	-15.6
延 庆 县	24471	22921	-6.3	25366	22989	-9.4
北京经济技术开发区	6472	6829	5.5	11947	16763	40.3

2-13-5

单位：万元

区　县	房地产业			租赁和商务服务业		
	2008	2009	增长速度(%)	2008	2009	增长速度(%)
全　市	**8445900**	**10624700**	**22.0**	**7652400**	**8095500**	**11.6**
新东城区	902981	1202736	33.2	1422127	1380437	-2.9
东城区	683212	818070	19.7	1325988	1270086	-4.2
崇文区	219769	384666	75.0	96139	110351	14.8
新西城区	1234737	1205651	-2.4	1150903	1366616	18.7
西城区	952384	861534	-9.5	891364	1088208	22.1
宣武区	282353	344117	21.9	259539	278408	7.3
朝 阳 区	2902876	3501646	20.6	3151175	3307366	5.0
丰 台 区	616227	701487	13.8	477508	490732	2.8
石景山区	148566	256010	72.3	91475	78276	-14.4
海 淀 区	1235124	1738734	40.8	739941	924185	24.9
门头沟区	46952	60628	29.1	16846	16345	-3.0
房 山 区	159161	222908	40.1	39099	35649	-8.8
通 州 区	148756	346998	133.3	39591	43605	10.1
顺 义 区	222885	265350	19.1	303535	242359	-20.2
昌 平 区	307881	367287	19.3	54118	67786	25.3
大 兴 区	198495	337081	69.8	52953	59995	13.3
怀 柔 区	62028	80327	29.5	20020	14837	-25.9
平 谷 区	105264	138792	31.9	15167	13802	-9.0
密 云 县	84788	111440	31.4	14351	1086	-92.4
延 庆 县	31095	45194	45.3	10298	6532	-36.6
北京经济技术开发区	38083	42404	11.3	53292	45835	-14.0

2-13-6

单位：万元

区　县	科学研究、技术服务和地质勘察业			水利、环境和公共设施管理业		
	2008	2009	增长速度(%)	2008	2009	增长速度(%)
全　市	**7067300**	**8168900**	**21.9**	**590900**	**671500**	**19.9**
新东城区	853426	1113795	30.5	46678	47253	1.2
东城区	784494	1043768	33.0	27884	26255	-5.8
崇文区	68932	70027	1.6	18794	20998	11.7
新西城区	652423	681281	4.4	75817	67670	-10.7
西城区	483618	525361	8.6	53459	52548	-1.7
宣武区	168805	155920	-7.6	22358	15122	-32.4
朝 阳 区	1279613	1448658	13.2	85780	106466	24.1
丰 台 区	725745	746780	2.9	35562	97677	174.7
石景山区	84158	105937	25.9	15438	18301	18.5
海 淀 区	2820674	3211558	13.9	171716	170820	-0.5
门头沟区	11336	11172	-1.4	5266	5382	2.2
房 山 区	57951	73403	26.7	21910	15325	-30.1
通 州 区	34998	34143	-2.4	16024	17223	7.5
顺 义 区	105859	219326	107.2	11919	14704	23.4
昌 平 区	180340	180261	0.0	28921	26857	-7.1
大 兴 区	67604	90536	33.9	11944	12616	5.6
怀 柔 区	7548	11869	57.2	13691	14257	4.1
平 谷 区	6917	6295	-9.0	3043	3302	8.5
密 云 县	10612	6907	-34.9	24250	22652	-6.6
延 庆 县	10859	9002	-17.1	17902	19977	11.6
北京经济技术开发区	157236	217875	38.6	5041	11052	119.2

2-13-7

单位：万元

区　县	居民服务和其他服务业			教　育		
	2008	2009	增长速度(%)	2008	2009	增长速度(%)
全　市	**748900**	**739300**	**4.1**	**4020800**	**4441200**	**9.0**
新东城区	51546	45771	-11.2	197210	224351	13.8
东城区	36171	31890	-11.8	136947	159522	16.5
崇文区	15375	13881	-9.7	60263	64829	7.6
新西城区	74327	82313	10.7	363191	372037	2.4
西城区	36018	45163	25.4	271319	278473	2.6
宣武区	38309	37150	-3.0	91872	93564	1.8
朝 阳 区	177325	170153	-4.0	619562	678351	9.5
丰 台 区	87685	84055	-4.1	174933	188006	7.5
石景山区	38433	23506	-38.8	88897	96390	8.4
海 淀 区	128668	125884	-2.2	1683765	1853863	10.1
门头沟区	14826	12536	-15.4	33906	39875	17.6
房 山 区	13000	17806	37.0	100417	113697	13.2
通 州 区	21857	26916	23.1	99669	105332	5.7
顺 义 区	29088	36165	24.3	119414	129361	8.3
昌 平 区	46620	48033	3.0	214759	229472	6.9
大 兴 区	26017	28040	7.8	141809	178479	25.9
怀 柔 区	6937	7953	14.6	46055	59385	28.9
平 谷 区	5883	7766	32.0	47080	55512	17.9
密 云 县	6045	9692	60.3	47830	63345	32.4
延 庆 县	4414	5994	35.8	39025	49069	25.7
北京经济技术开发区	16229	6740	-58.5	3278	4719	44.0

2-13-8

单位：万元

区　县	卫生、社会保障和社会福利业			文化、体育和娱乐业			公共管理和社会组织		
	2008	2009	增长速度(%)	2008	2009	增长速度(%)	2008	2009	增长速度(%)
全　市	**1877500**	**2130100**	**13.6**	**2473900**	**2590300**	**7.3**	**3696100**	**4187600**	**10.9**
新东城区	317932	334616	5.2	392390	388915	-0.9	674708	744603	10.4
东城区	256566	272693	6.3	284629	287428	1.0	589662	649262	10.1
崇文区	61366	61923	0.9	107761	101487	-5.8	85046	95341	12.1
新西城区	377636	423512	12.1	475798	497312	4.5	926946	1035938	11.8
西城区	254874	290398	13.9	379609	407408	7.3	680301	792238	16.5
宣武区	122762	133114	8.4	96189	89904	-6.5	246645	243700	-1.2
朝 阳 区	362600	423918	16.9	305987	373515	22.1	455955	538633	18.1
丰 台 区	109362	117790	7.7	130357	126410	-3.0	169005	205712	21.7
石景山区	55153	63093	14.4	68769	68173	-0.9	90492	86366	-4.6
海 淀 区	315686	375620	19.0	1014641	1032920	1.8	443698	524611	18.2
门头沟区	19702	22799	15.7	4369	5798	32.7	55621	68363	22.9
房 山 区	50202	59356	18.2	6473	6516	0.7	101036	115921	14.7
通 州 区	46850	51180	9.2	10790	10029	-7.1	131499	137765	4.8
顺 义 区	43294	47837	10.5	13687	15735	15.0	87140	105564	21.1
昌 平 区	60132	70030	16.5	18202	22240	22.2	91883	110912	20.7
大 兴 区	40177	45276	12.7	13592	17432	28.3	176571	194390	10.1
怀 柔 区	19259	24848	29.0	3062	6405	109.2	65670	73525	12.0
平 谷 区	20686	26162	26.5	2307	3426	48.5	74630	76273	2.2
密 云 县	23168	26200	13.1	4156	4904	18.0	78361	95203	21.5
延 庆 县	16016	17087	6.7	7971	9627	20.8	71468	71657	0.3
北京经济技术开发区	-354	726	—	1348	855	-36.6	1417	2200	55.3

2-14 地方财政收入

单位：万元

区 县	地方财政收入			#地方一般预算收入		
	2008	2009	增长速度(%)	2008	2009	增长速度(%)
全 市	**22820370**	**26787737**	**17.4**	**18373238**	**20268089**	**10.3**
东城区	697287	738939	6.0	691561	729028	5.4
西城区	1545298	1521706	-1.5	1537909	1468452	-4.5
崇文区	181262	205978	13.6	179787	204271	13.6
宣武区	442262	466715	5.5	440033	456529	3.7
朝阳区	1683197	1906567	13.3	1660912	1883143	13.4
丰台区	348092	398049	14.4	342496	391719	14.4
石景山区	151267	181608	20.1	149782	179832	20.1
海淀区	1362180	1648042	21.0	1343272	1622426	20.8
门头沟区	158976	140997	-11.3	88824	92666	4.3
房山区	210281	527241	150.7	159774	233367	46.1
通州区	340433	660860	94.1	204523	260607	27.4
顺义区	737441	852298	15.6	401701	481208	19.8
昌平区	425952	519579	22.0	241628	316138	30.8
大兴区	338944	847589	150.1	195903	230857	17.8
怀柔区	203366	202704	-0.3	148070	164675	11.2
平谷区	89620	136525	52.3	87424	122765	40.4
密云县	119089	149120	25.2	102064	129269	26.7
延庆县	60123	69624	15.8	55278	63500	14.9

注：分区县财政收入为区县级财政收入。
资料来源：北京市财政局。

2–14–1

单位：万元

区　县	税收收入			#增值税		
	2008	2009	增长速度(%)	2008	2009	增长速度(%)
全　市	**17755757**	**19139702**	**7.8**	**1583363**	**1797320**	**13.5**
东 城 区	677372	705128	4.1	28299	33774	19.3
西 城 区	1507098	1436901	-4.7	71778	65130	-9.3
崇 文 区	156769	186456	18.9	14573	16244	11.5
宣 武 区	422045	438239	3.8	36290	31417	-13.4
朝 阳 区	1617069	1819068	12.5	148706	178946	20.3
丰 台 区	314389	363197	15.5	36433	41450	13.8
石景山区	140436	163968	16.8	32035	33186	3.6
海 淀 区	1286635	1561855	21.4	134991	155626	15.3
门头沟区	80719	82410	2.1	13843	14551	5.1
房 山 区	137970	208823	51.4	16389	32495	98.3
通 州 区	181857	243459	33.9	36018	37609	4.4
顺 义 区	381313	449119	17.8	43367	67129	54.8
昌 平 区	210199	281427	33.9	30219	34581	14.4
大 兴 区	156416	191204	22.2	20817	22384	7.5
怀 柔 区	136967	152158	11.1	20903	19533	-6.6
平 谷 区	79663	107584	35.0	8239	9840	19.4
密 云 县	89326	82233	-7.9	11644	12210	4.9
延 庆 县	43314	43221	-0.2	2992	3532	18.0

2-14-2

单位：万元

区　县	#营业税			#企业所得税		
	2008	2009	增长速度(%)	2008	2009	增长速度(%)
全　市	**6517767**	**7525977**	**15.5**	**4975151**	**4304220**	**-13.5**
东城区	284898	309041	8.5	238507	181278	-24.0
西城区	485469	571136	17.6	725207	456631	-37.0
崇文区	68735	84503	22.9	26993	32141	19.1
宣武区	180433	204809	13.5	136300	104829	-23.1
朝阳区	696304	829661	19.2	464742	390813	-15.9
丰台区	138140	164703	19.2	66363	61507	-7.3
石景山区	54769	66267	21.0	21100	19747	-6.4
海淀区	626076	724894	15.8	281902	313630	11.3
门头沟区	29103	28578	-1.8	22830	13255	-41.9
房山区	62800	65773	4.7	16816	20617	22.6
通州区	66030	93278	41.3	32469	33662	3.7
顺义区	169254	181166	7.0	86868	77509	-10.8
昌平区	90508	119033	31.5	37242	47484	27.5
大兴区	73132	80829	10.5	28869	21034	-27.1
怀柔区	49781	42296	-15.0	33785	35046	3.7
平谷区	39275	42105	7.2	13569	17480	28.8
密云县	37242	33711	-9.5	20675	13363	-35.4
延庆县	26080	21621	-17.1	4195	6560	56.4

2-15 地方财政支出

单位：万元

区 县	地方财政支出			#地方一般预算支出		
	2008	2009	增长速度(%)	2008	2009	增长速度(%)
全 市	**24009260**	**28208643**	**17.5**	**19592857**	**23193658**	**18.4**
东 城 区	621945	706626	13.6	533682	639265	19.8
西 城 区	985694	1222486	24.0	949646	1209101	27.3
崇 文 区	459219	538062	17.2	365456	454642	24.4
宣 武 区	491039	509803	3.8	434741	502162	15.5
朝 阳 区	1507773	1686595	11.9	1260685	1402892	11.3
丰 台 区	728660	898375	23.3	608357	822593	35.2
石景山区	273683	366622	34.0	256510	334417	30.4
海 淀 区	1663919	2018414	21.3	1569601	1843983	17.5
门头沟区	369146	451986	22.4	270088	372620	38.0
房 山 区	635098	1004617	58.2	512321	781215	52.5
通 州 区	597607	895808	49.9	462527	704147	52.2
顺 义 区	948573	1239401	30.7	639410	818204	28.0
昌 平 区	636496	932539	46.5	461322	672455	45.8
大 兴 区	633783	1370844	116.3	414076	771533	86.3
怀 柔 区	480044	546490	13.8	408619	490399	20.0
平 谷 区	342699	534268	55.9	312168	497780	59.5
密 云 县	413140	646725	56.5	357099	569028	59.3
延 庆 县	333345	479291	43.8	294973	432695	46.7

注：分区县财政支出为区县级实际支出，含市级下拨部分。
资料来源：北京市财政局。

2–15–1

单位：万元

区　县	#一般公共服务			#社会保障和就业		
	2008	2009	增长速度(%)	2008	2009	增长速度(%)
全　市	**1962664**	**2122099**	**8.1**	**2093285**	**2342924**	**11.9**
东 城 区	61380	71876	17.1	96475	109102	13.1
西 城 区	111900	115713	3.4	116087	129066	11.2
崇 文 区	38086	44640	17.2	60017	64706	7.8
宣 武 区	42324	42318	-0.01	75067	84622	12.7
朝 阳 区	125135	133864	7.0	206879	239974	16.0
丰 台 区	77899	83429	7.1	107043	119699	11.8
石景山区	28210	33281	18.0	57796	64772	12.1
海 淀 区	111909	119379	6.7	285494	281465	-1.4
门头沟区	33218	35617	7.2	36363	58922	62.0
房 山 区	75196	83450	11.0	69854	99297	42.1
通 州 区	50922	56422	10.8	63516	83956	32.2
顺 义 区	69840	80111	14.7	63018	89944	42.7
昌 平 区	72926	88360	21.2	68090	88417	29.9
大 兴 区	31754	64465	103.0	51121	70762	38.4
怀 柔 区	77052	57072	-25.9	33510	44048	31.4
平 谷 区	42241	44121	4.5	40033	58251	45.5
密 云 县	56918	73081	28.4	38829	57250	47.4
延 庆 县	33120	36551	10.4	29227	38212	30.7

2-15-2

单位：万元

区　县	#教　育			#医疗卫生		
	2008	2009	增长速度(%)	2008	2009	增长速度(%)
全　市	**3162957**	**3656677**	**15.6**	**1450513**	**1666270**	**14.9**
东 城 区	120780	143837	19.1	58378	64253	10.1
西 城 区	101836	162310	59.4	93348	95649	2.5
崇 文 区	72098	91497	26.9	28401	32082	13.0
宣 武 区	76259	88161	15.6	29054	33279	14.5
朝 阳 区	275597	314911	14.3	102968	116392	13.0
丰 台 区	121120	141431	16.8	57522	58453	1.6
石景山区	40487	52846	30.5	18700	34010	81.9
海 淀 区	271478	322440	18.8	100137	106669	6.5
门头沟区	46680	47642	2.1	20467	24622	20.3
房 山 区	96443	117713	22.1	57478	64889	12.9
通 州 区	69527	78704	13.2	33515	47901	42.9
顺 义 区	89075	101485	13.9	45871	61934	35.0
昌 平 区	83827	92335	10.1	37369	45349	21.4
大 兴 区	81174	110245	35.8	37030	55353	49.5
怀 柔 区	60994	62078	1.8	34564	35918	3.9
平 谷 区	52145	67277	29.0	23045	30069	30.5
密 云 县	60752	71206	17.2	28160	45191	60.5
延 庆 县	51013	59146	15.9	25066	28240	12.7

2-15-3

单位：万元

区　县	#环境保护			#交通运输		
	2008	2009	增长速度(%)	2008	2009	增长速度(%)
全　市	**354688**	**540459**	**52.4**	**803461**	**1470666**	**83.0**
东城区	4131	24174	485.2			
西城区	12331	9285	-24.7			
崇文区	3243	3228	-0.5			
宣武区	4928	6258	27.0			
朝阳区	15138	17317	14.4			
丰台区	19743	15453	-21.7			
石景山区	3206	4782	49.2			
海淀区	21461	25866	20.5			
门头沟区	9719	30231	211.1	1051	2215	110.8
房山区	10231	34818	240.3	15286	20121	31.6
通州区	16411	7860	-52.1	2681	7308	172.6
顺义区	20951	12007	-42.7	7174	10513	46.5
昌平区	7639	16876	120.9	8032	11668	45.3
大兴区	7008	8789	25.4	3994	8246	106.5
怀柔区	15078	11586	-23.2	3221	6386	98.3
平谷区	8061	28553	254.2	3359	6572	95.7
密云县	16314	24050	47.4	3099	8845	185.4
延庆县	12009	22718	89.2	1186	7475	530.3

注：城八区交通运输财政支出统一包含在市本级支出中。

2-15-4

单位：万元

区　县	#农林水事务			#城乡社区事务		
	2008	2009	增长速度(%)	2008	2009	增长速度(%)
全　市	**1217736**	**1420063**	**16.6**	**1998383**	**3478192**	**74.1**
东 城 区	200	570	185.0	95064	112620	18.5
西 城 区	200	550	175.0	325407	438825	34.9
崇 文 区	200	130	-35.0	60622	105458	74.0
宣 武 区	616	674	9.4	106626	145197	36.2
朝 阳 区	91146	105984	16.3	150667	176124	16.9
丰 台 区	35775	38218	6.8	69023	220440	219.4
石景山区	8928	9183	2.9	25629	49966	95.0
海 淀 区	53814	74402	38.3	311036	405777	30.5
门头沟区	47123	51707	9.7	37142	76785	106.7
房 山 区	76923	110342	43.4	20776	98610	374.6
通 州 区	70569	71631	1.5	51009	175853	244.7
顺 义 区	99111	109191	10.2	61302	108272	76.6
昌 平 区	68572	81042	18.2	35636	124728	250.0
大 兴 区	86425	101227	17.1	45533	262883	477.3
怀 柔 区	59490	72117	21.2	16452	74201	351.0
平 谷 区	53236	57387	7.8	13910	79192	469.3
密 云 县	69851	103639	48.4	25039	93151	272.0
延 庆 县	54257	70817	30.5	27021	96542	257.3

2-16 全社会固定资产投资额

单位：亿元

区　县	全社会固定资产投资			#国有投资		
	2008	2009	增长速度(%)	2008	2009	增长速度(%)
全　市	**3848.5**	**4858.4**	**26.2**	**1388.6**	**2316.8**	**66.8**
新东城区	262.4	286.5	9.2	64.3	117.1	82.2
东城区	198.7	205.8	3.6	57.1	88.2	54.5
崇文区	63.7	80.7	26.7	7.2	28.9	301.4
新西城区	328.6	235.7		217.0	132.6	
西城区	253.5	145.3		181.3	83.6	
宣武区	75.1	90.4	20.3	35.7	49.0	37.3
朝 阳 区	1096.3	1104.9	0.8	290.3	491.8	69.4
丰 台 区	306.3	389.3	27.1	150.7	234.0	55.3
石景山区	84.4	136.3	61.5	32.6	88.3	171.0
海 淀 区	385.4	489.5	27.0	137.9	219.3	59.0
门头沟区	71.0	85.5	20.4	44.5	68.0	52.8
房 山 区	159.6	349.8	119.2	67.0	203.7	204.0
通 州 区	157.1	310.2	97.4	49.0	102.0	108.1
顺 义 区	255.0	343.9	34.9	72.5	161.2	122.3
昌 平 区	221.5	290.5	31.1	63.8	93.1	45.9
大 兴 区	169.0	354.2	109.6	41.1	158.3	285.2
怀 柔 区	71.6	93.3	30.3	32.0	46.3	44.8
平 谷 区	52.0	70.6	35.8	31.7	37.0	16.8
密 云 县	80.7	112.7	39.7	44.2	66.7	50.9
延 庆 县	32.8	48.2	47.0	17.5	31.7	81.4
北京经济技术开发区	115.0	157.2	36.7	32.6	65.6	101.3

注：1. 本资料为按项目所在建设地址划分（下表同）。
2. 城镇固定资产投资中包括房地产开发投资。
3. 西城区由于受上年地铁项目影响，投资增速不可比；若按可比口径计算，增速为7.4%。

2-16-1

单位：亿元

区　县	#集体投资			#私营个体经济投资		
	2008	2009	增长速度(%)	2008	2009	增长速度(%)
全　市	**66.8**	**68.9**	**3.1**	**242.2**	**233.0**	**-3.8**
新东城区				1.2	0.4	-63.3
东城区				0.8	0.4	-55.7
崇文区				0.4	0.04	-90.8
新西城区				11.1	5.5	
西城区				0.8	1.2	
宣武区				10.3	4.3	-58.5
朝 阳 区	1.6	9.0	463.8	59.5	20.4	-65.6
丰 台 区	3.7	7.1	91.3	10.5	6.7	-36.3
石景山区	0.1	0.1	41.8	0.8	0.9	14.7
海 淀 区	4.6	1.6	-64.6	38.2	25.1	-34.2
门头沟区	2.1	1.7	-17.5	1.6	3.3	105.6
房 山 区	31.1	31.6	1.7	6.4	29.3	358.4
通 州 区	0.2	2.4	1100.0	18.2	27.2	49.5
顺 义 区	6.4	1.2	-81.3	23.6	26.4	11.8
昌 平 区	7.0	4.1	-40.7	26.7	25.3	-5.4
大 兴 区	0.4	0.9	133.4	13.2	24.2	83.4
怀 柔 区	4.5	6.0	33.0	5.9	7.0	18.8
平 谷 区	3.4	0.1	-96.4	3.0	6.4	113.1
密 云 县	0.6	0.8	25.8	11.2	16.9	51.3
延 庆 县	1.0	2.0	99.2	2.7	4.2	56.2
北京经济技术开发区		0.1		8.4	3.7	-55.7

2–16–2

单位：亿元

区 县	城镇固定资产投资			#房地产开发投资			农村投资		
	2008	2009	增长速度(%)	2008	2009	增长速度(%)	2008	2009	增长速度(%)
全　市	**3554.8**	**4378.2**	**23.2**	**1908.7**	**2337.7**	**22.5**	**293.7**	**480.2**	**63.5**
新东城区	262.4	286.5	9.2	150.8	134.2	-11.0			
东城区	198.7	205.8	3.6	99.7	81.1	-18.6			
崇文区	63.7	80.7	26.7	51.1	53.1	3.9			
新西城区	328.6	235.7		113.2	97.8		0.05		
西城区	253.5	145.3		58.5	48.8		0.05		
宣武区	75.1	90.4	20.3	54.7	49.0	-10.4			
朝 阳 区	1084.5	1083.8	-0.1	671.2	757.0	12.8	11.8	21.1	78.9
丰 台 区	303.1	376.5	24.2	120.3	149.4	24.2	3.1	12.8	314.0
石景山区	84.4	136.3	61.5	53.8	91.5	70.0			
海 淀 区	382.5	484.9	26.8	204.4	206.6	1.1	2.9	4.6	57.8
门头沟区	59.9	68.6	14.5	21.0	11.3	-46.2	11.0	16.9	53.6
房 山 区	84.9	257.0	202.7	45.1	93.6	107.5	74.7	92.8	24.2
通 州 区	137.4	275.4	100.5	83.0	175.8	111.8	19.7	34.8	76.5
顺 义 区	226.7	303.3	33.8	145.0	200.8	38.5	28.2	40.6	43.9
昌 平 区	202.3	254.6	25.8	137.5	172.7	25.6	19.3	35.9	86.1
大 兴 区	138.1	260.0	88.2	99.1	141.5	42.8	30.9	94.3	205.0
怀 柔 区	36.3	51.0	40.4	15.2	23.4	53.8	35.3	42.3	19.9
平 谷 区	37.4	41.3	10.5	8.0	16.2	102.1	14.6	29.3	100.7
密 云 县	46.2	79.1	71.2	17.4	24.2	39.0	34.5	33.6	-2.5
延 庆 县	25.1	27.0	7.7	4.5	7.5	67.6	7.7	21.2	175.0
北京经济技术开发区	115.0	157.2	36.7	19.2	34.2	78.2			

2-17 全社会房屋建筑施工及竣工面积

单位：万平方米

区 县	房屋建筑施工面积			房屋建筑竣工面积		
	2008	2009	增长速度(%)	2008	2009	增长速度(%)
全 市	**14145.3**	**14380.6**	**1.7**	**3840.7**	**4252.6**	**10.7**
新东城区	713.4	571.6	-19.9	224.2	162.2	-27.7
东城区	490.5	391.2	-20.2	156.8	74.1	-52.8
崇文区	222.9	180.4	-19.1	67.4	88.1	30.7
新西城区	685.0	619.3	-9.6	207.3	160.7	-22.4
西城区	405.2	328.4	-18.9	116.1	104.7	-9.8
宣武区	279.8	290.9	4.0	91.2	56.0	-38.6
朝 阳 区	4505.3	3819.3	-15.2	1426.8	1009.3	-29.3
丰 台 区	1144.9	1142.6	-0.2	262.2	333.0	27.0
石景山区	323.5	322.9	-0.2	75.2	157.3	109.2
海 淀 区	1799.1	1663.3	-7.5	502.9	454.8	-9.6
门头沟区	96.8	119.5	23.5	30.2	26.3	-12.9
房 山 区	511.1	819.9	60.4	92.8	295.7	218.7
通 州 区	756.2	1022.9	35.3	141.2	220.2	56.0
顺 义 区	867.8	950.2	9.5	153.7	295.1	92.0
昌 平 区	1035.9	1240.9	19.8	222.5	462.5	107.8
大 兴 区	635.1	795.9	25.3	233.6	273.5	17.0
怀 柔 区	199.9	239.5	19.8	69.1	94.9	37.3
平 谷 区	154.9	179.2	15.7	36.6	47.5	29.7
密 云 县	279.0	347.8	24.7	63.7	119.4	87.3
延 庆 县	67.5	86.5	28.0	22.4	37.8	68.6
北京经济技术开发区	369.8	439.1	18.8	76.1	102.4	34.6

注：此表为全社会口径，包括城镇、房地产开发农村农户和非农户数据。

2-18 商品房基本情况

单位：万平方米

区　　县	商品房施工面积			商品房竣工面积		
	2008	2009	增长速度(%)	2008	2009	增长速度(%)
全　　市	**10014.3**	**9719.1**	**-2.9**	**2558.0**	**2678.6**	**4.7**
新东城区	592.2	431.8	-27.1	178.5	142.2	-20.3
东城区	398.1	267.4	-32.8	134.2	56.0	-58.3
崇文区	194.1	164.4	-15.3	44.3	86.2	94.4
新西城区	541.1	414.0	-23.5	186.6	112.5	-39.7
西城区	302.2	228.8	-24.3	109.8	59.3	-46.0
宣武区	238.9	185.2	-22.5	76.8	53.2	-30.7
朝 阳 区	3701.7	3205.2	-13.4	1108.5	860.9	-22.3
丰 台 区	949.0	895.6	-5.6	233.3	268.3	15.0
石景山区	240.7	246.9	2.6	58.4	126.4	116.7
海 淀 区	1121.1	1043.7	-6.9	290.0	344.1	18.7
门头沟区	49.8	63.6	27.6	14.7	9.1	-38.3
房 山 区	324.9	353.1	8.7	26.3	47.6	81.0
通 州 区	494.2	626.8	26.8	81.2	117.5	44.7
顺 义 区	507.4	612.1	20.6	88.8	186.3	109.8
昌 平 区	696.3	798.4	14.7	103.4	262.3	153.6
大 兴 区	337.7	426.8	26.4	87.5	40.5	-53.7
怀 柔 区	70.8	78.6	11.0	17.5	16.6	-4.9
平 谷 区	75.6	74.2	-1.8	8.5	10.2	20.2
密 云 县	160.5	196.0	22.1	33.2	57.6	73.7
延 庆 县	25.6	41.1	60.3	4.1	11.0	167.1
北京经济技术开发区	125.7	211.2	68.1	37.5	65.5	75.1

2–18–1

单位：万平方米

区　县	商品房销售面积			#住宅销售面积		
	2008	2009	增长速度(%)	2008	2009	增长速度(%)
全　市	**1335.4**	**2362.3**	**76.9**	**1031.4**	**1880.5**	**82.3**
新东城区	29.5	87.7	197.3	15.2	39.3	158.6
东城区	14.4	41.4	187.3	7.9	8.6	9.9
崇文区	15.1	46.3	206.9	7.3	30.7	317.9
新西城区	60.6	118.1	94.9	30.4	71.5	135.2
西城区	31.5	35.4	12.3	13.2	16.8	27.2
宣武区	29.1	82.7	184.6	17.2	54.7	218.2
朝 阳 区	481.6	740.4	53.8	343.4	562.1	63.7
丰 台 区	148.6	150.9	1.5	118.6	121.8	2.7
石景山区	63.0	75.5	19.9	57.9	53.8	-7.1
海 淀 区	135.5	248.6	83.5	91.0	170.0	86.7
门头沟区	3.1	7.0	126.3	2.4	5.4	123.4
房 山 区	41.4	138.3	233.9	40.2	131.7	227.6
通 州 区	54.5	248.9	356.5	49.8	235.2	372.4
顺 义 区	85.8	153.7	79.1	83.9	148.5	77.1
昌 平 区	138.6	168.4	21.5	116.2	145.2	25.0
大 兴 区	33.0	94.5	186.2	30.8	84.9	175.5
怀 柔 区	10.5	20.2	92.3	10.4	19.8	90.5
平 谷 区	10.5	23.4	122.6	10.2	22.6	121.0
密 云 县	20.7	52.1	152.2	18.6	49.6	166.7
延 庆 县	9.6	7.3	-23.6	8.6	6.6	-22.9
北京经济技术开发区	8.9	27.3	205.6	3.8	12.5	222.9

注：销售面积为期房与现房销售面积之和。

2–18–2

单位：亿元

区　县	商品房销售额			#住宅销售额		
	2008	2009	增长速度(%)	2008	2009	增长速度(%)
全　市	**1658.3**	**3259.7**	**96.6**	**1201.4**	**2486.8**	**107.0**
新东城区	57.7	187.2	224.4	31.2	82.8	165.4
东城区	34.7	105.6	204.7	18.0	24.6	36.7
崇文区	23.0	81.6	255.2	13.2	58.2	340.0
新西城区	112.0	234.8	109.6	61.5	149.5	143.1
西城区	62.0	77.8	25.5	30.5	40.4	32.3
宣武区	50.0	157.0	214.1	31.0	109.1	251.9
朝 阳 区	745.2	1270.3	70.5	491.2	943.5	92.1
丰 台 区	137.5	200.4	45.8	105.4	165.9	57.4
石景山区	62.8	83.5	33.0	56.5	54.5	-3.6
海 淀 区	190.1	430.3	126.4	134.9	310.5	130.2
门头沟区	2.3	5.7	147.6	2.0	4.2	111.0
房 山 区	27.4	98.1	257.6	26.9	94.4	251.3
通 州 区	39.5	216.0	446.0	36.6	206.8	465.5
顺 义 区	112.5	180.5	60.4	111.1	175.4	57.8
昌 平 区	107.8	160.0	48.4	88.0	138.3	57.2
大 兴 区	26.6	97.7	267.8	24.8	86.8	249.8
怀 柔 区	9.5	19.0	100.8	9.3	18.9	102.3
平 谷 区	4.8	12.0	149.2	4.7	11.3	143.8
密 云 县	10.0	28.1	180.7	9.1	27.1	196.2
延 庆 县	4.2	3.8	-11.1	3.8	3.5	-9.1
北京经济技术开发区	8.4	32.3	283.4	4.4	13.4	208.6

注：销售额为期房与现房销售额之和。

2–19 商品住宅供给情况（2009年）

区　县	期末住宅可供销售面积（万平方米）	期　房	现　房	期末住宅可供销售套数（套）	期　房	现　房
全　市	**1235.3**	**771.8**	**463.5**	**91240**	**59404**	**31836**
首都功能核心区	108.8	47.7	61.1	6458	3563	2895
东 城 区	38.4	7.2	31.2	1642	348	1294
西 城 区	28.2	12.4	15.8	1576	882	694
崇 文 区	29.6	22.9	6.7	2378	2021	357
宣 武 区	12.6	5.2	7.4	862	312	550
城市功能拓展区	536.0	302.6	233.4	37620	21358	16262
朝 阳 区	315.5	180.5	135.0	20488	11793	8695
丰 台 区	128.5	67.4	61.1	7834	3860	3974
石景山区	83.5	49.5	34.0	8485	5183	3302
海 淀 区	8.5	5.2	3.3	813	522	291
城市发展新区	513.9	376.7	137.2	41164	30919	10245
房 山 区	60.8	43.4	17.4	5355	3985	1370
通 州 区	144.7	131.5	13.2	12637	11695	942
顺 义 区	84.9	49.3	35.6	5500	2750	2750
昌 平 区	127.1	86.9	40.2	8995	6995	2000
大 兴 区	96.4	65.6	30.8	8677	5494	3183
其中：亦庄	2.8	0.6	2.2	195	43	152
生态涵养发展区	76.6	44.8	31.8	5998	3564	2434
门头沟区	10.0	9.1	0.9	1127	1025	102
怀 柔 区	14.8	10.1	4.7	853	591	262
平 谷 区	6.2	5.9	0.3	516	486	30
密 云 县	41.3	19.6	21.7	3011	1451	1560
延 庆 县	4.3	0.1	4.2	491	11	480

资料来源：北京市住房和城乡建设委员会。

2-20 能源基本情况（2009年）

区　县	能源消费总量（万吨标准煤）	万元地区生产总值能耗（吨标准煤）	万元地区生产总值能耗下降率（%）
全　市	**6570.3**	**0.54**	**5.76**
新东城区	256.7	0.24	5.92
东城区	201.8	0.23	6.19
崇文区	54.9	0.33	4.98
新西城区	380.3	0.21	2.03
西城区	277.6	0.18	1.04
宣武区	102.7	0.33	3.34
朝 阳 区	879.9	0.38	6.01
丰 台 区	350.1	0.58	2.37
石景山区	630.5	2.42	3.14
海 淀 区	720.6	0.29	-0.38
门头沟区	73.9	0.97	1.64
房 山 区	868.9	3.41	21.77
通 州 区	234.5	0.94	4.62
顺 义 区	755.1	1.23	5.60
昌 平 区	277.6	0.82	2.29
大 兴 区	265.4	1.05	5.01
怀 柔 区	95.3	0.71	5.16
平 谷 区	93.9	0.98	4.61
密 云 县	86.7	0.72	4.76
延 庆 县	46.7	0.76	4.88
北京经济技术开发区	91.9	0.16	-2.69

注：1. 各区县及北京经济技术开发区能源消费量、万元地区生产总值能耗及下降率为初步核算数。
2. 万元地区生产总值能耗按现价计算；万元地区生产总值能耗下降率全市按可比价计算，分区县按现价计算。
3. 根据有关核算原则，在进行能源核算时，对部分无法进行区县分解的数据，由市统计局统一核算，故表中各区县及北京经济技术开发区能源消费量之和不等于全市能源消费量。

2-21 北京地区用电情况（2009年）

单位：万千瓦时

区　县	第一产业	第二产业			第三产业	居民生活
			工　业	建筑业		
全　市	**157310**	**3027974**	**2853018**	**174956**	**2918229**	**1287952**
东 城 区		12766	7096	5671	203979	35792
西 城 区	1	15096	10855	4241	267202	57373
崇 文 区		6221	4477	1744	56129	12299
宣 武 区	1	13129	10305	2823	88436	51518
朝 阳 区	13777	227875	179125	48750	706248	282023
丰 台 区	7204	116998	98247	18751	268013	169483
石景山区	617	275985	273887	2098	57528	27905
海 淀 区	12346	102015	77328	24687	642243	211975
门头沟区	1999	36338	35046	1292	21991	19203
房 山 区	18254	373410	366861	6549	55481	47145
通 州 区	19707	172717	162081	10636	67663	79443
顺 义 区	21847	194145	184124	10021	131383	59342
昌 平 区	15061	204110	191333	12777	144910	93688
大 兴 区	23152	154731	144855	9876	73715	64197
怀 柔 区	5163	66225	64028	2197	30067	18266
平 谷 区	8688	58093	56058	2036	15494	17945
密 云 县	4987	59604	54487	5117	23613	20543
延 庆 县	4507	8614	7303	1312	35718	11362
北京经济技术开发区		153118	148739	4379	28422	8449

注：各区县及北京经济技术开发区用电量不含输送损失，故表中各区县及北京经济技术开发区用电量之和不等于全市。
资料来源：北京市电力公司。

2-22 农村基本情况

区 县	乡镇及行政村常住户数(万户)			乡镇及行政村常住人口(万人)			乡镇及行政村从业人员(万人)			乡镇及行政村农林牧渔业从业人员(万人)		
	2008	2009	增长速度(%)	2008	2009	增长速度(%)	2008	2009	增长速度(%)	2008	2009	增长速度(%)
全 市	**189.8**	**203.8**	**7.4**	**547.4**	**572.5**	**4.6**	**321.3**	**338.7**	**5.4**	**61.8**	**60.9**	**-1.5**
朝阳区	30.9	31.7	2.4	84.2	84.2	0.1	48.9	50.4	3.1	1.3	1.1	-19.9
丰台区	13.0	13.6	4.1	38.4	42.8	11.5	25.2	26.6	5.6	1.4	1.4	-1.8
海淀区	13.3	16.2	21.6	44.6	50.7	13.7	30.1	33.7	11.8	1.6	1.6	0.1
门头沟区	4.2	4.9	16.9	10.1	10.7	6.5	5.0	5.4	6.7	1.2	1.2	-1.1
房山区	21.1	22.8	8.2	52.3	53.8	2.9	27.3	28.5	4.4	7.3	7.3	0.04
通州区	19.5	21.8	11.9	55.1	59.5	8.0	32.8	34.8	5.9	7.2	7.1	-1.3
顺义区	17.0	17.3	1.9	55.0	50.9	-7.4	31.2	28.4	-8.8	4.8	4.5	-5.5
昌平区	15.1	16.4	8.5	47.6	48.7	2.5	29.3	30.4	3.9	4.1	4.0	-4.3
大兴区	17.0	19.1	12.2	56.6	67.1	18.6	34.3	41.8	21.6	10.1	10.3	1.2
怀柔区	8.1	8.7	7.5	21.3	21.6	1.3	10.5	11.7	11.1	3.9	3.8	-2.6
平谷区	10.2	10.7	4.9	30.4	30.9	1.5	17.4	17.6	1.1	6.2	6.1	-0.7
密云县	12.2	12.2	-0.2	31.1	30.4	-2.1	17.7	17.6	-0.2	7.5	7.6	1.7
延庆县	8.2	8.5	4.4	20.9	21.1	1.1	11.5	11.8	2.8	5.2	5.0	-4.4

2-23 农林牧渔业总产值

单位：万元

区　县	农林牧渔业总产值			农　业			林　业		
	2008	2009	增长速度(%)	2008	2009	增长速度(%)	2008	2009	增长速度(%)
全　市	**3038996.0**	**3149533.6**	**3.6**	**1281045.6**	**1404445.4**	**9.6**	**204891.4**	**228968.0**	**11.8**
朝阳区	43574.3	41880.0	-3.9	13373.6	16372.7	22.4	6599.1	8485.1	28.6
丰台区	29138.5	30497.4	4.7	18513.1	19502.5	5.3	3847.0	3932.6	2.2
海淀区	41292.7	43281.0	4.8	14459.9	15464.7	6.9	11482.8	13031.8	13.5
门头沟区	31330.5	36331.1	16.0	6524.6	6501.1	-0.4	10170.3	15465.8	52.1
房山区	397409.2	412624.8	3.8	147952.5	169927.7	14.9	16987.3	17648.7	3.9
通州区	379552.0	384584.9	1.3	194342.0	221701.6	14.1	10526.7	9872.8	-6.2
顺义区	544938.9	566544.2	4.0	246358.7	268238.5	8.9	25829.5	23660.8	-8.4
昌平区	146938.7	153755.4	4.6	54533.6	58646.9	7.5	14554.4	15113.2	3.8
大兴区	474398.0	478867.3	0.9	253279.2	267808.4	5.7	3144.4	3306.0	5.1
怀柔区	163804.4	165792.8	1.2	39949.6	41466.8	3.8	26552.6	30180.7	13.7
平谷区	250842.4	263867.1	5.2	122501.6	137510.6	12.3	22273.2	18729.6	-15.9
密云县	352906.8	369061.3	4.6	112432.0	125544.7	11.7	33984.5	38661.9	13.8
延庆县	182869.6	199042.4	8.8	56825.2	55759.2	-1.9	18939.6	30879.0	63.0

注：2009年全市渔业产值含远洋捕捞，区县相加不等于全市。

2-23-1

单位：万元

区　县	牧　业			渔　业			农林牧渔服务业		
	2008	2009	增长速度(%)	2008	2009	增长速度(%)	2008	2009	增长速度(%)
全　市	**1405204.8**	**1360831.4**	**-3.2**	**97854.2**	**102788.8**	**5.0**	**50000.0**	**52500.0**	**5.0**
朝阳区	12186.4	6855.1	-43.7	7261.4	7065.3	-2.7	4153.8	3101.8	-25.3
丰台区	4591.0	4373.6	-4.7	1725.9	2264.6	31.2	461.5	424.1	-8.1
海淀区	12547.0	12292.7	-2.0	418.4	424.0	1.3	2384.6	2067.8	-13.3
门头沟区	14043.0	13736.2	-2.2	92.6	58.8	-36.5	500.0	569.2	13.8
房山区	217378.2	209361.4	-3.7	7014.3	7211.6	2.8	8076.9	8475.4	4.9
通州区	145449.2	123828.0	-14.9	22695.6	22027.7	-2.9	6538.5	7154.8	9.4
顺义区	246473.0	246785.2	0.1	15893.0	16039.3	0.9	10384.7	11820.4	13.8
昌平区	69727.2	70707.9	1.4	2815.8	3489.0	23.9	5307.7	5798.4	9.2
大兴区	211182.5	201221.9	-4.7	2291.9	1703.2	-25.7	4500.0	4827.8	7.3
怀柔区	85378.0	80755.9	-5.4	11385.7	12756.2	12.0	538.5	633.2	17.6
平谷区	89341.3	90965.1	1.8	15649.4	15638.8	-0.1	1076.9	1023.0	-5.0
密云县	195534.8	193257.5	-1.2	7494.0	7582.1	1.2	3461.5	4015.1	16.0
延庆县	101373.2	106690.9	5.2	3116.2	3124.3	0.3	2615.4	2589.0	-1.0

2–24 农作物播种面积

单位：公顷

区 县	农作物播种面积			#粮食作物面积			#蔬菜面积		
	2008	2009	增长速度(%)	2008	2009	增长速度(%)	2008	2009	增长速度(%)
全 市	**322020**	**320131**	**-0.6**	**226329**	**226286**	**-0.02**	**68189**	**68486**	**0.4**
朝阳区	2902	2007	-30.8	1015	785	-22.7	1552	1050	-32.3
丰台区	2180	1666	-23.6	757	521	-31.2	960	706	-26.5
海淀区	2726	2163	-20.7	1409	983	-30.2	832	779	-6.4
门头沟区	3665	3730	1.8	2322	2292	-1.3	326	253	-22.4
房山区	37107	36753	-1.0	30463	30527	0.2	4486	4688	4.5
通州区	56657	55469	-2.1	40671	39201	-3.6	14120	14469	2.5
顺义区	54750	53801	-1.7	38478	38075	-1.0	11167	11266	0.9
昌平区	12246	11791	-3.7	9029	8308	-8.0	1746	1756	0.6
大兴区	66895	67051	0.2	38794	39214	1.1	19181	19811	3.3
怀柔区	13276	12847	-3.2	11061	10643	-3.8	1108	1224	10.5
平谷区	19572	18977	-3.0	13681	13186	-3.6	5295	5308	0.2
密云县	21391	25050	17.1	15557	19178	23.3	3804	4155	9.2
延庆县	28653	28827	0.6	23092	23372	1.2	3612	3020	-16.4

2-25 主要农产品产量

单位：吨

区 县	粮 食			棉 花			油 料		
	2008	2009	增长速度(%)	2008	2009	增长速度(%)	2008	2009	增长速度(%)
全 市	**1254509**	**1247674**	**-0.5**	**1357**	**767**	**-43.5**	**21703**	**18136**	**-16.4**
朝阳区	4902	3807	-22.3				4	9	125.0
丰台区	2564	1740	-32.1					2	
海淀区	7054	4927	-30.2	1	2	100.0	20	19	-3.0
门头沟区	3849	2694	-30.0				30	26	-12.3
房山区	155651	157589	1.2	400	116	-71.0	1706	1290	-24.4
通州区	229465	234022	2.0	290	359	23.7	241	466	93.5
顺义区	224473	226628	1.0	375	63	-83.3	2157	1104	-48.8
昌平区	43441	33516	-22.8	7			74	75	1.4
大兴区	236664	244083	3.1	102	76	-26.0	10869	9347	-14.0
怀柔区	61656	52752	-14.4				2029	1694	-16.5
平谷区	80701	76442	-5.3	182	152	-16.6	380	384	1.2
密云县	83734	105129	25.6				4149	3554	-14.3
延庆县	159770	116057	-27.4				44	165	274.5

注：全市粮食产量为抽样调查推算数据，故与区县合计数不等。

2-25-1

单位：吨

区　县	蔬　菜			瓜类及草莓			干鲜果品		
	2008	2009	增长速度(%)	2008	2009	增长速度(%)	2008	2009	增长速度(%)
全　市	**3213119**	**3171115**	**-1.3**	**337081**	**346323**	**2.7**	**897560**	**903331**	**0.6**
朝阳区	32163	26007	-19.1	75	132	76.0	1492	1426	-4.5
丰台区	24898	19208	-22.9	21	20	-6.7	1935	1944	0.5
海淀区	28515	25469	-10.7	107	136	27.1	7534	7402	-1.7
门头沟区	6927	4908	-29.1	1	1	30.0	4270	4335	1.5
房山区	209804	211843	1.0	18998	15543	-18.2	64579	69097	7.0
通州区	664363	685714	3.2	21617	24671	14.1	56340	58384	3.6
顺义区	558354	548648	-1.7	87931	88099	0.2	70771	74381	5.1
昌平区	52230	51034	-2.3	2555	3117	22.0	51347	51632	0.6
大兴区	934936	914077	-2.2	201931	210197	4.1	116362	111608	-4.1
怀柔区	31048	33514	7.9	152	692	355.2	43423	44799	3.2
平谷区	279037	279536	0.2	3558	3255	-8.5	355495	355452	-0.01
密云县	244916	258020	5.4	122	67	-45.1	85760	86889	1.3
延庆县	145928	113138	-22.5	13	395	2936.2	38252	35982	-5.9

2-25-2

单位：吨

区　县	#水 果			肉　类			#猪牛羊肉		
	2008	2009	增长速度(%)	2008	2009	增长速度(%)	2008	2009	增长速度(%)
全　市	**850899**	**855022**	**0.5**	**451113**	**471914**	**4.6**	**258894**	**276174**	**6.7**
朝阳区	1492	1426	-4.5	64	63	-1.6	64	63	-1.6
丰台区	1926	1934	0.4	1157	1248	7.9	1016	1177	15.8
海淀区	7515	7384	-1.7	2339	2911	24.5	1559	1971	26.4
门头沟区	3682	3876	5.3	6543	6842	4.6	562	757	34.7
房山区	61900	66511	7.4	53585	56963	6.3	29593	30966	4.6
通州区	56271	58310	3.6	45877	42436	-7.5	31965	29304	-8.3
顺义区	70747	74346	5.1	94176	101798	8.1	70208	82818	18.0
昌平区	49556	49506	-0.1	13114	13917	6.1	10222	10522	2.9
大兴区	116349	111587	-4.1	71661	75380	5.2	48114	50585	5.1
怀柔区	28966	28090	-3.0	28764	29636	3.0	7760	7822	0.8
平谷区	351706	351743	0.01	37417	39350	5.2	27500	28787	4.7
密云县	67441	67858	0.6	68256	70335	3.0	20495	20481	-0.1
延庆县	33348	32450	-2.7	28160	31035	10.2	9836	10921	11.0

2-25-3

单位：吨

区　县	奶　类			#牛　奶			鲜　蛋		
	2008	2009	增长速度(%)	2008	2009	增长速度(%)	2008	2009	增长速度(%)
全　市	**665552**	**673979**	**1.3**	**664007**	**673846**	**1.5**	**152409**	**153988**	**1.0**
朝阳区	22694	18006	-20.7	22693	18006	-20.7			
丰台区	5221	5064	-3.0	5221	5064	-3.0	1564	1527	-2.4
海淀区	15530	14974	-3.6	15530	14974	-3.6	756	482	-36.2
门头沟区	3130	2011	-35.8	3130	2011	-35.8	554	468	-15.5
房山区	40611	39674	-2.3	40605	39674	-2.3	9114	9400	3.1
通州区	86768	80533	-7.2	86768	80533	-7.2	7429	7106	-4.3
顺义区	46769	54100	15.7	46746	54080	15.7	11963	15158	26.7
昌平区	47281	54568	15.4	47281	54565	15.4	7282	8695	19.4
大兴区	156184	176066	12.7	156169	176061	12.7	26459	22017	-16.8
怀柔区	45852	45803	-0.1	45852	45803	-0.1	5194	4742	-8.7
平谷区	5044	3287	-34.8	3544	3212	-9.4	25077	27211	8.5
密云县	75537	80765	6.9	75537	80735	6.9	21792	23235	6.6
延庆县	114931	99128	-13.7	114931	99128	-13.7	35225	33947	-3.6

2-26 水产品产量

单位：吨

区　县	2008	2009	增长速度(%)
全　市	**60761**	**58161**	**-4.3**
朝阳区	633	588	-7.1
丰台区	474	622	31.2
海淀区	496	670	35.1
门头沟区			
房山区	2600	2070	-20.4
通州区	9600	9580	-0.2
顺义区	10485	10622	1.3
昌平区	2101	2401	14.3
大兴区	2425	2448	0.9
怀柔区	3764	3950	4.9
平谷区	14383	14357	-0.2
密云县	3880	4000	3.1
延庆县	2770	2940	6.1

注：全市中含远洋捕捞数据，2008年为7150吨，2009年为3913吨。
数据来源：北京市农业局。

2–27 农业观光园情况

区 县	农业观光园个数(个)		从业人员(人)		接待人次(人次)		经营总收入(万元)	
	2008	2009	2008	2009	2008	2009	2008	2009
全 市	**1332**	**1294**	**49366**	**49504**	**14982287**	**15974427**	**135808**	**152434**
朝阳区	15	14	2615	2463	1035278	959464	26576	31332
丰台区	11	11	987	877	644967	836220	2325	1954
海淀区	136	69	2969	3048	808694	563028	5533	5893
门头沟区	48	45	1219	1199	303915	302510	3129	3200
房山区	101	101	3741	3295	1120973	1306441	12668	13406
通州区	28	32	1612	2062	426251	524663	5836	8920
顺义区	71	73	2826	3472	611774	772069	8099	10059
昌平区	201	207	4598	6354	981116	1175564	14897	18292
大兴区	113	116	10736	10788	1819169	2257951	15205	14988
怀柔区	233	233	2468	2621	2417585	1940982	14684	12921
平谷区	201	205	11023	9131	2357477	2669356	13305	15709
密云县	145	157	3079	2960	2201418	2381447	11365	13226
延庆县	28	30	1438	1183	248870	279732	2164	2519

注：全市合计中含石景山区数据，故分区县相加不等于合计。

2-28 民俗旅游情况

区 县	民俗旅游接待户数(户)		从业人员(人)		民俗旅游接待人次(人次)		民俗旅游总收入(万元)	
	2008	2009	2008	2009	2008	2009	2008	2009
全 市	**9151**	**8705**	**19421**	**19790**	**12056136**	**13931183**	**52914**	**60895**
朝阳区	30	30	30	30	2549	1056	15	8
海淀区	45	43	90	79	54209	68547	237	278
门头沟区	541	551	1119	1120	577652	570521	2516	2899
房山区	1807	1355	2159	2541	966855	1487959	5777	6734
通州区	61	61	112	69	6500	4000	22	5
顺义区	35	31	72	49	19266	19285	64	73
昌平区	407	465	1373	1552	798977	1052121	3750	4761
大兴区	198	224	714	743	223750	368220	724	1523
怀柔区	1716	1719	2733	2769	1806167	1873756	12624	12292
平谷区	2089	2095	6040	5998	3441966	3497009	10930	12271
密云县	1372	1271	2682	2666	2177000	2575096	9545	11180
延庆县	850	860	2297	2174	1981245	2413613	6710	8871

注：民俗旅游接待户数为实际经营的户数。

2-29 设施农业面积及收入 (2009年)

区　县	设施农业占地面积（公顷）	总收入（万元）
全　市	**18762**	**339094.0**
朝 阳 区	255	9412.5
丰 台 区	241	14143.1
海 淀 区	175	4115.7
门头沟区	53	1312.0
房 山 区	1222	24861.9
通 州 区	2467	61459.1
顺 义 区	3232	50309.1
昌 平 区	621	17936.6
大 兴 区	8239	99839.3
怀 柔 区	316	4935.4
平 谷 区	884	17662.5
密 云 县	648	24744.4
延 庆 县	409	8362.4

2-30 郊区县乡镇企业主要经济指标 (2009年)

区　县	企业个数（个）	从业人员（人）	总收入（万元）	利润总额（万元）	税　金（万元）
全　市	**159875**	**1400713**	**36927460**	**2075566**	**1410340**
朝 阳 区	615	45481	3526771	106079	97485
丰 台 区	1150	55893	1075996	82770	46171
海 淀 区	3894	63461	1162043	65242	51059
门头沟区	8269	27930	712017	63655	22834
房 山 区	37136	276152	3911660	260367	108240
通 州 区	22738	208337	4140360	163161	222959
顺 义 区	25554	226373	8818986	522160	316081
昌 平 区	2435	83216	2749028	165800	95782
大 兴 区	25399	201910	5623050	371464	284282
怀 柔 区	8871	55929	2019838	182073	84455
平 谷 区	4415	58210	1267523	23640	29332
密 云 县	11935	67395	1141717	42259	33651
延 庆 县	7464	30426	778471	26896	18009

数据来源：北京市经济和信息化委员会。

2-31 郊区县乡镇个体、私营企业主要经济指标（2009年）

区　县	企业个数（个）	从业人员（人）	总收入（万元）	利润总额（万元）	税　金（万元）
全　市	**148549**	**747941**	**11018670**	**811489**	**403923**
朝阳区	95	8392	516476	16482	12287
丰台区	467	2350	57037	4303	2181
海淀区	3355	30108	523855	22058	13609
门头沟区	8005	18532	324632	45137	7491
房山区	36545	243327	2569766	213538	65039
通州区	19129	87210	1125951	54681	63320
顺义区	24967	111041	1732626	137807	73195
昌平区	1586	18448	359596	14567	9041
大兴区	23073	111412	2172592	172673	118544
怀柔区	8477	27530	518234	70571	13950
平谷区	3837	21295	149626	7947	4571
密云县	11698	45573	547598	29105	12873
延庆县	7315	22723	420681	22620	7822

数据来源：北京市经济和信息化委员会。

2-32 工业企业产值情况

单位：万元

区　县	工业总产值(当年价格)			#国有及国有控股		
	2008	2009	增长速度(%)	2008	2009	增长速度(%)
全　市	**104130928**	**110391291**	**6.0**	**49679141**	**54706983**	**10.1**
新东城区	667775	619987	-7.2	334951	330649	-1.3
东城区	379804	382201	0.6	188770	181611	-3.8
崇文区	287970	237786	-17.4	146182	149038	2.0
新西城区	5317900	5840418	9.8	4131180	4498811	8.9
西城区	4887284	5356999	9.6	3784404	4106911	8.5
宣武区	430616	483419	12.3	346776	391900	13.0
朝 阳 区	6674186	8222969	23.2	3452781	5337855	54.6
丰 台 区	3874340	3700525	-4.5	2098532	2240026	6.7
石景山区	6919221	5396750	-22.0	6411175	4942634	-22.9
海 淀 区	11279371	11887603	5.4	3309811	3598060	8.7
门头沟区	689037	649896	-5.7	427482	352535	-17.5
房 山 区	8213348	7560708	-7.9	7226340	6462998	-10.6
通 州 区	4180614	4263539	2.0	942226	762868	-19.0
顺 义 区	12157275	15254335	25.5	4202561	6722722	60.0
昌 平 区	7048185	7751657	10.0	4854066	5379159	10.8
大 兴 区	3485562	3658095	4.9	474103	546222	15.2
怀 柔 区	3023135	3946935	30.6	1576580	2413025	53.1
平 谷 区	1298238	1488890	14.7	52440	56442	7.6
密 云 县	1260794	1456324	15.5	364155	280047	-23.1
延 庆 县	360611	408236	13.2	48955	55933	14.3
北京经济技术开发区	20286716	19601772	-3.4	2377183	2044346	-14.0

注：1. 统计范围为年主营业务收入500万元及以上的法人工业单位。
2. 根据有关规定，国家电网公司、华北电网有限公司的“工业总产值(当年价格)、工业销售产值（当年价格)”由市统计局统一核算，故表中“工业总产值(当年价格)、工业销售产值(当年价格)”指标分区县数据之和不等于全市合计。

2-32-1

单位：万元

区　县	#内　资			#港澳台商投资企业			#外商投资企业		
	2008	2009	增长速度(%)	2008	2009	增长速度(%)	2008	2009	增长速度(%)
全　市	**60591770**	**64278406**	**6.1**	**9370976**	**10108962**	**7.9**	**34168182**	**36003923**	**5.4**
新东城区	354166	346312	-2.2	149929	98151	-34.5	163680	175524	7.2
东城区	164497	159447	-3.1	103672	83281	-19.7	111636	139473	24.9
崇文区	189669	186865	-1.5	46257	14870	-67.9	52045	36051	-30.7
新西城区	4331379	4733749	9.3	62213	44604	-28.3	924308	1062065	14.9
西城区	3923136	4258079	8.5	46164	44604	-3.4	917985	1054316	14.9
宣武区	408243	475670	16.5	16049			6323	7749	22.5
朝阳区	4070224	6042505	48.5	951374	824711	-13.3	1652588	1355753	-18.0
丰台区	2989375	3142416	5.1	137347	95557	-30.4	747619	462552	-38.1
石景山区	6228792	4660466	-25.2	217272	215522	-0.8	473156	520762	10.1
海淀区	7448135	6899626	-7.4	2193783	3688725	68.1	1637454	1299252	-20.7
门头沟区	627501	583692	-7.0	18878	32871	74.1	42658	33333	-21.9
房山区	7929346	7226794	-8.9	46712	55324	18.4	237291	278590	17.4
通州区	2628180	2561561	-2.5	235512	204967	-13.0	1316922	1497011	13.7
顺义区	3002181	3650078	21.6	574273	546469	-4.8	8580821	11057788	28.9
昌平区	6046995	6734049	11.4	207419	178554	-13.9	793771	839054	5.7
大兴区	2343500	2505606	6.9	484891	493801	1.8	657171	658688	0.2
怀柔区	2117145	2912444	37.6	144876	145669	0.5	761114	888822	16.8
平谷区	522163	449476	-13.9	114595	110635	-3.5	661480	928779	40.4
密云县	780289	743620	-4.7	158621	251869	58.8	321884	460835	43.2
延庆县	266487	294956	10.7	55043	63018	14.5	39082	50262	28.6
北京经济技术开发区	1511296	2108404	39.5	3618238	3058516	-15.5	15157182	14434852	-4.8

2-32-2

单位：万元

区　县	工业销售产值(当年价格)			#出口交货值		
	2008	2009	增长速度(%)	2008	2009	增长速度(%)
全　市	**103041632**	**109043693**	**5.8**	**17883448**	**15209089**	**-15.0**
新东城区	641081	608224	-5.1	63434	54909	-13.4
东城区	377051	379198	0.6	42401	39083	-7.8
崇文区	264029	229026	-13.3	21033	15826	-24.8
新西城区	5331136	5826197	9.3	55451	30053	-45.8
西城区	4882970	5342554	9.4	54194	26243	-51.6
宣武区	448166	483643	7.9	1257	3810	203.0
朝 阳 区	6603588	8262432	25.1	868276	876146	0.9
丰 台 区	3745449	3547226	-5.3	168422	139229	-17.3
石景山区	6801260	5388141	-20.8	462370	203413	-56.0
海 淀 区	11334185	11606529	2.4	1149793	759547	-33.9
门头沟区	666108	643046	-3.5	222642	118067	-47.0
房 山 区	8132869	7539250	-7.3	127726	120832	-5.4
通 州 区	4086532	4235669	3.6	596294	513846	-13.8
顺 义 区	12020399	15078569	25.4	3454523	2860736	-17.2
昌 平 区	7058190	7558662	7.1	396238	355870	-10.2
大 兴 区	3373305	3581715	6.2	245002	204819	-16.4
怀 柔 区	3002143	3823736	27.4	173626	103680	-40.3
平 谷 区	1278168	1452447	13.6	137027	98099	-28.4
密 云 县	1250446	1424337	13.9	116917	134246	14.8
延 庆 县	339653	388712	14.4	66547	64767	-2.7
北京经济技术开发区	19982502	19396150	-2.9	9579162	8570830	-10.5

2-33 工业企业主要财务指标

区 县	企业单位个数(个)			在2009年企业单位个数中			资产总计(万元)		
	2008	2009	增长速度(%)	大 型	中 型	小 型	2008	2009	增长速度(%)
全 市	**7206**	**6891**	**-4.4**	**56**	**578**	**6257**	**168024206**	**195407033**	**16.3**
新东城区	82	86	4.9	1	8	77	1084645	2560239	136.0
东城区	49	56	14.3		4	52	654413	1877932	187.0
崇文区	33	30	-9.1	1	4	25	430232	682307	58.6
新西城区	132	141	6.8	5	18	118	67691271	78663713	16.2
西城区	82	89	8.5	3	11	75	57388891	68415336	19.2
宣武区	50	52	4.0	2	7	43	10302380	10248377	-0.5
朝 阳 区	830	744	-10.4	3	65	676	14180432	16392789	15.6
丰 台 区	553	479	-13.4	4	35	440	5006494	5626638	12.4
石景山区	143	133	-7.0	6	15	112	17314359	19836457	14.6
海 淀 区	1129	994	-12.0	6	87	901	15581121	16750899	7.5
门头沟区	108	104	-3.7	1	7	96	1368672	1222120	-10.7
房 山 区	319	313	-1.9	5	19	289	4299508	4973358	15.7
通 州 区	828	883	6.6	1	57	825	4244790	4889518	15.2
顺 义 区	586	564	-3.8	6	64	494	8913378	10983923	23.2
昌 平 区	599	594	-0.8	3	34	557	5418498	7112041	31.3
大 兴 区	881	873	-0.9		40	833	3752156	3993898	6.4
怀 柔 区	252	230	-8.7	1	22	207	2130028	2433309	14.2
平 谷 区	188	171	-9.0		23	148	1508635	1667170	10.5
密 云 县	243	241	-0.8		19	222	1278824	1626629	27.2
延 庆 县	76	70	-7.9		8	62	367859	597772	62.5
北京经济技术开发区	257	271	5.4	14	57	200	13883536	16076560	15.8

2–33–1

区　县	负债合计(万元)			所有者权益合计(万元)		
	2008	2009	增长速度(%)	2008	2009	增长速度(%)
全　市	**80850104**	**98746128**	**22.1**	**87174102**	**96660905**	**10.9**
新东城区	416510	1320830	217.1	668136	1239409	85.5
东城区	287266	1073220	273.6	367148	804712	119.2
崇文区	129244	247610	91.6	300988	434697	44.4
新西城区	26190568	34363176	31.2	41500704	44300536	6.7
西城区	22465806	30944037	37.7	34923085	37471298	7.3
宣武区	3724762	3419139	-8.2	6577619	6829238	3.8
朝 阳 区	6702178	7349012	9.7	7478254	9043777	20.9
丰 台 区	3039562	3476248	14.4	1966931	2150390	9.3
石景山区	9250126	10735053	16.1	8064233	9101405	12.9
海 淀 区	8920050	9959479	11.7	6661070	6791419	2.0
门头沟区	546315	630034	15.3	822357	592087	-28.0
房 山 区	2435422	2471169	1.5	1864086	2502189	34.2
通 州 区	2533027	2955909	16.7	1711763	1933609	13.0
顺 义 区	4839234	6053171	25.1	4074144	4930752	21.0
昌 平 区	2851570	4064573	42.5	2566928	3047468	18.7
大 兴 区	2300813	2390392	3.9	1451343	1603506	10.5
怀 柔 区	1280538	1409376	10.1	849491	1023933	20.5
平 谷 区	962905	1007785	4.7	545731	659385	20.83
密 云 县	721640	1006089	39.4	557184	620540	11.4
延 庆 县	227169	432402	90.3	140691	165370	17.5
北京经济技术开发区	7632477	9121430	19.5	6251056	6955130	11.3

2-33-2

区　县	主营业务收入(万元)			利润总额(万元)			利税总额(万元)		
	2008	2009	增长速度(%)	2008	2009	增长速度(%)	2008	2009	增长速度(%)
全　市	**112758173**	**121730618**	**8.0**	**5569968**	**7429216**	**33.4**	**9379138**	**12699472**	**35.4**
新东城区	756439	729907	-3.5	69401	62056	-10.6	113662	107525	-5.4
东城区	457107	454978	-0.5	33958	24066	-29.1	49425	38970	-21.2
崇文区	299332	274929	-8.2	35443	37990	7.2	64237	68555	6.7
新西城区	16490961	18729478	13.6	1939342	1688314	-12.9	2650992	2190340	-17.4
西城区	8676082	9564374	10.2	1883755	1523839	-19.1	2354850	1823614	-22.6
宣武区	7814879	9165104	17.3	55587	164475	195.9	296142	366726	23.8
朝 阳 区	7105133	8733262	22.9	251097	228868	-8.9	643807	714611	11.0
丰 台 区	4266496	4038497	-5.3	234354	226146	-3.5	382768	348601	-8.9
石景山区	6753816	7084789	4.9	47554	125138	163.1	313319	395758	26.3
海 淀 区	14180496	14851988	4.7	620429	976076	57.3	1017685	1484603	45.9
门头沟区	735165	659500	-10.3	157381	93479	-40.6	224279	170368	-24.0
房 山 区	8326722	7741687	-7.0	-335361	542689	—	-116553	1639948	—
通 州 区	4472074	4668972	4.4	102118	155008	51.8	213343	299337	40.3
顺 义 区	12114907	15249493	25.9	487268	949963	95.0	926849	1680231	81.3
昌 平 区	7272449	7726772	6.2	426230	454971	6.7	629880	726254	15.3
大 兴 区	3513731	3738064	6.4	104842	205330	95.8	200539	342266	70.7
怀 柔 区	3202891	4076959	27.3	132382	220070	66.2	271924	403136	48.3
平 谷 区	1420952	1614771	13.6	42921	119030	177.3	84156	181993	116.3
密 云 县	1332073	1598244	20.0	171222	110923	-35.2	242831	187907	-22.6
延 庆 县	350850	400746	14.2	14091	37009	162.6	24757	51807	109.3
北京经济技术开发区	20463018	20087489	-1.8	1104697	1234146	11.7	1554900	1774787	14.1

2-34 建筑业主要指标

区　县	企业个数(个)			年末建筑施工企业从业人员(万人)		
	2008	2009	增长速度(%)	2008	2009	增长速度(%)
全　市	**3527**	**3556**	**0.8**	**47.0**	**56.2**	**19.6**
新东城区	202	193	-4.5	2.5	2.5	持平
东城区	143	136	-4.9	1.5	1.6	6.7
崇文区	59	57	-3.4	1.0	0.9	-10.0
新西城区	342	325	-5.0	4.2	4.5	7.1
西城区	213	207	-2.8	2.6	2.8	7.7
宣武区	129	118	-8.5	1.6	1.7	6.3
朝 阳 区	686	707	3.1	7.0	7.2	2.9
丰 台 区	269	308	14.5	5.8	7.0	20.7
石景山区	76	80	5.3	1.3	1.5	15.4
海 淀 区	581	566	-2.6	9.9	12.8	29.3
门头沟区	66	65	-1.5	0.4	0.5	25.0
房 山 区	115	113	-1.7	1.9	2.1	10.5
通 州 区	230	229	-0.4	3.5	4.3	22.9
顺 义 区	172	180	4.7	2.3	3.1	34.8
昌 平 区	162	152	-6.2	1.3	1.7	30.8
大 兴 区	343	344	0.3	2.4	2.5	4.2
怀 柔 区	67	76	13.4	1.7	1.6	-5.9
平 谷 区	107	104	-2.8	0.9	1.0	11.1
密 云 县	50	51	2.0	0.7	0.8	14.3
延 庆 县	44	45	2.3	0.4	0.4	持平
北京经济技术开发区	15	18	20.0	0.6	2.7	350.0

注：建筑业相关数据是按照建筑业企业经营地划分，统计范围为施工总承包、专业承包建筑业企业。

2-34-1

单位：亿元

区　县	建筑施工企业总产值			利润总额		
	2008	2009	增长速度(%)	2008	2009	增长速度(%)
全　市	**3066.2**	**4059.7**	**32.4**	**84.5**	**217.4**	**157.3**
新东城区	232.5	281.3	21.0	3.7	7.5	102.7
东城区	143.6	195.3	36.0	2.9	3.1	6.9
崇文区	88.9	86.0	-3.3	0.8	4.4	450.0
新西城区	237.2	290.2	22.3	8.0	5.2	-35.0
西城区	147.4	174.8	18.6	6.5	3.6	-44.6
宣武区	89.8	115.4	28.5	1.5	1.6	6.7
朝 阳 区	476.0	556.4	16.9	8.5	12.0	41.2
丰 台 区	366.8	469.5	28.0	-10.7	78.9	
石景山区	160.7	171.6	6.8	4.4	8.2	86.4
海 淀 区	714.5	906.9	26.9	46.2	68.2	47.6
门头沟区	23.8	33.1	39.1	0.1	-0.1	
房 山 区	168.2	221.7	31.8	5.8	8.3	43.1
通 州 区	157.5	225.5	43.2	4.2	5.5	31.0
顺 义 区	97.6	112.8	15.6	8.0	4.4	-45.0
昌 平 区	122.2	159.3	30.4	3.9	4.8	23.1
大 兴 区	105.5	123.5	17.1	2.2	2.8	27.3
怀 柔 区	55.0	64.6	17.5	0.3	1.6	433.3
平 谷 区	41.2	52.6	27.7	3.3	3.0	-9.1
密 云 县	34.2	49.9	45.9	0.3	0.5	66.7
延 庆 县	20.1	38.4	91.0	0.1		
北京经济技术开发区	53.2	302.4	468.4	-3.8	6.6	

2-35 民用汽车（2009年）

单位：辆

区 县	民用汽车拥有量	#私人汽车
全 市	**3720945**	**3002748**
东 城 区	202661	131834
西 城 区	219840	169880
崇 文 区	82880	70202
宣 武 区	136862	108336
朝 阳 区	688476	572332
丰 台 区	461632	404537
石景山区	105463	85786
海 淀 区	620979	519760
门头沟区	49938	33911
房 山 区	156839	127617
通 州 区	174678	135951
顺 义 区	151223	121438
昌 平 区	220578	186304
大 兴 区	227296	169651
怀 柔 区	63148	43232
平 谷 区	58190	41906
密 云 县	59827	48397
延 庆 县	40435	31674

资料来源：北京市公安局公安交通管理局。

2-36 经营性停车场情况（2009年）

区 县	经营性停车场个数（个）	经营性停车场车位总数（个）
全 市	**5274**	**1278129**
东 城 区	310	47950
西 城 区	413	64236
崇 文 区	162	30862
宣 武 区	303	44813
朝 阳 区	1497	432686
丰 台 区	523	145800
石景山区	145	30154
海 淀 区	1102	269748
门头沟区	22	3513
房 山 区	86	15935
通 州 区	129	25066
顺 义 区	42	11681
昌 平 区	211	86453
大 兴 区	162	30930
怀 柔 区	24	5447
平 谷 区	30	5677
密 云 县	61	8060
延 庆 县	16	5594
北京经济技术开发区	36	13524

资料来源：北京市交通委员会运输管理局。

2-37 国内贸易基本情况 (2009年)

区　县	批发和零售业、住宿和餐饮业单位个数(个)		批发和零售业、住宿和餐饮业从业人员人数(人)		批发和零售业销售总额(亿元)	
		#批发和零售业		#批发和零售业		#零售业
全　市	**13161**	**9320**	**970344**	**559364**	**26815**	**4186**
新东城区	1244	782	140386	66878	2277	381
东城区	927	552	113007	50979	1905	310
崇文区	317	230	27379	15899	372	71
新西城区	1473	916	134566	75934	3870	422
西城区	955	575	96246	56398	2654	317
宣武区	518	341	38320	19536	1216	105
朝 阳 区	3730	2691	268182	166329	7358	1383
丰 台 区	826	572	65223	42682	1021	389
石景山区	244	183	21240	15770	457	172
海 淀 区	3363	2552	191719	107621	8875	759
门头沟区	152	113	6186	3064	48	8
房 山 区	388	320	13033	7892	510	96
通 州 区	214	156	19036	14503	490	114
顺 义 区	276	180	24345	12016	383	87
昌 平 区	337	216	26471	10665	210	106
大 兴 区	362	297	21429	14628	349	99
怀 柔 区	165	78	8375	3462	74	12
平 谷 区	81	55	3791	1445	88	9
密 云 县	115	74	8563	4135	79	20
延 庆 县	76	40	6008	2584	17	6
北京经济技术开发区	115	95	11791	9756	709	123

注：统计范围为年主营业务收入2000万元及以上的批发业单位；年主营业务收入500万元及以上的零售业单位；年主营业务收入200万元及以上的餐饮业单位；星级饭店和星级饭店以外年主营业务收入200万元及以上的住宿业单位。

2-38 社会消费品零售额

单位：亿元

区 县	2008	2009				增长速度(%)
			批发和零售业	住宿和餐饮业	其他行业	
全 市	**4645.5**	**5309.9**	**4662.3**	**604.5**	**43.1**	**14.3**
新东城区	473.3	532.5	416.5	113.1	2.9	12.5
东城区	332.9	374.1	275.8	97.3	1.0	12.4
崇文区	140.4	158.4	140.7	15.8	1.9	12.8
新西城区	451.3	474.7	391.1	77.9	5.7	5.2
西城区	317.6	329.4	273.5	51.9	4.0	3.7
宣武区	133.7	145.3	117.6	26.0	1.7	8.7
朝 阳 区	1290.2	1478.3	1340.8	135.8	1.7	14.6
丰 台 区	517.1	635.0	590.1	38.5	6.4	22.8
石景山区	152.3	175.9	169.1	6.5	0.3	15.5
海 淀 区	902.7	1026.4	897.3	109.6	19.5	13.7
门头沟区	19.5	21.7	17.2	3.9	0.6	11.1
房 山 区	90.8	99.1	86.7	11.3	1.1	9.1
通 州 区	147.2	161.8	147.4	14.3	0.1	10.0
顺 义 区	133.5	155.2	139.3	15.7	0.2	16.2
昌 平 区	114.9	145.0	122.1	21.1	1.8	26.1
大 兴 区	100.7	115.3	97.6	17.0	0.7	14.5
怀 柔 区	42.8	48.6	40.5	7.7	0.4	13.7
平 谷 区	27.8	32.0	26.3	5.6	0.1	15.0
密 云 县	51.2	57.0	44.4	11.6	1.0	11.4
延 庆 县	36.9	40.9	27.1	13.2	0.6	10.8
北京经济技术开发区	93.3	110.6	108.9	1.7		18.5

2–39 对外经济基本情况

区 县	地区进出口总额（万美元）			新批外商投资企业个数(个)		实际使用外资金额(万美元)	
		进口额	出口额	2008	2009	2008	2009
全 市	**21479103**	**16643296**	**4835807**	**1897**	**1423**	**608172**	**612094**
东城区	1220371	965887	254484	147	156	35011	58520
西城区	4392970	3343052	1049919	85	54	73404	67577
崇文区	73542	45387	28155	24	22	11007	11009
宣武区	350871	273977	76895	23	18	2537	2622
朝阳区	9498172	7748452	1749720	871	602	215696	217761
丰台区	705512	583761	121752	32	29	11625	10587
石景山区	52096	24944	27152	33	45	2361	11994
海淀区	2924224	2098005	826219	449	281	117408	128345
门头沟区	25894	15772	10121	2	5	1008	1281
房山区	45145	27734	17411	6	5	572	2718
通州区	175035	81447	93588	36	31	13754	8088
顺义区	494459	399276	95183	50	45	38213	39586
昌平区	181305	113084	68221	37	28	7140	8801
大兴区	1152860	800125	352735	23	20	5837	10205
怀柔区	60020	39463	20557	14	11	7136	7194
平谷区	52400	38334	14067	12	10	6628	4074
密云县	49084	32131	16953	5	15	3527	4504
延庆县	17429	7416	10013	2	2	1274	614
其 他	7712	5049	2663	45	44	54034	16614

注： 进出口指标其他项是指“外商常驻机构、外国驻华使领馆、国际组织和外籍专家”等进出口单位；新批外商投资企业个数、实际使用外资金额指标其他项是指“北京经济技术开发区”。
资料来源：中华人民共和国北京海关、北京市商务委员会。

2-40 旅游及星级饭店基本情况

区 县	入境旅游者人数(万人次)			#外国人			星级饭店个数(个)			出租率(%)	
	2008	2009	增长速度(%)	2008	2009	增长速度(%)	2008	2009	增长速度(%)	2008	2009
全 市	**379.0**	**412.5**	**8.8**	**335.7**	**342.9**	**2.1**	**694**	**815**	**17.4**	**52.0**	**49.0**
新东城区	104.2	95.2	-8.7	91.6	80.7	-11.8	84	92	9.5	58.3	55.1
东城区	96.6	88.7	-8.2	84.7	75.2	-11.2	58	65	12.1	59.7	55.0
崇文区	7.6	6.5	-14.9	6.9	5.5	-20.0	26	27	3.8	52.5	55.3
新西城区	49.7	47.8	-3.8	43.9	40.0	-9.0	95	102	7.4	57.9	55.8
西城区	29.6	27.9	-5.9	25.5	22.1	-13.3	52	60	15.4	60.0	58.5
宣武区	20.1	19.9	-0.8	18.4	17.9	-3.1	43	42	-2.3	55.1	51.8
朝 阳 区	147.1	171.9	16.8	132.8	145.1	9.3	122	168	37.7	58.1	52.8
丰 台 区	7.4	13.6	82.5	6.9	11.8	70.8	42	51	21.4	50.3	54.3
石景山区	1.1	3.0	166.3	0.9	2.1	135.4	9	9	持平	42.6	45.7
海 淀 区	39.7	46.6	17.2	33.4	34.0	1.8	105	110	4.8	57.7	55.9
门头沟区	0.1	0.01	-80.0	0.1	0.01	-82.0	18	20	11.1	27.4	25.6
房 山 区	0.1	0.04	-31.4	0.1	0.03	-35.0	31	36	16.1	29.1	20.0
通 州 区	3.1	1.8	-44.0	3.0	1.7	-44.1	12	15	25.0	31.7	26.5
顺 义 区	14.3	17.3	21.2	13.1	16.1	22.4	19	26	36.8	52.2	44.5
昌 平 区	6.6	4.5	-31.9	4.9	3.0	-39.1	45	49	8.9	41.3	37.6
大 兴 区	3.1	9.5	204.5	2.7	7.4	177.7	14	19	35.7	41.3	41.8
怀 柔 区	0.3	0.2	-43.6	0.3	0.1	-73.1	42	47	11.9	30.0	30.6
平 谷 区	0.2	0.2	-19.1	0.2	0.1	-17.2	17	22	29.4	34.9	42.9
密 云 县	1.0	0.5	-51.4	0.9	0.3	-70.6	20	24	20.0	29.5	27.3
延 庆 县	1.0	0.6	-38.3	0.9	0.6	-37.4	19	25	31.6	23.9	23.4

2-40-1

区　县	营业收入(万元)			利润总额(万元)		从业人员平均人数(人)		应付工资总额(万元)		
	2008	2009	增长速度(%)	2008	2009	2008	2009	2008	2009	增长速度(%)
全　市	**2504849.4**	**2261410.8**	**-9.7**	**232746.1**	**-76121.2**	**130609**	**134159**	**423957.6**	**448467.9**	**5.8**
新东城区	539792.6	396544.8	-26.5	70590.4	-24940.8	19963	20111	79029.6	76513.7	-3.2
东城区	501846.2	361933.7	-27.9	72231.2	-21770.9	17273	17613	71640.0	69256.5	-3.3
崇文区	37946.4	34611.1	-8.8	-1640.8	-3169.9	2690	2498	7389.6	7257.2	-1.8
新西城区	294597.0	260588.7	-11.5	18657.3	-3204.5	16596	15393	55987.6	56653.7	1.2
西城区	201374.1	189085.6	-6.1	21213.8	2834.1	10254	10161	37681.1	40754.6	8.2
宣武区	93222.9	71503.1	-23.3	-2556.5	-6038.6	6342	5232	18306.5	15899.1	-13.2
朝阳区	820236.2	757001.2	-7.7	151395.1	-1303.3	32814	35851	132072.3	143775.9	8.9
丰台区	49510.3	69078.9	39.5	-2271.4	-10172.6	4398	5809	10047.1	14616.2	45.5
石景山区	10467.2	11486.0	9.7	-3070.5	-1625.9	1409	1220	2521.4	2989.1	18.5
海淀区	418998.9	391116.2	-6.7	30217.3	2584.8	23531	24223	75204.1	80327.8	6.8
门头沟区	17657.0	18179.3	3.0	0.3	-3072.8	1424	1426	2103.7	2788.5	32.6
房山区	18240.8	19757.7	8.3	-5537.5	-1164.9	1797	1745	3223.9	3440.0	6.7
通州区	18513.2	23081.7	24.7	-1779.2	-3676.6	2285	2190	4116.2	5658.3	37.5
顺义区	52154.3	59666.6	14.4	-8741.2	-5628.0	3826	4683	9095.9	10725.1	17.9
昌平区	157808.0	144029.9	-8.7	-3576.4	-7712.4	11547	10342	27290.0	25927.4	-5.0
大兴区	32099.5	32505.0	1.3	-3172.5	-3338.3	2637	2586	7497.4	7767.1	3.6
怀柔区	22689.3	22979.5	1.3	-1473.9	-1456.1	1928	1818	3696.1	3754.3	1.6
平谷区	12510.2	15270.6	22.1	-2484.4	-2006.5	1709	1753	3292.7	3762.0	14.3
密云县	23891.8	24135.7	1.0	-4378.2	-5850.9	2641	2931	5030.5	5742.0	14.1
延庆县	15683.1	15989.0	2.0	-1629.1	-3552.4	2104	2078	3749.1	4026.8	7.4

2-41 北京市中资银行人民币存贷款余额（2009年）

单位：万元

区　县	各项存款	#企业存款	#储蓄存款余额		
				定　期	活　期
全　市	**527302569**	**287117765**	**145658843**	**94662364**	**50996479**
东城区	55768370	37279071	11709379	7222077	4487302
西城区	139231052	84749292	15681715	9894750	5786965
崇文区	16234421	8423642	6382431	4292127	2090304
宣武区	24120192	8884558	5904728	3881732	2022996
朝阳区	84929542	45357335	30205857	19007479	11198378
丰台区	27525791	8990303	13818636	9050486	4768149
石景山区	9152129	5115775	3164861	2174481	990380
海淀区	114999173	69170563	31287395	20711927	10575468
门头沟区	1963190	519608	1053267	772265	281001
房山区	6335885	1851801	3478398	2427604	1050794
通州区	8549108	2929937	4417681	3001004	1416677
顺义区	9294620	4281618	3876329	2788653	1087677
昌平区	9190600	2950229	4809357	3226730	1582627
大兴区	11226735	4002266	5182538	3107230	2075309
怀柔区	2576319	853190	1289211	828893	460318
平谷区	2317205	661086	1191182	813183	377999
密云县	2467262	715112	1379261	906799	472462
延庆县	1420976	382378	826617	554944	271672

注：本表统计范围包括人民银行、邮政储汇局、政策性银行、国有商业银行、股份制商业银行(含农村商业银行)、北京城市商业银行。

资料来源：中国人民银行营业管理部。

2-41-1

单位：万元

区　县	各项贷款	短期贷款	#短期工业贷款	#短期商业贷款	中长期贷款	其他贷款	#农业贷款
全　市	**243649662**	**67262120**	**15120097**	**10019380**	**159888956**	**16498585**	**4283056**
东城区	22857754	6525995	2287293	1326457	15616808	714951	44968
西城区	96454865	26346255	4094976	2963348	59119106	10989504	158171
崇文区	7711793	1943429	396089	435502	5750556	17808	4834
宣武区	11578111	2403926	662795	426442	6747439	2426746	53315
朝阳区	37349800	9196131	1803057	1267567	27532487	621182	281939
丰台区	10209674	2280499	588427	188338	7875314	53861	109533
石景山区	2518175	670699	532024	17473	1796070	51406	35725
海淀区	33047080	12362212	3619557	2426012	20427619	257249	450903
门头沟区	430910	116565	67822	16233	302760	11586	95342
房山区	1864686	411591	9173	47699	1425127	27967	323489
通州区	2488135	429484	62188	51103	1948514	110137	380160
顺义区	5513052	1984115	403084	252744	3490025	38912	596686
昌平区	2657747	450099	32988	43649	2173275	34374	592429
大兴区	5580753	983891	384660	189001	3538685	1058177	372690
怀柔区	827506	271322	57488	68151	525221	30963	216513
平谷区	1042558	305042	88125	42043	709708	27808	234103
密云县	1006637	361081	27574	195030	628344	17213	160298
延庆县	510427	219784	2778	62589	281900	8743	171957

2-42 限额以上第三产业基本情况（2009年）

区 县	从业人员（万人）	收入合计（亿元）	资产总计（亿元）	企业利润总额（亿元）
全 市	**472.1**	**55390.3**	**712313.4**	**10540.8**
新东城区	52.1	10318.6	76492.3	5451.2
东城区	44.5	9689.2	74886.3	5402.4
崇文区	7.6	629.4	1606.0	48.8
新西城区	71.8	10373.2	496019.4	2174.8
西城区	53.8	8571.8	483879.9	1993.2
宣武区	18.0	1801.4	12139.4	181.6
朝 阳 区	98.9	12248.3	46507.2	1924.5
丰 台 区	50.0	2726.4	7811.1	138.8
石景山区	8.5	689.5	1112.7	33.1
海 淀 区	119.6	13607.6	72908.1	465.7
门头沟区	2.3	101.0	163.5	2.0
房 山 区	6.0	628.6	865.9	9.8
通 州 区	6.6	646.7	1388.6	31.5
顺 义 区	17.4	1453.9	4007.1	95.3
昌 平 区	11.1	616.7	1587.3	27.8
大 兴 区	9.6	565.9	1106.1	25.9
怀 柔 区	3.1	132.1	268.7	-1.4
平 谷 区	3.6	158.6	409.8	5.3
密 云 县	3.8	172.3	445.7	1.6
延 庆 县	2.8	81.9	200.1	2.4
北京经济技术开发区	4.8	869.0	1019.8	152.4

2-43 城镇居民家庭基本情况

单位：元

区　县	人均可支配收入			人均消费支出			#食　品		
	2008	2009	增长速度(%)	2008	2009	增长速度(%)	2008	2009	增长速度(%)
全　市	**24725**	**26738**	**8.1**	**16460**	**17893**	**8.7**	**5562**	**5936**	**6.7**
新东城区	26037	28274	8.6	18914	20540	8.6	6615	6936	4.9
东城区	26151	28458	8.8	18821	20683	9.9	6626	6992	5.5
崇文区	25826	27941	8.2	19142	19983	4.4	6594	6833	3.6
新西城区	26861	29099	8.3	18665	20072	7.5	5855	6632	13.3
西城区	28059	30442	8.5	20528	21970	7.0	5839	6632	13.6
宣武区	25289	27320	8.0	17608	18977	7.8	5875	6633	12.9
朝 阳 区	25535	27608	8.1	18410	20330	10.4	6584	6625	0.6
丰 台 区	23006	24835	8.0	16095	16962	5.4	5464	6023	10.2
石景山区	23805	25736	8.1	15370	17081	11.1	5403	5700	5.5
海 淀 区	28418	30677	8.0	16801	18218	8.4	5471	5964	9.0
门头沟区	21613	23345	8.0	14881	15953	7.2	4964	5121	3.2
房 山 区	20329	21955	8.0	12664	13886	9.6	4202	4749	13.0
通 州 区	20708	22455	8.4	12741	14041	10.2	4557	4908	7.7
顺 义 区	21470	23179	8.0	12701	13466	6.0	4286	4507	5.2
昌 平 区	20834	22556	8.3	14108	15690	11.2	4826	5131	6.3
大 兴 区	20707	22548	8.9	12872	14097	9.5	4426	4750	7.3
怀 柔 区	20143	21540	6.9	12457	13992	12.3	3909	4321	10.5
平 谷 区	20148	21757	8.0	12360	13513	9.3	4371	4458	2.0
密 云 县	20135	21600	7.3	12766	14090	10.4	3832	4336	13.2
延 庆 县	20120	21573	7.2	11296	11823	4.7	3762	4099	9.0

注：城镇居民抽样调查样本量5000户，覆盖18个区县。

2-44 城镇居民家庭每百户耐用消费品拥有量（2009年）

区 县	组合音响（套）	摄像机（架）	彩色电视机（台）	钢 琴（架）	其他中高档乐器（件）	照相机（架）
全 市	**28**	**22**	**138**	**4**	**7**	**89**
新东城区	27	21	152	6	7	107
东城区	27	21	153	6	7	109
崇文区	27	20	148	5	6	104
新西城区	33	28	143	5	6	91
西城区	33	31	150	6	9	105
宣武区	33	26	133	4	1	75
朝 阳 区	36	26	149	5	8	106
丰 台 区	27	23	132	1	7	85
石景山区	20	16	144	4	11	89
海 淀 区	28	28	141	7	8	102
门头沟区	19	10	122	1	1	46
房 山 区	29	19	115	1	4	67
通 州 区	20	14	115	1	4	64
顺 义 区	21	8	122	1	2	55
昌 平 区	18	11	134	1	2	67
大 兴 区	24	15	126	2	6	73
怀 柔 区	21	9	121	2	8	59
平 谷 区	25	4	106	1	3	52
密 云 县	22	12	121	1	10	46
延 庆 县	6	1	114		2	27

2-44-1

区　县	空调器（台）	健身器材（套）	家用电脑（台）	移动电话（部）	电冰箱（台）	洗衣机（台）
全　市	**163**	**7**	**97**	**213**	**104**	**100**
新东城区	176	7	108	233	105	103
东城区	172	9	109	237	104	102
崇文区	182	3	106	226	105	103
新西城区	163	7	100	218	102	101
西城区	175	7	109	227	104	103
宣武区	148	7	90	207	101	99
朝 阳 区	172	6	112	230	104	104
丰 台 区	162	7	92	207	104	101
石景山区	157	9	95	214	105	99
海 淀 区	172	7	103	215	105	102
门头沟区	126	6	74	179	103	93
房 山 区	138	7	81	180	102	96
通 州 区	139	2	75	180	101	99
顺 义 区	148	6	62	188	105	91
昌 平 区	161	4	84	192	101	96
大 兴 区	164	8	89	192	103	100
怀 柔 区	158	7	82	229	106	96
平 谷 区	120	8	71	211	100	94
密 云 县	147	4	62	200	96	89
延 庆 县	37	1	51	177	96	94

2-45 农村居民家庭基本情况

区 县	人均纯收入(元)			人均生活消费支出(元)			#食 品(元)			人均住房面积(平方米)	
	2008	2009	增长速度(%)	2008	2009	增长速度(%)	2008	2009	增长速度(%)	2008	2009
全 市	**10747**	**11986**	**11.5**	**7656**	**9141**	**19.4**	**2629**	**2961**	**12.6**	**39.40**	**39.42**
朝阳区	15090	16633	10.2	11260	13297	18.1	3707	4098	10.5	59.9	54.8
丰台区	11584	13179	13.8	9385	10971	16.9	3448	3923	13.8	38.5	36.9
海淀区	14319	16011	11.8	11400	13305	16.7	3742	4055	8.4	45.9	47.1
门头沟区	10282	11475	11.6	7444	8312	11.7	2771	2823	1.9	27.0	27.3
房山区	10073	11315	12.3	6889	8234	19.5	2153	2493	15.8	37.1	38.0
通州区	10213	11361	11.2	6766	8296	22.6	2486	2847	14.5	45.1	45.9
顺义区	10402	11648	12.0	6906	8056	16.7	2561	2807	9.6	40.8	41.2
昌平区	10121	11318	11.8	8667	9724	12.2	3027	3119	3.0	44.3	42.9
大兴区	10103	11132	10.2	6541	8671	32.6	2426	2763	13.9	35.2	37.8
怀柔区	9871	11013	11.6	6960	8939	28.4	2272	2840	25.0	29.3	29.1
平谷区	9790	10872	11.1	6329	7626	20.5	1803	2247	24.6	36.9	37.8
密云县	9529	10682	12.1	7008	8831	26.0	2306	2730	18.4	34.2	35.1
延庆县	9385	10470	11.6	5536	6239	12.7	1970	2278	15.6	30.1	30.9

2-46 农村居民家庭每百户耐用消费品拥有量（2009年）

区　县	空　调 （台）	洗衣机 （台）	电冰箱 （台）	汽　车 （辆）	彩色电视机 （台）	微波炉 （台）
全　市	**98**	**101**	**105**	**12**	**138**	**50**
朝阳区	172	104	116	14	152	83
丰台区	118	116	118	14	147	84
海淀区	175	103	108	31	157	82
门头沟区	52	107	109	7	128	53
房山区	108	107	110	15	142	44
通州区	110	101	105	10	133	52
顺义区	84	103	110	13	143	38
昌平区	124	94	110	15	158	59
大兴区	93	102	100	18	133	40
怀柔区	87	99	98	10	130	42
平谷区	71	100	101	10	133	17
密云县	69	99	100	7	119	46
延庆县	17	91	85	4	118	31

2-46-1

区　县	照相机 （架）	影碟机 （台）	抽油烟机 （台）	热水器 （台）	移动电话 （部）	家用电脑 （台）
全　市	**42**	**50**	**66**	**86**	**212**	**58**
朝阳区	61	59	100	103	216	81
丰台区	79	58	91	82	227	86
海淀区	78	47	92	98	235	87
门头沟区	32	65	47	79	225	55
房山区	39	56	58	69	223	53
通州区	37	38	68	88	191	63
顺义区	35	53	53	102	194	56
昌平区	48	42	77	95	232	77
大兴区	40	53	57	53	202	55
怀柔区	20	45	66	86	220	44
平谷区	17	38	36	120	218	48
密云县	21	58	66	94	200	32
延庆县	46	44	55	61	192	23

2-47 普通中学学校基本情况

区　县	普通中学校数(所)			普通中学毕业生数(人)		
	2008	2009	增长速度(%)	2008	2009	增长速度(%)
全　市	**674**	**647**	**-4.0**	**183170**	**171943**	**-6.1**
东城区	30	30	持平	12372	10727	-13.3
西城区	36	34	-5.6	14517	13119	-9.6
崇文区	16	14	-12.5	6592	5472	-17.0
宣武区	19	17	-10.5	7354	6507	-11.5
朝阳区	78	74	-5.1	16939	16076	-5.1
丰台区	47	45	-4.3	9932	9406	-5.3
石景山区	24	25	4.2	4571	4528	-0.9
海淀区	79	77	-2.5	31584	30496	-3.4
门头沟区	19	18	-5.3	2766	2780	0.5
房山区	52	51	-1.9	11365	10378	-8.7
通州区	48	46	-4.2	11613	11024	-5.1
顺义区	44	41	-6.8	12064	11383	-5.6
昌平区	47	47	持平	5875	6243	6.3
大兴区	38	38	持平	10116	9162	-9.4
怀柔区	25	23	-8.0	4697	4579	-2.5
平谷区	26	22	-15.4	8441	7932	-6.0
密云县	23	23	持平	6811	7109	4.4
延庆县	23	22	-4.3	5561	5022	-9.7

资料来源：北京市教育委员会。

2-47-1

单位：人

区　县	普通中学校招生数			普通中学在校学生数		
	2008	2009	增长速度(%)	2008	2009	增长速度(%)
全　市	**175891**	**171913**	**-2.3**	**544280**	**522351**	**-4.0**
东城区	10383	10125	-2.5	33075	31545	-4.6
西城区	12765	12532	-1.8	39075	37866	-3.1
崇文区	5401	5212	-3.5	16791	15976	-4.9
宣武区	5867	5675	-3.3	19017	17572	-7.6
朝阳区	17252	16849	-2.3	52623	50527	-4.0
丰台区	11033	10842	-1.7	32551	31837	-2.2
石景山区	4972	5032	1.2	14794	14709	-0.6
海淀区	33597	33859	0.8	99130	99340	0.2
门头沟区	2980	2821	-5.3	9395	8826	-6.1
房山区	10704	10401	-2.8	34397	32617	-5.2
通州区	11120	10292	-7.4	34972	32034	-8.4
顺义区	10113	9894	-2.2	33358	31270	-6.3
昌平区	7451	7287	-2.2	22387	21800	-2.6
大兴区	9996	9621	-3.8	30501	29331	-3.8
怀柔区	4857	4885	0.6	15201	14661	-3.6
平谷区	6049	5731	-5.3	20919	18465	-11.7
密云县	6949	6550	-5.7	21961	20703	-5.7
延庆县	4402	4305	-2.2	14133	13272	-6.1

2-47-2

单位：人

区 县	普通中学教职工人数			普通中学专任教师人数		
	2008	2009	增长速度(%)	2008	2009	增长速度(%)
全 市	**72693**	**71831**	**-1.2**	**49880**	**50237**	**0.7**
东 城 区	4644	4563	-1.7	3063	3087	0.8
西 城 区	5748	5643	-1.8	3925	3922	-0.1
崇 文 区	2168	2163	-0.2	1433	1457	1.7
宣 武 区	2774	2734	-1.4	1810	1779	-1.7
朝 阳 区	6173	6174	0.02	4444	4641	4.4
丰 台 区	4650	4601	-1.1	3065	3101	1.2
石景山区	2211	2232	0.9	1441	1502	4.2
海 淀 区	9759	10096	3.5	7190	7553	5.0
门头沟区	1574	1504	-4.4	1019	1019	持平
房 山 区	4917	4782	-2.7	3330	3342	0.4
通 州 区	4503	4389	-2.5	3181	3129	-1.6
顺 义 区	4277	4074	-4.7	3064	3007	-1.9
昌 平 区	3538	3435	-2.9	2399	2424	1.0
大 兴 区	4543	4472	-1.6	3386	3358	-0.8
怀 柔 区	2306	2224	-3.6	1537	1516	-1.4
平 谷 区	3515	3439	-2.2	2190	2005	-8.4
密 云 县	2925	2904	-0.7	1965	2004	2.0
延 庆 县	2468	2402	-2.7	1438	1391	-3.3

2-48 小学教育基本情况

区　县	小学校数(所)			小学毕业生数(人)		
	2008	2009	增长速度(%)	2008	2009	增长速度(%)
全　市	**1202**	**1160**	**-3.5**	**112268**	**110730**	**-1.4**
东城区	42	42	持平	5399	5124	-5.1
西城区	44	43	-2.3	5671	5541	-2.3
崇文区	23	23	持平	2674	2615	-2.2
宣武区	28	29	3.6	3097	3371	8.8
朝阳区	144	141	-2.1	12299	12650	2.9
丰台区	94	93	-1.1	9712	9600	-1.2
石景山区	32	32	持平	3603	3880	7.7
海淀区	107	106	-0.9	18502	18905	2.2
门头沟区	50	42	-16.0	2465	2327	-5.6
房山区	121	112	-7.4	7711	7404	-4.0
通州区	89	89	持平	7512	7007	-6.7
顺义区	48	47	-2.1	5956	5651	-5.1
昌平区	86	85	-1.2	5375	5602	4.2
大兴区	100	94	-6.0	7011	6843	-2.4
怀柔区	32	33	3.1	3276	3160	-3.5
平谷区	67	60	-10.4	4158	3851	-7.4
密云县	44	44	持平	4845	4362	-10.0
延庆县	51	45	-11.8	3002	2837	-5.5

资料来源：北京市教育委员会。

2-48-1

单位：人

区　县	小学招生数			小学在校学生数		
	2008	2009	增长速度(%)	2008	2009	增长速度(%)
全　市	**110440**	**102414**	**-7.3**	**659500**	**647101**	**-1.9**
东城区	5291	4670	-11.7	31531	31279	-0.8
西城区	5271	5177	-1.8	31441	31533	0.3
崇文区	2325	2263	-2.7	14785	14410	-2.5
宣武区	2720	2723	0.1	17508	17520	0.1
朝阳区	14444	13993	-3.1	82240	81687	-0.7
丰台区	11627	11040	-5.0	64155	64372	0.3
石景山区	3538	3432	-3.0	20612	20881	1.3
海淀区	20691	18651	-9.9	119897	118893	-0.8
门头沟区	2111	1861	-11.8	13284	12441	-6.3
房山区	6426	5539	-13.8	39631	37398	-5.6
通州区	8126	7952	-2.1	44589	45795	2.7
顺义区	4955	4495	-9.3	32075	30474	-5.0
昌平区	5958	5416	-9.1	34386	33658	-2.1
大兴区	6645	6308	-5.1	41234	40432	-1.9
怀柔区	2556	2220	-13.1	16205	15185	-6.3
平谷区	2511	2259	-10.0	18521	16749	-9.6
密云县	3180	2756	-13.3	22179	20404	-8.0
延庆县	2065	1659	-19.7	15227	13990	-8.1

2-48-2

单位：人

区　县	小学教职工人数			小学专任教师人数		
	2008	2009	增长速度(%)	2008	2009	增长速度(%)
全　市	**60944**	**60428**	**-0.8**	**48696**	**49257**	**1.2**
东城区	2979	2987	0.3	2265	2335	3.1
西城区	3008	2914	-3.1	2417	2370	-1.9
崇文区	1694	1558	-8.0	1271	1200	-5.6
宣武区	2060	2009	-2.5	1630	1611	-1.2
朝阳区	7001	7269	3.8	6176	6507	5.4
丰台区	4580	4602	0.5	3859	3889	0.8
石景山区	1830	1877	2.6	1549	1617	4.4
海淀区	7442	7640	2.7	6620	6849	3.5
门头沟区	1815	1722	-5.1	1439	1360	-5.5
房山区	4375	4267	-2.5	3124	3107	-0.5
通州区	3674	3725	1.4	3149	3240	2.9
顺义区	3329	3281	-1.4	2442	2431	-0.5
昌平区	3733	3650	-2.2	2958	3031	2.5
大兴区	3743	3681	-1.7	3081	3045	-1.2
怀柔区	2410	2335	-3.1	1703	1656	-2.8
平谷区	2584	2581	-0.1	1908	1875	-1.7
密云县	2711	2377	-12.3	1744	1707	-2.1
延庆县	1976	1953	-1.2	1361	1427	4.8

2-49 幼儿教育情况

区 县	幼儿园数(所)		在园儿童数(人)	
	2008	2009	2008	2009
全 市	**1266**	**1253**	**226681**	**247778**
东城区	35	35	5626	6403
西城区	36	37	7456	8175
崇文区	16	16	4322	4721
宣武区	25	25	5347	5513
朝阳区	157	156	37709	41365
丰台区	111	112	25341	27388
石景山区	33	34	8194	9040
海淀区	152	152	39921	43161
门头沟区	14	16	4754	5097
房山区	147	155	17013	18407
通州区	79	77	11701	13259
顺义区	58	56	9181	10043
昌平区	96	98	14140	15929
大兴区	56	58	12639	13981
怀柔区	49	48	4914	5749
平谷区	57	54	4966	5229
密云县	105	83	8223	8881
延庆县	40	41	5234	5437

数据来源：北京市教育委员会。

2-50 公共文化机构情况（2009年）

单位：个

区 县	文化馆数	博物馆数
全 市	**20**	**140**
东 城 区	1	25
西 城 区	1	22
崇 文 区	1	6
宣 武 区	1	8
朝 阳 区	1	19
丰 台 区	2	7
石景山区	1	2
海 淀 区	1	20
门头沟区	1	2
房 山 区	2	4
通 州 区	1	3
顺 义 区	1	1
昌 平 区	1	8
大 兴 区	1	3
怀 柔 区	1	2
平 谷 区	1	1
密 云 县	1	1
延 庆 县	1	6

注：博物馆数不含11家已闭馆的博物馆。
资料来源：北京市文化局、北京市文物局。

2-51 公共图书馆情况

区　县	个　数(个)		总藏数(万册、万件)			总流通人次(万人次)			书刊外借册次(万册次)		
	2008	2009	2008	2009	增长速度(%)	2008	2009	增长速度(%)	2008	2009	增长速度(%)
全　市	**25**	**25**	**4100**	**4368**	**6.5**	**1129**	**1344**	**19.0**	**1069**	**1111**	**3.9**
东城区	1	1	44	47	6.8	12	40	233.3	11	32	190.9
西城区	2	2	75	85	13.3	64	54	-15.6	60	60	持平
崇文区	1	1	44	48	9.1	35	13	-62.9	42	21	-50.0
宣武区	1	1	33	47	42.4	13	24	84.6	21	31	47.6
朝阳区	3	3	623	659	5.8	351	351	持平	328	320	-2.4
丰台区	2	2	48	59	22.9	31	30	-3.2	50	45	-10.0
石景山区	2	2	78	82	5.1	61	53	-13.1	84	73	-13.1
海淀区	2	2	2735	2860	4.6	337	545	61.7	189	251	32.8
门头沟区	1	1	37	44	18.9	25	21	-16.0	24	23	-4.2
房山区	2	2	61	70	14.8	22	27	22.7	31	30	-3.2
通州区	1	1	30	32	6.7	19	20	5.3	21	25	19.0
顺义区	1	1	31	41	32.3	22	24	9.1	26	32	23.1
昌平区	1	1	48	55	14.6	34	28	-17.6	43	29	-32.6
大兴区	1	1	61	63	3.3	21	19	-9.5	46	43	-6.5
怀柔区	1	1	35	46	31.4	32	43	34.4	24	35	45.8
平谷区	1	1	65	66	1.5	21	22	4.8	38	30	-21.1
密云县	1	1	31	40	29.0	27	12	-55.6	28	13	-53.6
延庆县	1	1	21	24	14.3	2	19	850.0	3	18	500.0

资料来源：北京市文化局、国家图书馆。

2-52 技术合同成交情况 (2009年)

区　县	成交项数 （项）	成交总额 （万元）
全　市	**49938**	**12362260**
东城区	596	190420
西城区	3479	331918
崇文区	814	28340
宣武区	896	55768
朝阳区	4443	1034865
丰台区	2222	1723764
石景山区	255	70907
海淀区	34169	8165328
门头沟区	22	2542
房山区	201	10053
通州区	184	5783
顺义区	108	23828
昌平区	1335	389210
大兴区	1104	298777
怀柔区	16	1027
平谷区	49	11011
密云县	38	17664
延庆县	7	1055

资料来源：北京技术市场管理办公室。

2-53 专利申请及授权情况 (2009年)

单位：件

区 县	专利申请量	#发明专利	专利授权量	#发明专利
全 市	**50236**	**29326**	**22921**	**9157**
东 城 区	2359	1142	1198	269
西 城 区	2858	1877	1316	560
崇 文 区	237	68	142	31
宣 武 区	555	252	296	76
朝 阳 区	9618	5395	4464	1876
丰 台 区	2542	1207	1233	283
石景山区	2045	975	377	70
海 淀 区	22850	15843	10697	5496
门头沟区	114	31	64	24
房 山 区	320	113	165	30
通 州 区	1207	243	481	40
顺 义 区	448	150	340	35
昌 平 区	2222	981	857	215
大 兴 区	2195	870	1004	125
怀 柔 区	363	90	117	12
平 谷 区	107	16	58	1
密 云 县	139	50	80	9
延 庆 县	57	23	32	5

资料来源：北京市知识产权局。

2-54 卫生机构个数

单位：个

区 县	医疗卫生机构			在2009年医疗卫生机构中							
	2008	2009	增长速度(%)	#医 院	#社区卫生服务中心(站)	#卫生院	#门诊部	#妇幼保健院(所、站)	#疾病预防控制中心(防疫站)	#专科疾病防治院(所、站)	#诊所、卫生所、医务室、护理站
全 市	**6523**	**6603**	**1.2**	**522**	**1395**	**116**	**768**	**19**	**31**	**27**	**3592**
东城区	318	324	1.9	37	1		46	1	2	2	220
西城区	368	369	0.3	26	8		31	1	1	2	291
崇文区	142	144	1.4	18	5		11	1	2	1	99
宣武区	225	228	1.3	18	39		26	1	8	1	121
朝阳区	1247	1234	-1.0	125	253	1	246	1	1	1	590
丰台区	452	467	3.3	56	153	2	65	1	1	3	182
石景山区	158	176	11.4	21	21		9	1	1	1	116
海淀区	861	927	7.7	58	147	3	176	1	2	3	532
门头沟区	122	126	3.3	14	16	7	1	1	2	1	77
房山区	494	516	4.5	22	201	20	38	2	2	2	219
通州区	239	243	1.7	12	72	18	33	1	1	1	98
顺义区	229	233	1.7	11	36	21	10	1	1	1	145
昌平区	569	570	0.2	50	142		26	1	1	1	344
大兴区	509	484	-4.9	28	157	17	44	1	2	2	226
怀柔区	192	159	-17.2	10	44	11	6	1	1	1	83
平谷区	104	109	4.8	5	20	16		1	1	1	63
密云县	195	208	6.7	6	66			1	1	2	127
延庆县	99	86	-13.1	5	14			1	1	1	59

资料来源：北京市卫生局。

2-55 医院、卫生院工作情况

单位：千人次

区 县	诊疗人次数			#门 诊			健康检查人数		
	2008	2009	增长速度(%)	2008	2009	增长速度(%)	2008	2009	增长速度(%)
全 市	**87053**	**92032**	**5.7**	**79391**	**82907**	**4.4**	**3964**	**3927**	**-0.9**
东城区	9328	10172	9.1	8792	9612	9.3	271	263	-3.3
西城区	10255	10498	2.4	9499	9653	1.6	228	120	-47.4
崇文区	2583	2935	13.6	2438	2784	14.2	19	22	14.8
宣武区	6339	6852	8.1	5661	6124	8.2	144	161	12.0
朝阳区	14605	15632	7.0	13167	13985	6.2	545	528	-3.2
丰台区	5225	5762	10.3	4414	4923	11.5	221	216	-2.3
石景山区	2089	2118	1.4	1898	1898	0.0	120	104	-13.5
海淀区	13053	10694	-18.1	12078	9789	-19.0	770	447	-42.0
门头沟区	1083	1159	7.0	925	979	5.8	99	120	22.1
房山区	4783	6155	28.7	4475	5779	29.1	182	137	-24.8
通州区	2999	3326	10.9	2589	2870	10.9	236	324	37.4
顺义区	3140	3474	10.6	2939	3111	5.9	201	529	163.0
昌平区	2434	2758	13.3	2201	2460	11.8	255	254	-0.5
大兴区	4907	5342	8.9	4471	4805	7.5	343	330	-3.8
怀柔区	1065	1166	9.5	951	1008	6.0	108	132	22.1
平谷区	1506	2296	52.4	1396	1575	12.8	66	70	5.1
密云县	963	1010	4.9	872	904	3.7	87	105	20.6
延庆县	696	686	-1.4	626	646	3.2	67	66	-1.7

资料来源：北京市卫生局。

2–55–1

区　县	平均开放病床数(张)			入院人数(千人次)		
	2008	2009	增长速度(%)	2008	2009	增长速度(%)
全　市	**79237**	**81085**	**2.3**	**1478**	**1608**	**8.7**
东 城 区	7647	7576	-0.9	177	188	5.8
西 城 区	8396	8763	4.4	205	225	9.6
崇 文 区	1794	1708	-4.8	34	35	3.6
宣 武 区	4141	4190	1.2	87	93	6.9
朝 阳 区	13204	13949	5.6	263	299	13.6
丰 台 区	6117	6627	8.3	97	105	8.0
石景山区	2757	2757	0.0	48	53	8.5
海 淀 区	8339	7977	-4.3	172	187	9.0
门头沟区	2386	2354	-1.3	17	18	7.0
房 山 区	4977	5208	4.6	86	92	7.4
通 州 区	2251	2299	2.1	52	54	3.7
顺 义 区	2691	2620	-2.6	38	39	2.3
昌 平 区	6114	6401	4.7	42	50	17.7
大 兴 区	3733	3978	6.6	60	69	13.6
怀 柔 区	1294	1254	-3.1	25	25	-2.2
平 谷 区	1748	1718	-1.7	37	38	1.0
密 云 县	790	845	7.0	18	19	9.5
延 庆 县	858	860	0.2	18	19	4.6

2–56 卫生机构人员及卫生条件

区 县	卫生机构人员(人)			#卫生技术人员(人)			#执业助理医师(人)		
	2008	2009	增长速度(%)	2008	2009	增长速度(%)	2008	2009	增长速度(%)
全 市	**193799**	**208156**	**7.4**	**149916**	**160435**	**7.0**	**58773**	**62348**	**6.1**
东城区	21914	21465	-2.0	16390	16168	-1.4	6208	6231	0.4
西城区	21655	22471	3.8	17201	17716	3.0	6096	6297	3.3
崇文区	6104	6188	1.4	4819	4915	2.0	2112	2117	0.2
宣武区	11771	12247	4.0	8712	9070	4.1	3200	3302	3.2
朝阳区	37271	39796	6.8	28381	30269	6.7	11048	12036	8.9
丰台区	14324	15717	9.7	11141	12222	9.7	4375	4673	6.8
石景山区	6014	6659	10.7	4643	5219	12.4	1805	2007	11.2
海淀区	25221	28807	14.2	19567	22308	14.0	7676	8420	9.7
门头沟区	3111	3434	10.4	2353	2591	10.1	917	986	7.5
房山区	7255	7522	3.7	5417	5722	5.6	2231	2310	3.5
通州区	5794	6845	18.1	4763	5379	12.9	1989	2132	7.2
顺义区	5460	5874	7.6	4333	4745	9.5	1883	2022	7.4
昌平区	8669	9664	11.5	6692	7456	11.4	2669	2927	9.7
大兴区	7550	8554	13.3	5918	6466	9.3	2433	2683	10.3
怀柔区	2874	3017	5.0	2420	2558	5.7	1070	1044	-2.4
平谷区	3299	4174	26.5	2580	2885	11.8	1170	1224	4.6
密云县	3470	3658	5.4	2870	2989	4.1	1136	1163	2.4
延庆县	2043	2064	1.0	1716	1757	2.4	755	774	2.5

资料来源：北京市卫生局。

2-56-1

区　县	#注册护士(人)			卫生机构实有床位数(张)			#医院和卫生院床位数(张)		
	2008	2009	增长速度(%)	2008	2009	增长速度(%)	2008	2009	增长速度(%)
全　市	**55349**	**61604**	**11.3**	**86196**	**90100**	**4.5**	**81937**	**84896**	**3.6**
东城区	6515	6417	-1.5	8027	7866	-2.0	8027	7864	-2.0
西城区	6959	7361	5.8	8608	8872	3.1	8576	8845	3.1
崇文区	1674	1774	6.0	1972	1869	-5.2	1842	1865	1.2
宣武区	3092	3330	7.7	4257	4349	2.2	4229	4321	2.2
朝阳区	10877	12077	11.0	13821	14948	8.2	13433	14316	6.6
丰台区	4184	4793	14.6	6518	7830	20.1	6273	7629	21.6
石景山区	1893	2150	13.6	3196	3239	1.3	2789	2909	4.3
海淀区	7445	8927	19.9	9486	10349	9.1	8656	8610	-0.5
门头沟区	888	1009	13.6	2513	2534	0.8	2477	2496	0.8
房山区	1881	1938	3.0	5365	5587	4.1	5245	5476	4.4
通州区	1647	1942	17.9	2538	2527	-0.4	2250	2321	3.2
顺义区	1391	1664	19.6	3120	3144	0.8	2671	2672	0.04
昌平区	2289	2861	25.0	7209	7147	-0.9	6734	6651	-1.2
大兴区	1886	2131	13.0	4189	4281	2.2	4041	4116	1.9
怀柔区	635	796	25.4	1441	1401	-2.8	1336	1303	-2.5
平谷区	781	1000	28.0	1863	1907	2.4	1782	1797	0.8
密云县	786	863	9.8	1055	1207	14.4	734	845	15.1
延庆县	526	571	8.6	1018	1043	2.5	842	860	2.1

2-56-2

区　县	平均每千人口拥有执业医师(人)		平均每千人口拥有注册护士(人)		平均每千人口拥有医院床位(张)	
	2008	2009	2008	2009	2008	2009
全　市	**3.47**	**3.55**	**3.27**	**3.51**	**4.67**	**4.70**
东城区	11.23	11.07	11.78	11.40	14.52	13.97
西城区	9.06	9.25	10.34	10.81	12.74	12.99
崇文区	7.11	7.01	5.64	5.87	6.20	6.18
宣武区	5.71	5.84	5.52	5.89	7.55	7.65
朝阳区	3.58	3.79	3.53	3.80	4.36	4.50
丰台区	2.62	2.56	2.54	2.63	3.58	4.18
石景山区	2.50	3.32	2.39	3.55	4.73	4.81
海淀区	3.06	2.73	3.21	2.90	2.88	2.79
门头沟区	3.33	3.52	3.23	3.60	8.76	8.73
房山区	2.47	2.53	2.08	2.13	5.10	5.31
通州区	1.91	1.95	1.59	1.78	1.74	1.70
顺义区	2.60	2.76	1.92	2.27	3.13	3.11
昌平区	2.83	2.87	2.43	2.80	7.15	6.51
大兴区	2.22	2.31	1.72	1.84	3.05	3.06
怀柔区	2.75	2.75	1.83	2.09	3.35	3.12
平谷区	2.99	2.87	1.77	2.34	3.59	3.73
密云县	2.49	2.54	1.72	1.88	1.61	1.84
延庆县	2.63	2.69	1.83	1.98	2.93	2.99

注：每千人口拥有执业(助理)医师数、每千人口拥有注册护士数、每千人口拥有医院床位数按年末常住人口计算。

2–57 体育场地情况

单位：个

区　县	体育场地个数		在2009年体育场地个数中			
	2008	2009	#体育场	#体育馆	#游泳场馆	#各种训练房
全　市	**6149**	**6149**	**94**	**37**	**446**	**1739**
东城区	255	255	1	2	37	168
西城区	245	245	1	1	8	118
崇文区	116	116	1		6	46
宣武区	75	75	4	1	14	43
朝阳区	876	876	14	6	132	326
丰台区	372	372	6	3	23	112
石景山区	57	57	2	4	11	11
海淀区	1107	1107	31	11	69	209
门头沟区	57	57	1	1	5	12
房山区	414	414	4		14	50
通州区	286	286	3	1	9	38
顺义区	608	608	3		20	208
昌平区	488	488	9	2	44	117
大兴区	237	237	6	1	11	38
怀柔区	317	317	3	1	17	94
平谷区	245	245	2	1	8	80
密云县	249	249	1		10	43
延庆县	145	145	2	2	8	26

资料来源：北京市体育局。

2–58 公路里程情况 (2009年)

单位：公里

区 县	公路里程	#一级及以上公路
全 市	**20755**	**1798**
东城区		
西城区	2	2
崇文区		
宣武区		
朝阳区	168	157
丰台区	101	52
石景山区	32	32
海淀区	70	57
门头沟区	960	42
房山区	2712	115
通州区	2447	246
顺义区	2712	239
昌平区	1878	204
大兴区	2697	232
怀柔区	1572	107
平谷区	1591	98
密云县	2021	133
延庆县	1792	83

数据来源：北京市交通委员会路政局。

2-59 广播、电视综合覆盖率

单位：%

区　　县	广播综合覆盖率	电视综合覆盖率	
	2009	2008	2009
全　　市	**99.99**	**99.99**	**99.99**
东 城 区	100.00	100.00	100.00
西 城 区	100.00	100.00	100.00
崇 文 区	100.00	100.00	100.00
宣 武 区	100.00	100.00	100.00
朝 阳 区	100.00	100.00	100.00
丰 台 区	100.00	100.00	100.00
石景山区	100.00	100.00	100.00
海 淀 区	100.00	100.00	100.00
门头沟区	100.00	100.00	100.00
房 山 区	100.00	100.00	100.00
通 州 区	100.00	100.00	100.00
顺 义 区	100.00	100.00	100.00
昌 平 区	100.00	100.00	100.00
大 兴 区	100.00	100.00	100.00
怀 柔 区	99.53	99.57	99.58
平 谷 区	100.00	100.00	100.00
密 云 县	99.87	99.95	99.96
延 庆 县	100.00	100.00	100.00

资料来源：北京市广播电视局。

2-60 北京地区社会保险情况（2009年）

单位：人

区　县	参加基本养老保险职工人数	参加基本医疗保险职工人数	参加失业保险职工人数
全　市	**6384111**	**7465919**	**6757117**
东城区	490129	645433	538387
西城区	688363	790553	746173
崇文区	169678	197659	187025
宣武区	272018	370234	302426
朝阳区	1302933	1525864	1384108
丰台区	333751	450214	378321
石景山区	183039	196221	173293
海淀区	1146873	1426248	1306258
门头沟区	100095	104620	102752
房山区	152911	160089	170581
通州区	143423	211037	158756
顺义区	220887	287493	233424
昌平区	178435	213837	196896
大兴区	163719	244094	179963
怀柔区	71480	101417	80826
平谷区	93768	103850	102450
密云县	67383	98343	78221
延庆县	38981	49363	41397
北京经济技术开发区	127610	178270	127892
其　他	438635	111080	267968

注：其他是指社会保险代办机构。
资料来源：北京市人力资源和社会保障局。

2-61 收养性单位、社区服务情况 (2009年)

区 县	收养性单位数（个）	收养性单位床位数（张）	城镇社区服务设施数（个）	#街道社区服务中心
全 市	**404**	**58755**	**3150**	**157**
市本级	10	3821		
东城区	5	281	127	10
西城区	17	844	157	7
崇文区	5	529	98	7
宣武区	9	1038	123	8
朝阳区	29	5833	415	29
丰台区	27	4045	315	17
石景山区	11	1958	158	9
海淀区	27	6242	664	22
门头沟区	15	1962	170	5
房山区	43	3992	134	11
通州区	24	3751	120	9
顺义区	21	3242	86	8
昌平区	43	8508	205	6
大兴区	29	4311	152	3
怀柔区	20	1741	46	2
平谷区	24	2474	38	2
密云县	22	1829	108	2
延庆县	23	2354	34	

资料来源：北京市民政局。

2-62 城乡居民最低生活保障人数

单位：人

区　县	城市居民最低生活保障人数		农村最低生活保障人数	
	2008	2009	2008	2009
全　市	**145075**	**147142**	**78789**	**79821**
东城区	12777	12572		
西城区	11582	11797		
崇文区	7983	7845		
宣武区	13851	13986		
朝阳区	14816	15907	1563	1635
丰台区	14425	15338	1377	1348
石景山区	14135	14993		
海淀区	9327	9708	1338	1371
门头沟区	14922	15509	2306	2493
房山区	8412	8129	16137	16782
通州区	3961	3894	7127	7201
顺义区	1448	1358	7695	7443
昌平区	1574	1597	3886	3220
大兴区	1293	1322	4376	4420
怀柔区	3673	2931	8085	8083
平谷区	5569	5168	9242	9516
密云县	1378	1429	7305	8191
延庆县	1694	1658	8352	8118

资料来源：北京市民政局。

2-63 优抚及主要救济对象情况 (2009年)

单位：人

区 县	抚恤补助优抚对象人数	定期抚恤人数	定期补助人数	伤残人数	社会救济总人数
全 市	**23373**	**2096**	**10588**	**10689**	**231877**
东城区	667	64	32	571	12572
西城区	943	75	66	802	11797
崇文区	284	26	15	243	7845
宣武区	495	32	36	427	13986
朝阳区	2035	130	287	1618	17600
丰台区	1302	103	199	1000	16730
石景山区	537	79	46	412	14993
海淀区	2625	201	394	2030	11165
门头沟区	379	71	125	183	18240
房山区	1874	112	1270	492	25476
通州区	1283	114	798	371	11297
顺义区	2262	197	1626	439	9093
昌平区	1246	160	692	394	4993
大兴区	1323	71	980	272	5976
怀柔区	1767	178	1204	385	11910
平谷区	1297	199	759	339	15349
密云县	1380	174	786	420	10487
延庆县	1674	110	1273	291	10367

资料来源：北京市民政局。

2-64 婚姻登记情况

区 县	登记结婚人数(人)		初婚人数(人)		再婚人数(人)		#女 性		离婚登记对数(对)	
	2008	2009	2008	2009	2008	2009	2008	2009	2008	2009
全 市	**295032**	**363542**	**246309**	**305803**	**48723**	**57739**	**22870**	**26400**	**27277**	**29998**
东 城 区	16954	22068	14391	19153	2563	2915	1135	1313	1613	1591
西 城 区	22892	28788	19583	25049	3309	3739	1497	1658	1911	1918
崇 文 区	7790	9832	6341	8328	1449	1504	675	700	984	1024
宣 武 区	12048	14778	9942	12370	2106	2408	975	1103	1419	1490
朝 阳 区	41178	52324	34164	42666	7014	9658	3140	3507	4509	5054
丰 台 区	22362	27298	18304	22458	4058	4840	1842	2243	2674	2884
石景山区	9262	10720	7614	8896	1648	1824	762	878	756	1010
海 淀 区	56232	69078	48982	60768	7250	8310	3217	3627	4452	4504
门头沟区	4942	6260	3866	4986	1076	1274	544	664	628	715
房 山 区	16144	20012	13301	16484	2843	3528	1421	1714	1590	1841
通 州 区	14340	17162	11873	14339	2467	2823	1195	1364	1058	1253
顺 义 区	12864	16630	10702	13875	2162	2755	1075	1358	854	1076
昌 平 区	12312	15044	10266	12688	2046	2356	971	1180	1084	1262
大 兴 区	14364	18128	12179	15527	2185	2601	1066	1272	1235	1429
怀 柔 区	6478	7180	5170	5761	1308	1419	676	717	612	665
平 谷 区	7910	9284	6484	7597	1426	1687	744	973	607	770
密 云 县	8628	9636	6926	7788	1702	1848	873	972	682	749
延 庆 县	6002	6968	4650	5486	1352	1482	726	808	521	622

注：离婚登记对数不含法院判离数。
资料来源：北京市民政局。

2-65 全市基层法律服务所主要工作情况

区 县	担任法律顾问（家）		代理诉讼事务（件）		代理非诉讼事务（件）		解答法律咨询（人次）	
	2008	2009	2008	2009	2008	2009	2008	2009
全 市	**4185**	**4317**	**3925**	**4412**	**1237**	**1134**	**50073**	**58698**
东城区	9	47	107	327	18	42	1653	5537
西城区	37	36	116	83	33	8	5993	3146
崇文区	57	50	63	18	33	29	1008	1369
宣武区	40	18	40	60	1		2135	3109
朝阳区	645	666	217	216	47	64	3934	5412
丰台区	140	173	264	241	192	125	2440	3194
石景山区	18	18	97	48	56	17	537	409
海淀区	779	1107	208	457	120	24	2316	5992
门头沟区	4	15	10	9			638	667
房山区	107	107	295	322	68	29	2855	776
通州区	1129	1035	943	866	129	149	2534	2985
顺义区	148	21	214	112	88	71	4056	3129
昌平区	465	458	138	211	26	87	5181	5945
大兴区	104	98	136	75	72	128	4333	4817
怀柔区			131	123			89	257
平谷区	30		147	419	2	28	2936	1993
密云县	129	124	473	344	49	14	5199	7132
延庆县	344	344	326	481	303	319	2236	2829

资料来源：北京市司法局。

2-66 全市公证处总办证量情况

单位：件

区 县	总办证量		#国内民事		#国内经济	
	2008	2009	2008	2009	2008	2009
全 市	**611988**	**614840**	**303696**	**258972**	**62567**	**101050**
东城区	181747	122081	144103	42083	9257	45548
西城区	134421	219566	44201	109475	21671	28607
崇文区	7483	7414	3374	3823	149	108
宣武区	9683	6019	6948	3759	153	224
朝阳区	161218	130571	58726	39792	22499	14873
丰台区	7497	8569	2900	4359	710	790
石景山区	10386	10873	6334	5735	262	371
海淀区	77111	75738	21857	22942	5864	8355
门头沟区	1166	1003	980	1003	1	
房山区	2933	3605	1454	2132	608	661
通州区	5491	5712	4331	4576	197	123
顺义区	1803	2678	1043	1878	248	315
昌平区	3333	3572	2553	2896	188	113
大兴区	3369	12007	2250	10901	60	125
怀柔区	1245	1252	762	788	128	193
平谷区	929	1525	400	970	202	237
密云县	1898	2357	1353	1727	370	405
延庆县	275	298	127	133		2

资料来源：北京市司法局。

2-67 刑事案件立案及破案情况

单位：件

区 县	刑事案件立案数			刑事案件破案数		
	2008	2009	增长速度(%)	2008	2009	增长速度(%)
全 市	**90045**	**98750**	**9.7**	**63294**	**71950**	**13.7**
东城区	1577	1419	-10.0	1480	1469	-0.7
西城区	3344	3893	16.4	2937	3523	20.0
崇文区	1272	1262	-0.8	1262	952	-24.6
宣武区	2250	2256	0.3	2339	2597	11.0
朝阳区	17486	19991	14.3	11469	13708	19.5
丰台区	12254	14343	17.0	7473	8483	13.5
石景山区	1777	1889	6.3	1472	1623	10.3
海淀区	17143	18744	9.3	13636	15891	16.5
门头沟区	1208	1149	-4.9	997	1108	11.1
房山区	3049	3795	24.5	1401	1503	7.3
通州区	5777	6191	7.2	3386	4054	19.7
顺义区	4288	4635	8.1	3267	3686	12.8
昌平区	5850	6113	4.5	3388	3727	10.0
大兴区	4918	5365	9.1	3006	3572	18.8
怀柔区	906	906	持平	938	1012	7.9
平谷区	1604	1693	5.5	803	1179	46.8
密云县	1055	1005	-4.7	821	825	0.5
延庆县	710	705	-0.7	863	601	-30.4
其 他	3577	3396	-5.1	2356	2437	3.4

资料来源：北京市公安局。

2-68 火灾事故情况（2009年）

区　县	火灾事故起数（起）	火灾事故死亡人数（人）	火灾事故直接经济损失额（万元）
全　市	**5577**	**32**	**15855.1**
东城区	77	1	18.2
西城区	88		22.3
崇文区	87	1	5.9
宣武区	84		7.3
朝阳区	1475	6	15176.2
丰台区	285	7	29.7
石景山区	120		20.6
海淀区	1000	3	44.9
门头沟区	66		3.0
房山区	206	1	86.7
通州区	179	1	30.6
顺义区	284	1	31.4
昌平区	279	2	23.0
大兴区	517	2	90.2
怀柔区	167		42.0
平谷区	218		86.9
密云县	99	1	72.2
延庆县	290		23.7
其　他	56		40.3

资料来源：北京市公安局消防局。

2-69 交通事故情况（2009年）

区　县	交通事故起数（起）	交通事故死亡人数（人）	交通事故直接经济损失（万元）
全　市	**3812**	**981**	**2043.4**
东城区	41	5	40.2
西城区	99	10	92.1
崇文区	40	5	13.7
宣武区	64	7	88.9
朝阳区	384	178	414.8
丰台区	425	65	106.3
石景山区	80	14	31.0
海淀区	350	82	107.5
门头沟区	48	12	33.6
房山区	301	101	161.4
通州区	351	98	31.7
顺义区	473	109	173.5
昌平区	664	122	411.9
大兴区	105	48	37.3
怀柔区	64	28	31.8
平谷区	94	24	26.2
密云县	104	39	134.1
延庆县	72	29	88.9
其　他	53	5	18.5

资料来源：北京市公安局公安交通管理局。

2-70 生产安全情况 (2009年)

区　县	生产安全事故数 (起)	生产安全死亡人数 (人)
全　市	**101**	**123**
东城区	4	5
西城区	1	1
崇文区	2	2
宣武区	3	3
朝阳区	18	18
丰台区	10	13
石景山区	7	7
海淀区	15	19
门头沟区	4	4
房山区	7	10
通州区	3	9
顺义区	3	3
昌平区	3	5
大兴区	8	11
怀柔区	4	4
平谷区	1	1
密云县	3	3
延庆县	2	2
其　他	3	3

资料来源：北京市安全生产监督管理局。

2-71 垃圾处理情况 (2009年)

区　县	垃圾无害化处理场个数（个）	生活垃圾处理量（万吨）	生活垃圾无害化处理率（按垃圾产生量计算）(%)
全　市	**19**	**644.41**	**96.31**
东城区		32.69	100.00
西城区		39.89	100.00
崇文区		14.84	100.00
宣武区		22.12	100.00
朝阳区	1	139.08	100.00
丰台区	1	88.35	100.00
石景山区		14.63	100.00
海淀区	1	93.71	100.00
门头沟区	1	11.76	92.60
房山区	3	20.32	84.84
通州区	2	19.84	80.03
顺义区	1	16.43	90.08
昌平区	1	53.16	95.73
大兴区	2	40.15	88.14
怀柔区	2	10.78	90.89
平谷区	1	11.43	89.72
密云县	1	8.91	80.05
延庆县	2	6.32	86.22

资料来源：北京市市政市容管理委员会。

2–72 环境基本情况

区　县	空气质量二级及好于二级的天数(天)			林木绿化率(%)
	2008	2009	占2009年天数比重(%)	
全　市	**274**	**285**	**78.1**	**52.6**
东 城 区	267	268	73.4	13.6
西 城 区	275	279	76.4	15.3
崇 文 区	267	273	74.8	27.5
宣 武 区	269	270	74.0	13.5
朝 阳 区				22.4
农展馆子站	267	269	73.7	
奥体子站	263	284	77.8	
丰 台 区				38.8
丰台镇子站	250	255	69.9	
云岗子站	268	244	66.8	
石景山区	243	245	67.1	40.1
海 淀 区				42.2
万柳子站	268	276	75.6	
门头沟区	259	259	71.3	56.6
房 山 区	248	239	65.5	53.3
通 州 区	257	262	71.8	23.4
顺 义 区	267	271	74.2	26.6
昌 平 区	289	301	82.5	60.6
大 兴 区	246	244	66.8	25.5
怀 柔 区	302	317	86.8	75.4
平 谷 区	277	298	81.6	66.1
密 云 县	301	316	86.6	64.0
延 庆 县	315	303	83.0	62.8

资料来源：1. 空气质量二级及好于二级的天数由北京市环境保护局提供，占2009年天数比重为二级及好于二级天数与有效观测天数的比例。
2. 林木绿化率由北京市园林绿化局提供。

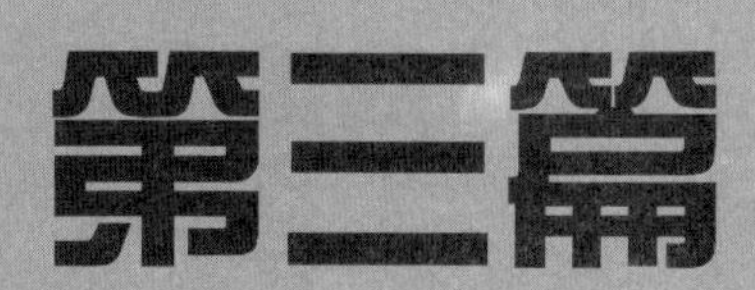

BEIJING AREA
STATISTICAL YEARBOOK

北京市四大功能区

BEIJINGSHI SIDA GONGNENGQU

3-1 首都功能核心区基本情况

项　目		2008	2009	占全市比重		增长速度 (%)
				2008	2009	
区域面积	（平方公里）	92.39	92.39	0.6	0.6	
常住人口	（万人）	208.3	211.1	12.3	12.0	1.3
#外来人口	（万人）	38.1	43.4	8.2	8.5	13.9
常住人口密度	（人/平方公里）	22546	22849			
地区生产总值	（亿元）	2666.8	2937.9	24.0	24.2	10.2
现代服务业增加值	（亿元）	1787.1		31.6		
第二产业增加值	（亿元）	241.9	238.5	9.2	8.4	-1.4
占本功能区地区生产总值的比重	(%)	9.1	8.1			
全部工业增加值	（亿元）	174.4	160.7	8.2	7.0	-7.9
占本功能区地区生产总值的比重	(%)	6.5	5.5			
建筑业增加值	（亿元）	67.5	77.8	13.7	14.1	15.2
占本功能区地区生产总值的比重	(%)	2.5	2.6			
第三产业增加值	（亿元）	2424.8	2699.4	29.0	29.4	11.3
占本功能区地区生产总值的比重	(%)	90.9	91.9			
全社会固定资产投资	（亿元）	591.0	522.2	15.4	10.7	-11.6
房地产开发投资占全社会固定资产投资比重	(%)	44.7	44.4			
商品房施工面积	（万平方米）	1133.3	845.8	11.3	8.7	-25.4
商品房竣工面积	（万平方米）	365.1	254.7	14.3	9.5	-30.2
商品房销售面积	（万平方米）	90.1	205.8	6.7	8.7	128.4
规模以上工业总产值	（亿元）	598.6	646.0	5.7	5.9	7.9
城镇居民人均可支配收入	（元）	26512	28750			8.4
星级饭店个数	（个）	179	194	25.8	23.8	8.4

注：地区生产总值增速按现价计算。

3-2 城市功能拓展区基本情况

项 目		2008	2009	占全市比重		增长速度 (%)
				2008	2009	
区域面积	(平方公里)	1275.93	1275.93	7.8	7.8	
常住人口	(万人)	835.6	868.9	49.3	49.5	4.0
#外来人口	(万人)	260.1	279.7	55.9	54.9	7.5
常住人口密度	(人/平方公里)	6549	6810			
地区生产总值	(亿元)	5264.6	5703.3	47.4	46.9	8.3
现代服务业增加值	(亿元)	3073.6		54.3		
文化创意产业增加值	(亿元)	1003.7		74.5		
第一产业增加值	(亿元)	3.7	3.8	3.3	3.2	3.0
占本功能区地区生产总值的比重	(%)	0.1	0.1			
第二产业增加值	(亿元)	907.6	912.4	34.6	32.0	0.5
占本功能区地区生产总值的比重	(%)	17.2	16.0			
全部工业增加值	(亿元)	652.3	622.9	30.6	27.0	-4.5
占本功能区地区生产总值的比重	(%)	12.4	10.9			
建筑业增加值	(亿元)	255.4	289.5	51.6	52.4	13.4
占本功能区地区生产总值的比重	(%)	4.9	5.1			
第三产业增加值	(亿元)	4353.2	4787.1	52.0	52.2	10.0
占本功能区地区生产总值的比重	(%)	82.7	83.9			
全社会固定资产投资	(亿元)	1872.4	2120.0	48.7	43.6	13.2
房地产开发投资占全社会固定资产投资比重	(%)	56.1	56.8			
商品房施工面积	(万平方米)	6012.5	5391.4	60.0	55.5	-10.3
商品房竣工面积	(万平方米)	1690.2	1599.7	66.1	59.7	-5.4
商品房销售面积	(万平方米)	828.7	1215.4	62.1	51.4	46.7
规模以上工业总产值	(亿元)	2874.7	2920.8	27.6	26.5	1.6
城镇居民人均可支配收入	(元)	25517	27553			8.0
农村居民人均纯收入	(元)	13812	15393			11.4
星级饭店个数	(个)	278	338	40.1	41.5	21.6
刑事案件立案数	(件)	48660	54967	54.0	55.7	13.0
刑事案件破案数	(件)	34050	39705	53.8	55.2	16.6

注：地区生产总值增速按现价计算。

3-3 城市发展新区基本情况

项　　目		2008	2009	占全市比重		增长速度(%)
				2008	2009	
区域面积	(平方公里)	6295.57	6295.57	38.4	38.4	
常住人口	(万人)	470.8	491.7	27.8	28.0	4.4
#外来人口	(万人)	144.3	161.0	31.0	31.6	11.6
常住人口密度	(人/平方公里)	748	781			
地区生产总值	(亿元)	2070.1	2468.7	18.6	20.3	19.3
第一产业增加值	(亿元)	68.9	71.8	61.1	60.7	4.2
占本功能区地区生产总值的比重	(%)	3.3	2.9			
第二产业增加值	(亿元)	1020.7	1212.6	38.9	42.5	18.8
占本功能区地区生产总值的比重	(%)	49.3	49.1			
全部工业增加值	(亿元)	892.7	1073.1	41.9	46.6	20.2
占本功能区地区生产总值的比重	(%)	43.1	43.5			
建筑业增加值	(亿元)	128.1	139.5	25.9	25.3	8.9
占本功能区地区生产总值的比重	(%)	6.2	5.7			
第三产业增加值	(亿元)	980.5	1184.3	11.7	12.9	20.8
占本功能区地区生产总值的比重	(%)	47.4	48.0			
全社会固定资产投资	(亿元)	1077.2	1805.8	28.0	37.2	67.6
商品房施工面积	(万平方米)	2486.2	3028.4	24.8	31.2	21.8
商品房竣工面积	(万平方米)	424.7	719.7	16.6	26.9	69.5
商品房销售面积	(万平方米)	362.2	831.1	27.1	35.2	129.5
规模以上工业总产值	(亿元)	5537.2	5809.0	53.2	52.6	4.9
城镇居民人均可支配收入	(元)	20800	22526			8.3
农村居民人均纯收入	(元)	10179	11354			11.5
观光农业收入	(万元)	56705	65665	41.8	43.1	15.8
星级饭店个数	(个)	121	145	17.4	17.8	19.8

注：地区生产总值增速按现价计算。

3-4 生态涵养发展区基本情况

项目		2008	2009	占全市比重		增长速度(%)
				2008	2009	
区域面积	(平方公里)	8746.65	8746.65	53.3	53.3	
常住人口	(万人)	180.3	183.3	10.6	10.4	1.7
#外来人口	(万人)	22.6	25.1	4.9	4.9	11.1
常住人口密度	(人/平方公里)	206	210			
地区生产总值	(亿元)	450.2	494.2	4.1	4.1	9.8
第一产业增加值	(亿元)	40.2	42.6	35.7	36.0	6.0
占本功能区地区生产总值的比重	(%)	8.9	8.6			
第二产业增加值	(亿元)	218.9	234.4	8.3	8.2	7.0
占本功能区地区生产总值的比重	(%)	48.6	47.4			
全部工业增加值	(亿元)	175.3	188.7	8.2	8.2	7.7
占本功能区地区生产总值的比重	(%)	38.9	38.2			
建筑业增加值	(亿元)	43.7	45.7	8.8	8.3	4.5
占本功能区地区生产总值的比重	(%)	9.7	9.2			
第三产业增加值	(亿元)	191.1	217.3	2.3	2.4	13.7
占本功能区地区生产总值的比重	(%)	42.4	44.0			
全社会固定资产投资	(亿元)	308.1	410.4	8.0	8.4	33.2
商品房施工面积	(万平方米)	382.3	453.5	3.8	4.7	18.6
商品房竣工面积	(万平方米)	78.0	104.5	3.0	3.9	34.0
商品房销售面积	(万平方米)	54.4	110.0	4.1	4.7	102.2
规模以上工业总产值	(亿元)	663.2	795.0	6.4	7.2	19.9
城镇居民人均可支配收入	(元)	20537	22113			7.7
农村居民人均纯收入	(元)	9738	10864			11.6
民俗旅游收入	(万元)	42325	47513	80.0	78.0	12.3
星级饭店个数	(个)	116	138	16.7	16.9	19.0
A级及以上重点旅游景区数	(个)	53	55	29.3	29.4	

注：地区生产总值增速按现价计算。

BEIJING AREA STATISTICAL YEARBOOK

北京山区概览

BEIJING SHANQU GAILAN

4-1 北京市山区乡镇基本情况及主要经济指标

项　　目		2008	2009	增长速度(%)
基本情况				
总面积	(公顷)	1054254	1057468	0.3
总人口	(万人)	1637055	1663628	1.6
#农业人口	(万人)	1035801	1029678	-0.6
从业人员	(万人)	843371	864287	2.5
第一产业	(万人)	282314	277853	-1.6
第二产业	(万人)	227854	222366	-2.4
第三产业	(万人)	333203	364068	9.3
享受低保人数	(人)	65028	65623	0.9
山区经济				
农村经济总收入	(万元)	8349916	8959592	7.3
财政总收入	(万元)	447575	532282	18.9
#一般预算财政收入	(万元)	216254	248341	14.8
财政支出	(万元)	421302	569477	35.2
企业个数	(个)	8319	8848	6.4
企业总收入	(万元)	6053744	6575562	8.6
企业利润总额	(万元)	336880	343997	2.1
民俗旅游接待人次	(人次)	10956246	12784634	16.7
民俗旅游从业人员	(人)	17613	18055	2.5
民俗旅游总收入	(万元)	49528	56518	14.1
农林牧渔业总产值	(万元)	880549	908530	3.2
#种植业	(万元)	385944	472746	22.5
养殖业	(万元)	421407	435635	3.4
粮食产量	(吨)	376509	343555	-8.8
粮食播种面积	(公顷)	68773	73701	7.2
果园面积	(公顷)	48817	44390	-9.1
干鲜果品产量	(吨)	568464	571119	0.5
家禽出栏数	(万只)	6160	6443	4.6
生猪出栏数	(头)	731869	780685	6.7

注：1. 此表山区范围为83个山区乡镇。
2. “农村经济总收入”为北京市农村经济研究中心农村合作经济经营管理站提供。

4–2 北京市山区人民生活情况

单位：元

项　　目	2008	2009	增长速度(%)
农村居民人均纯收入	**9248**	**10518**	**13.7**
工资性收入	5445	6340	16.4
家庭经营收入	2562	2446	-4.5
第一产业	1256	1181	-6.0
第二产业	146	189	29.5
第三产业	1160	1076	-7.2
财产性收入	347	524	51.0
转移性收入	894	1208	35.1
农村居民人均生活消费支出	**6554**	**7902**	**20.6**
食　品	2236	2566	14.8
衣　着	435	512	17.7
家庭设备用品及服务	401	559	39.4
医疗保健	690	810	17.4
交通和通信	723	849	17.4
教育文化娱乐用品及服务	828	864	4.3
居　住	1130	1615	42.9
其他商品和服务	111	127	14.4

第五篇

BEIJING AREA
STATISTICAL YEARBOOK

北京开发区

BEIJING KAIFAQU

5-1 北京市开发区主要指标

项　　目		2008	2009	增长速度(%)
区规划总面积	(平方公里)	335.7	363.3	8.2
累计土地开发施工面积	(平方公里)	119.7	151.3	26.4
累计土地开发完工面积	(平方公里)	111.1	140.6	26.6
累计建成区土地面积	(平方公里)	110.4	149.8	35.7
投产(开业)企业个数	(个)	23620	22486	-4.8
#高新技术企业	(个)	18520	17108	-7.6
#工业企业	(个)	5078	4929	-2.9
#三资企业	(个)	2754	2577	-6.4
总投资	(亿元)	429.5	697.3	62.4
#工业企业	(亿元)	45.4	139.6	207.5
#三资企业	(亿元)	217.1	162.2	-25.3
注册资本	(亿元)	283.3	566.6	100.0
合同外资金额	(亿美元)	22.0	12.1	-45.0
外商实际投资	(亿美元)	18.4	13.7	-25.5
工业总产值(现价)	(亿元)	5209.1	5127.7	-1.6
工业销售产值(现价)	(亿元)	5138.1	5040.0	-1.9
#出口交货值	(亿元)	1525.0	1308.5	-14.2
总收入	(亿元)	13162.5	15108.9	14.8
#技术收入	(亿元)	1712.0	2122.2	24.0
利润总额	(亿元)	868.0	1232.3	42.0
#高新技术企业	(亿元)	729.0	1147.1	57.4
应缴税金总额	(亿元)	616.6	713.4	15.7
固定资产投资	(亿元)	262.2	397.5	51.6
#基础设施投资	(亿元)	24.4	113.3	364.3
年末从业人员	(万人)	126.2	133.6	5.9

注:1. 本表数据为北京市19家开发区的汇总资料。
2. 本章后续的表格为各级开发区的概况性资料。
3. 中关村科技园区的资料是按照其划分的10个园区分别详细列示的。其中,亦庄科技园区包含于北京经济技术开发区内,重叠部分未单独列示。

5-2 北京经济技术开发区主要指标

项　目		2008	2009	增长速度(%)
规划面积	(公顷)	4650.0	4650.0	持平
累计征用土地面积	(公顷)	4924.0	4924.0	持平
工业总产值(现价)	(亿元)	2033.2	1952.8	-4.0
#高新技术产业	(亿元)	1629.9	1882.0	15.5
销售(营业)收入	(亿元)	3027.5	3264.5	7.8
利润总额	(亿元)	272.0	284.1	4.4
进出口总额	(亿美元)	244.3	222.6	-8.9
出　口	(亿美元)	126.5	117.5	-7.1
进　口	(亿美元)	117.8	105.1	-10.8
财政收入(含免抵)	(亿元)	172.3	198.7	15.3
税收(含免抵)	(亿元)	158.1	173.9	10.0
土地收入	(亿元)	14.2	24.8	74.7
财政支出	(亿元)	49.4	64.0	29.6
批准企业个数	(个)	448	629	40.4
入区企业投资额	(亿美元)	22.1	27.8	25.8
注册资本	(亿美元)	17.3	24.5	41.6
合同外资金额	(亿美元)	6.7	2.8	-58.2
实际利用外资	(亿美元)	5.4	0.7	-87.0
固定资产投资	(亿元)	102.0	157.2	54.1
年末从业人员	(人)	153701	163116	6.1
劳动者报酬	(万元)	973988	1085380	11.4

资料来源：北京经济技术开发区调查队、统计局。

5-3 中关村科技园区海淀园主要指标

项　　目		2008	2009	增长速度(%)
区规划总面积	(公顷)	13306.0	13306.0	持平
累计土地开发施工面积	(公顷)	1788.8	1788.8	持平
累计土地开发完工面积	(公顷)	1483.7	1483.7	持平
累计建成区土地面积	(公顷)	1037.6	1037.6	持平
投产(开业)企业个数	(个)	13511	11457	-15.2
#高新技术企业	(个)	13511	11457	-15.2
#工业企业	(个)	1675	1408	-15.9
#三资企业	(个)	1552	1345	-13.3
总投资	(万元)	1384737	738305	-46.7
#工业企业	(万元)			
#三资企业	(万元)	1236237	659159	-46.7
注册资本	(万元)	1056002	1178290	11.6
合同外资金额	(万美元)	123986	59965	-51.6
外商实际投资	(万美元)	87542	80377	-8.2
工业总产值(现价)	(万元)	9582863	10433421	8.9
工业销售产值(现价)	(万元)	9610001	10134805	5.5
#出口交货值	(万元)	1061276	694288	-34.6
总收入	(万元)	48462924	58520652	20.8
#技术收入	(万元)	12036476	13795681	14.6
利润总额	(万元)	3248162	5096563	56.9
#高新技术企业	(万元)	3248162	5096563	56.9
应缴税金总额	(万元)	2330953	2837651	21.7
固定资产投资	(万元)	232569	320950	38.0
#基础设施投资	(万元)	48404	53183	9.9
年末从业人员	(人)	555612	579159	4.2

5-4 中关村科技园区丰台园主要指标

项　　目		2008	2009	增长速度(%)
区规划总面积	(公顷)	818.0	818.0	持平
累计土地开发施工面积	(公顷)	327.7	327.7	持平
累计土地开发完工面积	(公顷)	327.7	327.7	持平
累计建成区土地面积	(公顷)	327.7	327.7	持平
投产(开业)企业个数	(个)	1564	1505	-3.8
#高新技术企业	(个)	1564	1505	-3.8
#工业企业	(个)	377	347	-8.0
#三资企业	(个)	85	85	持平
总投资	(万元)	226879	483956	113.3
#工业企业	(万元)			
#三资企业	(万元)	4015	10240	155.0
注册资本	(万元)	226879	483956	113.3
合同外资金额	(万美元)	574	1500	161.3
外商实际投资	(万美元)	574	1500	161.3
工业总产值(现价)	(万元)	2022835	1879847	-7.1
工业销售产值(现价)	(万元)	1892826	1746355	-7.7
#出口交货值	(万元)	71065	66413	-6.5
总收入	(万元)	12850134	15666569	21.9
#技术收入	(万元)	1310927	2063254	57.4
利润总额	(万元)	591772	1226995	107.3
#高新技术企业	(万元)	591772	1226995	107.3
应缴税金总额	(万元)	403210	511963	27.0
固定资产投资	(万元)	195354	80113	-59.0
#基础设施投资	(万元)	2149		
年末从业人员	(人)	108554	106827	-1.6

5-5 中关村科技园区昌平园主要指标

项　目		2008	2009	增长速度(%)
区规划总面积	(公顷)	1141.0	1148.0	0.6
累计土地开发施工面积	(公顷)	474.9	650.2	36.9
累计土地开发完工面积	(公顷)	481.9	607.0	26.0
累计建成区土地面积	(公顷)	373.1	344.7	-7.6
投产(开业)企业个数	(个)	1371	1284	-6.3
#高新技术企业	(个)	1371	1284	-6.3
#工业企业	(个)	710	662	-6.8
#三资企业	(个)	128	132	3.1
总投资	(万元)	33303	989617	2871.6
#工业企业	(万元)	17045	43000	152.3
#三资企业	(万元)	3394	28557	741.4
注册资本	(万元)	32704	979033	2893.6
合同外资金额	(万美元)	269	3444	1180.4
外商实际投资	(万美元)	269	3444	1180.4
工业总产值(现价)	(万元)	4619313	4413469	-4.5
工业销售产值(现价)	(万元)	4596416	4353946	-5.3
#出口交货值	(万元)	251742	181980	-27.7
总收入	(万元)	6236200	6360693	2.0
#技术收入	(万元)	310559	539942	73.9
利润总额	(万元)	524330	582436	11.1
#高新技术企业	(万元)	524330	582436	11.1
应缴税金总额	(万元)	286774	393567	37.2
固定资产投资	(万元)	114187	227104	98.9
#基础设施投资	(万元)			
年末从业人员	(人)	66277	69377	4.7

5-6 中关村科技园区电子城科技园主要指标

项　　目		2008	2009	增长速度(%)
区规划总面积	(公顷)	1680.0	1680.0	持平
累计土地开发施工面积	(公顷)	75.3	431.6	473.6
累计土地开发完工面积	(公顷)	48.7	101.7	108.9
累计建成区土地面积	(公顷)	42.3	1209.0	2755.5
投产(开业)企业个数	(个)	1089	1136	4.3
#高新技术企业	(个)	1089	1136	4.3
#工业企业	(个)	240	246	2.5
#三资企业	(个)	213	212	-0.5
总投资	(万元)	18891	399335	2013.9
#工业企业	(万元)		34877	
#三资企业	(万元)	11138	121929	994.8
注册资本	(万元)	18891	397774	2005.6
合同外资金额	(万美元)	1115	18198	1532.0
外商实际投资	(万美元)	900	18198	1922.0
工业总产值(现价)	(万元)	2543433	3900781	53.4
工业销售产值(现价)	(万元)	2479714	3931552	58.5
#出口交货值	(万元)	566433	504946	-10.9
总收入	(万元)	7476436	10193727	36.3
#技术收入	(万元)	1831247	1934467	5.6
利润总额	(万元)	329973	1083500	228.4
#高新技术企业	(万元)	329973	1083500	228.4
应缴税金总额	(万元)	343345	498140	45.1
固定资产投资	(万元)	23841	234280	882.7
#基础设施投资	(万元)		26596	
年末从业人员	(人)	80970	88091	8.8

5-7 中关村科技园区德胜园主要指标

项　目		2008	2009	增长速度(%)
区规划总面积	(公顷)	564	564	持平
累计土地开发施工面积	(公顷)			
累计土地开发完工面积	(公顷)			
累计建成区土地面积	(公顷)			
投产(开业)企业个数	(个)	221	283	28.1
#高新技术企业	(个)	221	283	28.1
#工业企业	(个)	30	43	43.3
#三资企业	(个)	20	20	持平
总投资	(万元)	17092		
#工业企业	(万元)			
#三资企业	(万元)	1105		
注册资本	(万元)	16891		
合同外资金额	(万美元)	58		
外商实际投资	(万美元)	58		
工业总产值(现价)	(万元)	201946	208911	3.4
工业销售产值(现价)	(万元)	195292	200212	2.5
#出口交货值	(万元)	24071	12925	-46.3
总收入	(万元)	869045	1145522	31.8
#技术收入	(万元)	247471	376761	52.2
利润总额	(万元)	116459	152669	31.1
#高新技术企业	(万元)	116459	152669	31.1
应缴税金总额	(万元)	47061	64015	36.0
固定资产投资	(万元)	61359	70281	14.5
#基础设施投资	(万元)	3016	6425	113.0
年末从业人员	(人)	17026	22648	33.0

5-8 中关村科技园区雍和园主要指标

项　　目		2008	2009	增长速度(%)
区规划总面积	(公顷)	290.3	290.3	持平
累计土地开发施工面积	(公顷)			
累计土地开发完工面积	(公顷)			
累计建成区土地面积	(公顷)			
投产(开业)企业个数	(个)	59	83	40.7
#高新技术企业	(个)	59	83	40.7
#工业企业	(个)	3	3	持平
#三资企业	(个)	7	10	42.9
总投资	(万元)	6386	92375	1346.5
#工业企业	(万元)		5449	
#三资企业	(万元)		30320	
注册资本	(万元)	6386	91575	1334.0
合同外资金额	(万美元)			
外商实际投资	(万美元)		118	
工业总产值(现价)	(万元)	4761	67133	1310.1
工业销售产值(现价)	(万元)	4914	66606	1255.4
#出口交货值	(万元)	121	171	41.3
总收入	(万元)	987673	2088558	111.5
#技术收入	(万元)	256954	322196	25.4
利润总额	(万元)	34494	68019	97.2
#高新技术企业	(万元)	34494	68019	97.2
应缴税金总额	(万元)	42174	117354	178.3
固定资产投资	(万元)	161446	482112	198.6
#基础设施投资	(万元)	60174	405431	573.8
年末从业人员	(人)	6114	13526	121.2

5-9 中关村科技园区石景山园主要指标

项　目		2008	2009	增长速度(%)
区规划总面积	(公顷)	345.0	345.0	持平
累计土地开发施工面积	(公顷)	56.0	56.0	持平
累计土地开发完工面积	(公顷)	56.0	56.0	持平
累计建成区土地面积	(公顷)	56.0	56.0	持平
投产(开业)企业个数	(个)	128	551	330.5
#高新技术企业	(个)	128	551	330.5
#工业企业	(个)	47	87	85.1
#三资企业	(个)	13	29	123.1
总投资	(万元)		428690	
#工业企业	(万元)		67756	
#三资企业	(万元)		28776	
注册资本	(万元)		451224	
合同外资金额	(万美元)		2686	
外商实际投资	(万美元)		5460	
工业总产值(现价)	(万元)	315480	279734	-11.3
工业销售产值(现价)	(万元)	292768	272685	-6.9
#出口交货值	(万元)	148495	75214	-49.3
总收入	(万元)	1099764	3155128	186.9
#技术收入	(万元)	45044	310675	589.7
利润总额	(万元)	124378	191574	54.0
#高新技术企业	(万元)	124378	191574	54.0
应缴税金总额	(万元)	50721	99116	95.4
固定资产投资	(万元)	6944	13885	100.0
#基础设施投资	(万元)			
年末从业人员	(人)	7641	20839	172.7

5-10 中关村科技园区通州园主要指标

项　　目		2008	2009	增长速度(%)
区规划总面积	(公顷)	1451.5	1451.5	持平
累计土地开发施工面积	(公顷)	757.3	911.9	20.4
累计土地开发完工面积	(公顷)	623.1	911.9	46.4
累计建成区土地面积	(公顷)	783.6	941.9	20.2
投产(开业)企业个数	(个)	49	56	14.3
#高新技术企业	(个)	49	56	14.3
#工业企业	(个)	42	51	21.4
#三资企业	(个)	5	12	140.0
总投资	(万元)	24648	77000	212.4
#工业企业	(万元)	17048	77000	351.7
#三资企业	(万元)	8948	55000	514.7
注册资本	(万元)	20148	6286	-68.8
合同外资金额	(万美元)	706	1000	41.6
外商实际投资	(万美元)	706	1000	41.6
工业总产值(现价)	(万元)	619049	941770	52.1
工业销售产值(现价)	(万元)	599635	946022	57.8
#出口交货值	(万元)	31428	160386	410.3
总收入	(万元)	652951	1561033	139.1
#技术收入	(万元)	10579	5806	-45.1
利润总额	(万元)	3681	86082	
#高新技术企业	(万元)	3681	86082	
应缴税金总额	(万元)	19700	74206	276.7
固定资产投资	(万元)	2100	74563	
#基础设施投资	(万元)	2100	10489	399.5
年末从业人员	(人)	5830	10176	74.5

5-11 中关村科技园区大兴生物工程与医药产业基地主要指标

项　　目		2008	2009	增长速度(%)
区规划总面积	(公顷)	963.0	963.0	持平
累计土地开发施工面积	(公顷)	435.8	435.8	持平
累计土地开发完工面积	(公顷)	435.8	435.8	持平
累计建成区土地面积	(公顷)	429.3	429.3	持平
投产(开业)企业个数	(个)	20	38	90.0
#高新技术企业	(个)	20	38	90.0
#工业企业	(个)	12	27	125.0
#三资企业	(个)	3	6	100.0
总投资	(万元)	47000	36681	-22.0
#工业企业	(万元)	47000	30781	-34.5
#三资企业	(万元)		5900	
注册资本	(万元)	47000	36681	-22.0
合同外资金额	(万美元)	4505		
外商实际投资	(万美元)	4505		
工业总产值(现价)	(万元)	117604	259542	120.7
工业销售产值(现价)	(万元)	113461	255922	125.6
#出口交货值	(万元)	14002	18182	29.9
总收入	(万元)	130759	322527	146.7
#技术收入	(万元)	6954	13045	87.6
利润总额	(万元)	21421	34362	60.4
#高新技术企业	(万元)	21421	34362	60.4
应缴税金总额	(万元)	13949	25106	80.0
固定资产投资	(万元)	30648	15790	-48.5
#基础设施投资	(万元)	360		
年末从业人员	(人)	2356	4592	94.9

5-12 北京天竺出口加工区主要指标

项　目		2008	2009	增长速度(%)
区规划总面积	(公顷)	272.6	120.0	-56.0
累计土地开发施工面积	(公顷)	272.6	105.7	-61.2
累计土地开发完工面积	(公顷)	272.6	105.7	-61.2
累计建成区土地面积	(公顷)	201.7	105.7	-47.6
投产(开业)企业个数	(个)	17	18	5.9
#高新技术企业	(个)			
#工业企业	(个)	15	16	6.7
#三资企业	(个)	14	13	-7.1
总投资	(万元)	36840	275800	648.6
#工业企业	(万元)	36840		
#三资企业	(万元)	27908	74800	168.0
注册资本	(万元)	23393	9650	-58.7
合同外资金额	(万美元)	1458	1200	-17.7
外商实际投资	(万美元)	5390	4545	-15.7
工业总产值(现价)	(万元)	92634	62201	-32.9
工业销售产值(现价)	(万元)	89979	64822	-28.0
#出口交货值	(万元)	89737	63783	-28.9
总收入	(万元)	90535	67438	-25.5
#技术收入	(万元)	256	1236	382.8
利润总额	(万元)	17297	2648	-84.7
#高新技术企业	(万元)			
应缴税金总额	(万元)	855	1066	24.7
固定资产投资	(万元)	3218	15086	368.8
#基础设施投资	(万元)			
年末从业人员	(人)	2427	2321	-4.4

5-13 北京石龙经济开发区主要指标

项　　目		2008	2009	增长速度(%)
区规划总面积	(公顷)	150.0	150.0	持平
累计土地开发施工面积	(公顷)	110.0	110.0	持平
累计土地开发完工面积	(公顷)	110.0	110.0	持平
累计建成区土地面积	(公顷)	110.0	110.0	持平
投产(开业)企业个数	(个)	1386	1406	1.4
#高新技术企业	(个)	25	27	8.0
#工业企业	(个)	485	485	持平
#三资企业	(个)	39	39	持平
总投资	(万元)			
#工业企业	(万元)			
#三资企业	(万元)			
注册资本	(万元)			
合同外资金额	(万美元)			
外商实际投资	(万美元)			
工业总产值(现价)	(万元)	264996	341606	28.9
工业销售产值(现价)	(万元)	286327	343592	20.0
#出口交货值	(万元)	18326	68718	275.0
总收入	(万元)	2937413	2375198	-19.1
#技术收入	(万元)	85095	74884	-12.0
利润总额	(万元)	18806	26264	39.7
#高新技术企业	(万元)	5452	6106	12.0
应缴税金总额	(万元)	124300	109548	-11.9
固定资产投资	(万元)	25700	28000	8.9
#基础设施投资	(万元)			
年末从业人员	(人)	31360	25088	-20.0

5-14 北京良乡经济开发区主要指标

项　　目		2008	2009	增长速度(%)
区规划总面积	(公顷)	240.0	240.0	持平
累计土地开发施工面积	(公顷)	118.0	118.0	持平
累计土地开发完工面积	(公顷)	91.9	91.9	持平
累计建成区土地面积	(公顷)	91.9	91.9	持平
投产(开业)企业个数	(个)	711	907	27.6
#高新技术企业	(个)	8	3	-62.5
#工业企业	(个)	82	83	1.2
#三资企业	(个)	28	13	-53.6
总投资	(万元)	73055	55131	-24.5
#工业企业	(万元)	600	1260	110.0
#三资企业	(万元)	96		
注册资本	(万元)	73055	55131	-24.5
合同外资金额	(万美元)	18		
外商实际投资	(万美元)	18		
工业总产值(现价)	(万元)	127245	147362	15.8
工业销售产值(现价)	(万元)	127245	155401	22.1
#出口交货值	(万元)	5177	39435	661.7
总收入	(万元)	1767151	1788031	1.2
#技术收入	(万元)	174569	171449	-1.8
利润总额	(万元)	30958	31200	0.8
#高新技术企业	(万元)	1196	4567	281.9
应缴税金总额	(万元)	86802	86768	-0.04
固定资产投资	(万元)	12800	17700	38.3
#基础设施投资	(万元)			
年末从业人员	(人)	19492	22006	12.9

5-15 北京大兴经济开发区主要指标

项 目		2008	2009	增长速度(%)
区规划总面积	(公顷)	416.0	416.0	持平
累计土地开发施工面积	(公顷)	183.5	50.4	-72.5
累计土地开发完工面积	(公顷)	183.0	33.9	-81.5
累计建成区土地面积	(公顷)	183.0	183.0	持平
投产(开业)企业个数	(个)	264	285	8.0
#高新技术企业	(个)			
#工业企业	(个)	109	110	0.9
#三资企业	(个)	21	21	持平
总投资	(万元)			
#工业企业	(万元)			
#三资企业	(万元)			
注册资本	(万元)			
合同外资金额	(万美元)			
外商实际投资	(万美元)			
工业总产值(现价)	(万元)	252516	246190	-2.5
工业销售产值(现价)	(万元)	225137	241308	7.2
#出口交货值	(万元)	24807	11906	-52.0
总收入	(万元)	575319	882893	53.5
#技术收入	(万元)	2150	3567	65.9
利润总额	(万元)	4214	19498	362.7
#高新技术企业	(万元)			
应缴税金总额	(万元)	16812	22632	34.6
固定资产投资	(万元)	12504	14298	14.3
#基础设施投资	(万元)		1510	
年末从业人员	(人)	15841	17263	9.0

5-16 北京通州经济开发区主要指标

项　　目		2008	2009	增长速度(%)
区规划总面积	(公顷)	762.0	762.0	持平
累计土地开发施工面积	(公顷)	314.6	352.4	12.0
累计土地开发完工面积	(公顷)	198.0	263.6	33.1
累计建成区土地面积	(公顷)	210.3	223.6	6.3
投产(开业)企业个数	(个)	106	111	4.7
#高新技术企业	(个)	11	12	9.1
#工业企业	(个)	70	72	2.9
#三资企业	(个)	24	24	持平
总投资	(万元)	65000	211000	224.6
#工业企业	(万元)	10000	38000	280.0
#三资企业	(万元)	10000		
注册资本	(万元)	20000	70500	252.5
合同外资金额	(万美元)	1430		
外商实际投资	(万美元)	500	1000	100.0
工业总产值(现价)	(万元)	571157	514468	-9.9
工业销售产值(现价)	(万元)	546724	511664	-6.4
#出口交货值	(万元)	72749	53906	-25.9
总收入	(万元)	707938	724028	2.3
#技术收入	(万元)			
利润总额	(万元)	20084	23462	16.8
#高新技术企业	(万元)	12614	9924	-21.3
应缴税金总额	(万元)	33711	32430	-3.8
固定资产投资	(万元)	11490	27369	138.2
#基础设施投资	(万元)	740	9507	
年末从业人员	(人)	10621	9257	-12.8

5-17 北京雁栖经济开发区主要指标

项　目		2008	2009	增长速度(%)
区规划总面积	(公顷)	1096.0	1096.0	持平
累计土地开发施工面积	(公顷)	552.4	696.3	26.0
累计土地开发完工面积	(公顷)	552.4	696.3	26.0
累计建成区土地面积	(公顷)	552.4	749.2	35.6
投产(开业)企业个数	(个)	256	345	34.8
#高新技术企业	(个)	42	35	-16.7
#工业企业	(个)	226	313	38.5
#三资企业	(个)	45	74	64.4
总投资	(万元)	54034	236301	337.3
#工业企业	(万元)	42000	5720	-86.4
#三资企业	(万元)			
注册资本	(万元)	16000	30100	88.1
合同外资金额	(万美元)			
外商实际投资	(万美元)			
工业总产值(现价)	(万元)	1194626	1378418	15.4
工业销售产值(现价)	(万元)	1199831	1381004	15.1
#出口交货值	(万元)	103432	50616	-51.1
总收入	(万元)	1413477	1540995	9.0
#技术收入	(万元)			
利润总额	(万元)	91377	115616	26.5
#高新技术企业	(万元)	5278		
应缴税金总额	(万元)	95066	122076	28.4
固定资产投资	(万元)	44514	129519	191.0
#基础设施投资	(万元)	1422	6991	391.6
年末从业人员	(人)	18907	27486	45.4

5-18 北京兴谷经济开发区主要指标

项目		2008	2009	增长速度(%)
区规划总面积	(公顷)	978.8	978.8	持平
累计土地开发施工面积	(公顷)	293.3	299.8	2.2
累计土地开发完工面积	(公顷)	254.9	257.9	1.2
累计建成区土地面积	(公顷)	385.4	391.9	1.7
投产(开业)企业个数	(个)	161	160	-0.6
#高新技术企业	(个)	6	6	持平
#工业企业	(个)	76	76	持平
#三资企业	(个)	36	36	持平
总投资	(万元)	7500	7000	-6.7
#工业企业	(万元)	7300	7000	-4.1
#三资企业	(万元)			
注册资本	(万元)	1100	100	-90.9
合同外资金额	(万美元)	650	1278	96.6
外商实际投资	(万美元)	1434		
工业总产值(现价)	(万元)	924459	1187606	28.5
工业销售产值(现价)	(万元)	844850	1124807	33.1
#出口交货值	(万元)	81346	59404	-27.0
总收入	(万元)	1272846	1577863	24.0
#技术收入	(万元)			
利润总额	(万元)	61383	164454	167.9
#高新技术企业	(万元)	6200	7000	12.9
应缴税金总额	(万元)	68116	111279	63.4
固定资产投资	(万元)	16153	51035	215.9
#基础设施投资	(万元)	11589	28610	146.9
年末从业人员	(人)	20146	27564	36.8

5-19 北京密云经济开发区主要指标

项　　目		2008	2009	增长速度(%)
区规划总面积	(公顷)	1183.1	1240.2	4.8
累计土地开发施工面积	(公顷)	659.3	644.4	-2.3
累计土地开发完工面积	(公顷)	659.3	644.4	-2.3
累计建成区土地面积	(公顷)	915.7	920.5	0.5
投产(开业)企业个数	(个)	151	156	3.3
#高新技术企业	(个)	23	15	-34.8
#工业企业	(个)	95	96	1.1
#三资企业	(个)	32	32	持平
总投资	(万元)	109200	499200	357.1
#工业企业	(万元)	47900	498500	940.7
#三资企业	(万元)		13000	
注册资本	(万元)	1585	12860	711.4
合同外资金额	(万美元)		1375	
外商实际投资	(万美元)		2366	
工业总产值(现价)	(万元)	543606	799078	47.0
工业销售产值(现价)	(万元)	527950	786526	49.0
#出口交货值	(万元)	16354	55399	238.7
总收入	(万元)	1133716	1360805	20.0
#技术收入	(万元)			
利润总额	(万元)	6842	73014	967.1
#高新技术企业	(万元)	13107	36058	175.1
应缴税金总额	(万元)	43348	74446	71.7
固定资产投资	(万元)	44775	81940	83.0
#基础设施投资	(万元)	6414	5237	-18.4
年末从业人员	(人)	19476	21184	8.8

5-20 北京林河经济开发区主要指标

项　　目		2008	2009	增长速度(%)
区规划总面积	(公顷)	416.0	416.0	持平
累计土地开发施工面积	(公顷)	157.0	157.0	持平
累计土地开发完工面积	(公顷)	157.0	157.0	持平
累计建成区土地面积	(公顷)	132.3	132.3	持平
投产(开业)企业个数	(个)	81	81	持平
#高新技术企业	(个)	1	9	
#工业企业	(个)	46	46	持平
#三资企业	(个)	26	25	-3.8
总投资	(万元)	9395	36240	285.7
#工业企业	(万元)	1785	30040	
#三资企业	(万元)		40	
注册资本	(万元)	6105	36240	493.6
合同外资金额	(万美元)	14956	586	-96.1
外商实际投资	(万美元)	14956	567	-96.2
工业总产值(现价)	(万元)	3124542	437451	-86.0
工业销售产值(现价)	(万元)	3058313	387637	-87.3
#出口交货值	(万元)	51782	30221	-41.6
总收入	(万元)	3889714	912586	-76.5
#技术收入	(万元)			
利润总额	(万元)	192134	83167	-56.7
#高新技术企业	(万元)	16	31547	
应缴税金总额	(万元)	273160	35691	-86.9
固定资产投资	(万元)	34200	8560	-75.0
#基础设施投资	(万元)	7572		
年末从业人员	(人)	13994	8200	-41.4

5-21 北京天竺空港经济开发区主要指标

项　　目		2008	2009	增长速度(%)
区规划总面积	(公顷)	812.5	965.1	18.8
累计土地开发施工面积	(公顷)	430.7	559.6	29.9
累计土地开发完工面积	(公顷)	430.7	559.6	29.9
累计建成区土地面积	(公顷)	610.5	649.2	6.3
投产(开业)企业个数	(个)	226	258	14.2
#高新技术企业	(个)	17	23	35.3
#工业企业	(个)	131	150	14.5
#三资企业	(个)	78	97	24.4
总投资	(万元)	571117	199605	-65.1
#工业企业	(万元)	602	98244	
#三资企业	(万元)	24000	81892	241.2
注册资本	(万元)	38074	53101	39.5
合同外资金额	(万美元)	1107	1287	16.3
外商实际投资	(万美元)	11956	11421	-4.5
工业总产值(现价)	(万元)	3993727	3493286	-12.5
工业销售产值(现价)	(万元)	4052819	3476909	-14.2
#出口交货值	(万元)	3034052	2411838	-20.5
总收入	(万元)	7029827	6458441	-8.1
#技术收入	(万元)	21368	33735	57.9
利润总额	(万元)	498017	361097	-27.5
#高新技术企业	(万元)	26915	95950	256.5
应缴税金总额	(万元)	396079	320121	-19.2
固定资产投资	(万元)	443551	308360	-30.5
#基础设施投资	(万元)	11944	92006	670.3
年末从业人员	(人)	52080	50274	-3.5

5-22 北京八达岭经济开发区主要指标

项　　目		2008	2009	增长速度(%)
区规划总面积	(公顷)	489.1	489.1	持平
累计土地开发施工面积	(公顷)	234.4	234.4	持平
累计土地开发完工面积	(公顷)	234.4	234.4	持平
累计建成区土地面积	(公顷)	234.4	234.4	持平
投产(开业)企业个数	(个)	369	374	1.4
#高新技术企业	(个)	2	6	200.0
#工业企业	(个)	47	42	-10.6
#三资企业	(个)	7	7	持平
总投资	(万元)	13180	38005	188.4
#工业企业	(万元)	5	5998	
#三资企业	(万元)			
注册资本	(万元)	8000	38005	375.1
合同外资金额	(万美元)			
外商实际投资	(万美元)			
工业总产值(现价)	(万元)	87142	172502	98.0
工业销售产值(现价)	(万元)	103049	167407	62.5
#出口交货值	(万元)			
总收入	(万元)	650094	624924	-3.9
#技术收入	(万元)			
利润总额	(万元)	18062	38256	111.8
#高新技术企业	(万元)	2948	21329	623.5
应缴税金总额	(万元)	36415	35709	-1.9
固定资产投资	(万元)	38057	44141	16.0
#基础设施投资	(万元)	1050		
年末从业人员	(人)	11552	11248	-2.6

5-23 北京永乐经济开发区主要指标

项　　目		2008	2009	增长速度(%)
区规划总面积	(公顷)	459.8	459.8	持平
累计土地开发施工面积	(公顷)	82.4	82.4	持平
累计土地开发完工面积	(公顷)	57.6	57.6	持平
累计建成区土地面积	(公顷)	57.6	57.6	持平
投产(开业)企业个数	(个)	16	16	持平
#高新技术企业	(个)	1	1	持平
#工业企业	(个)	16	16	持平
#三资企业	(个)	6	6	持平
总投资	(万元)			
#工业企业	(万元)			
#三资企业	(万元)			
注册资本	(万元)			
合同外资金额	(万美元)			
外商实际投资	(万美元)			
工业总产值(现价)	(万元)	17731	24581	38.6
工业销售产值(现价)	(万元)	17731	24581	38.6
#出口交货值	(万元)		1371	
总收入	(万元)	18631	24754	32.9
#技术收入	(万元)			
利润总额	(万元)	794	1596	101.0
#高新技术企业	(万元)	29	56	93.1
应缴税金总额	(万元)	2200	3228	46.7
固定资产投资	(万元)		1850	
#基础设施投资	(万元)		850	
年末从业人员	(人)	1300	1300	持平

5-24 北京延庆经济开发区主要指标

项　　目		2008	2009	增长速度(%)
区规划总面积	(公顷)	303.5	303.5	持平
累计土地开发施工面积	(公顷)	112.0	112.0	持平
累计土地开发完工面积	(公顷)	112.0	112.0	持平
累计建成区土地面积	(公顷)	81.8	81.8	持平
投产(开业)企业个数	(个)	261	335	28.4
#高新技术企业	(个)		7	
#工业企业	(个)	42	44	4.8
#三资企业	(个)	8	8	持平
总投资	(万元)	56234	59504	5.8
#工业企业	(万元)	37313	47981	28.6
#三资企业	(万元)			
注册资本	(万元)	19171	16523	-13.8
合同外资金额	(万美元)	674	885	31.3
外商实际投资	(万美元)	1274		
工业总产值(现价)	(万元)	144269	165293	14.6
工业销售产值(现价)	(万元)	146193	177433	21.4
#出口交货值	(万元)			
总收入	(万元)	734172	743078	1.2
#技术收入	(万元)			
利润总额	(万元)	-169	19123	
#高新技术企业	(万元)		3926	
应缴税金总额	(万元)	54147	44073	-18.6
固定资产投资	(万元)	37063	42981	16.0
#基础设施投资	(万元)			
年末从业人员	(人)	9569	9327	-2.5

5-25 北京昌平小汤山工业园区主要指标

项　　目		2008	2009	增长速度(%)
区规划总面积	(公顷)	122.3	122.3	持平
累计土地开发施工面积	(公顷)	109.9	111.2	1.2
累计土地开发完工面积	(公顷)	104.3	111.2	6.7
累计建成区土地面积	(公顷)	104.3	111.2	6.7
投产(开业)企业个数	(个)	21	26	23.8
#高新技术企业	(个)			
#工业企业	(个)	21	21	持平
#三资企业	(个)	1	2	100.0
总投资	(万元)	5000	1000	-80.0
#工业企业	(万元)	3650	1000	-72.6
#三资企业	(万元)			
注册资本	(万元)		7478	
合同外资金额	(万美元)			
外商实际投资	(万美元)			
工业总产值(现价)	(万元)	133189	146696	10.1
工业销售产值(现价)	(万元)	131758	146696	11.3
#出口交货值	(万元)			
总收入	(万元)	135439	146032	7.8
#技术收入	(万元)			
利润总额	(万元)	992	1394	40.5
#高新技术企业	(万元)			
应缴税金总额	(万元)	2575	2255	-12.4
固定资产投资	(万元)	1327	830	-37.5
#基础设施投资	(万元)			
年末从业人员	(人)	1307	1628	24.6

5-26 北京采育经济开发区主要指标

项　　目		2008	2009	增长速度(%)
区规划总面积	(公顷)	355.0	355.0	持平
累计土地开发施工面积	(公顷)	300.2	300.2	持平
累计土地开发完工面积	(公顷)	300.2	300.2	持平
累计建成区土地面积	(公顷)	300.2	300.2	持平
投产(开业)企业个数	(个)	24	26	8.3
#高新技术企业	(个)	6	4	-33.3
#工业企业	(个)	24	26	8.3
#三资企业	(个)	2	2	持平
总投资	(万元)	22000	190300	765.0
#工业企业	(万元)	22000	190300	765.0
#三资企业	(万元)	10000	6000	-40.0
注册资本	(万元)	7800	14700	88.5
合同外资金额	(万美元)	800	500	-37.5
外商实际投资	(万美元)	95	350	268.4
工业总产值(现价)	(万元)	122260	93405	-23.6
工业销售产值(现价)	(万元)	85395	75168	-12.0
#出口交货值	(万元)	4072	4278	5.1
总收入	(万元)	92227	80671	-12.5
#技术收入	(万元)	5873		
利润总额	(万元)	3100	4440	43.2
#高新技术企业	(万元)	1699	4680	175.5
应缴税金总额	(万元)	1829	1856	1.5
固定资产投资	(万元)	27290	33837	24.0
#基础设施投资	(万元)	738	652	-11.7
年末从业人员	(人)	2054	2269	10.5

5-27 北京房山工业园区主要指标

项 目		2008	2009	增长速度(%)
区规划总面积	(公顷)	218.5	218.5	持平
累计土地开发施工面积	(公顷)	141.9	141.9	持平
累计土地开发完工面积	(公顷)	141.9	141.9	持平
累计建成区土地面积	(公顷)	73.2	74.2	1.4
投产(开业)企业个数	(个)	7	7	持平
#高新技术企业	(个)	1	1	持平
#工业企业	(个)	7	7	持平
#三资企业	(个)			
总投资	(万元)		20165	
#工业企业	(万元)		20165	
#三资企业	(万元)			
注册资本	(万元)	8360	20165	141.2
合同外资金额	(万美元)			
外商实际投资	(万美元)			
工业总产值(现价)	(万元)	58063	66021	13.7
工业销售产值(现价)	(万元)	58992	60308	2.2
#出口交货值	(万元)		1364	
总收入	(万元)	61210	63062	3.0
#技术收入	(万元)			
利润总额	(万元)	-921	-2203	
#高新技术企业	(万元)		199	
应缴税金总额	(万元)	1602	1978	23.5
固定资产投资	(万元)	5286	10471	98.1
#基础设施投资	(万元)	5286	400	-92.4
年末从业人员	(人)	1836	1812	-1.3

5-28 北京马坊工业园区主要指标

项　目		2008	2009	增长速度(%)
区规划总面积	(公顷)	90.5	345.6	281.9
累计土地开发施工面积	(公顷)	90.5	90.5	持平
累计土地开发完工面积	(公顷)	90.5	90.5	持平
累计建成区土地面积	(公顷)	45.1	45.1	持平
投产(开业)企业个数	(个)	33	28	-15.2
#高新技术企业	(个)	5	10	100.0
#工业企业	(个)	32	24	-25.0
#三资企业	(个)	3	3	持平
总投资	(万元)			
#工业企业	(万元)			
#三资企业	(万元)			
注册资本	(万元)			
合同外资金额	(万美元)			
外商实际投资	(万美元)			
工业总产值(现价)	(万元)	78939	87632	11.0
工业销售产值(现价)	(万元)	71085	83250	17.1
#出口交货值	(万元)		2551	
总收入	(万元)	74380	79042	6.3
#技术收入	(万元)			
利润总额	(万元)	2597	-3874	
#高新技术企业	(万元)	923	-730	
应缴税金总额	(万元)	5688	5976	5.1
固定资产投资	(万元)	16177	67800	319.1
#基础设施投资	(万元)	3350	6650	98.5
年末从业人员	(人)	4122	2970	-27.9

第六篇

BEIJING AREA STATISTICAL YEARBOOK

北京特色经济区域

BEIJING TESE JINGJIQUYU

北京王府井商业区

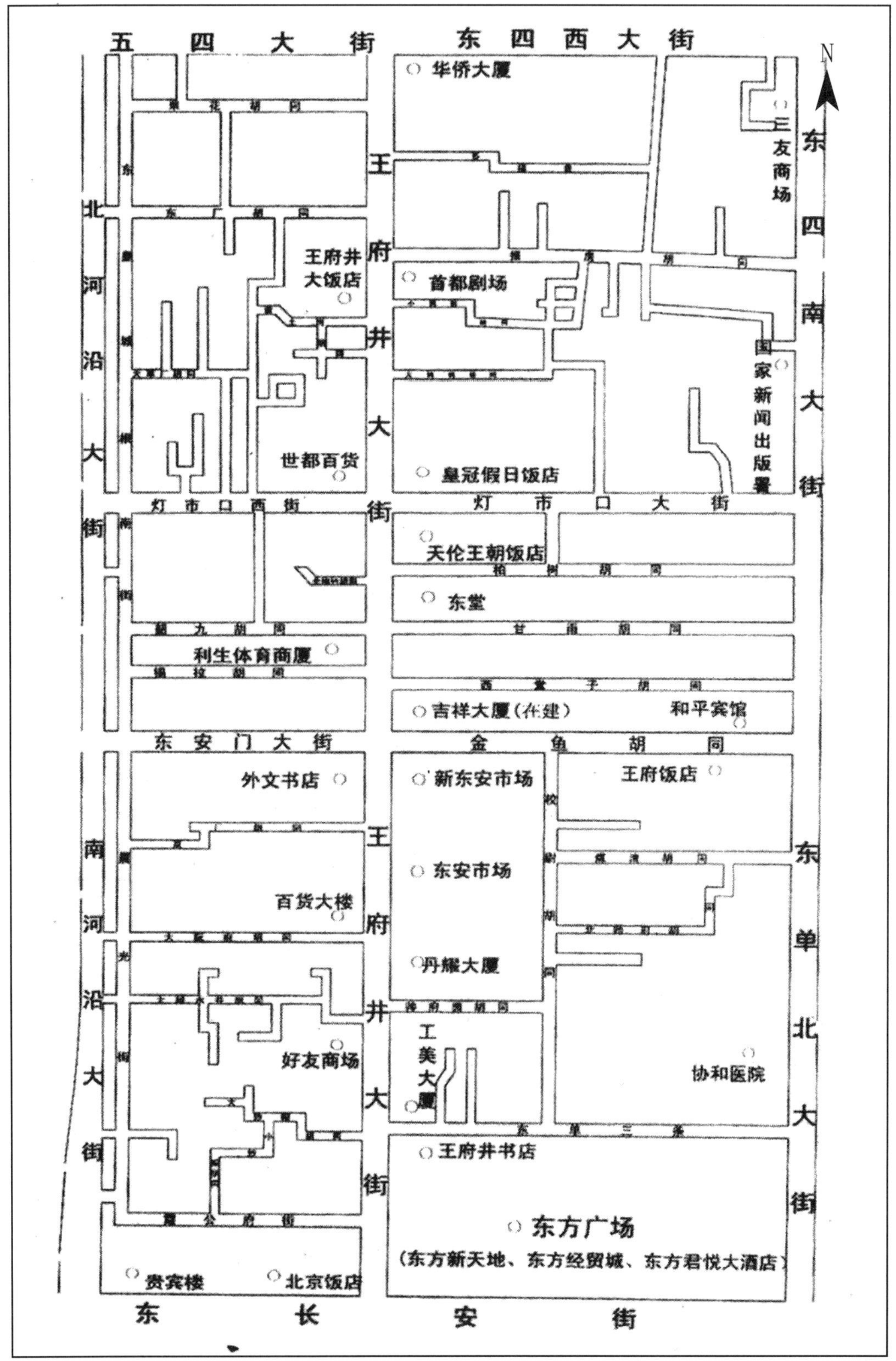

北京王府井商业区示意图

6-1 北京王府井商业区主要指标

项目		2008	2009
自然状况与基础设施			
面积	(平方公里)	1.65	1.65
大型商厦(万平方米以上)	(个)	9	9
星级宾馆(饭店)	(个)	14	14
#五星级	(个)	7	7
区内法人单位状况			
区内法人单位个数	(个)	2099	2149
#批发与零售业	(个)	582	589
住宿和餐饮业	(个)	159	157
#现代服务业	(个)	1082	1122
经营情况			
消费品零售额	(亿元)	62.90	63.94
主营业务收入	(亿元)	418.51	424.89
利润总额	(亿元)	25.83	31.98
营业税金及附加	(亿元)	11.34	10.38
应交增值税	(亿元)	5.89	5.78
应交所得税	(亿元)	10.07	8.87
从业人员情况			
年末从业人员	(人)	76020	74724
全年劳动报酬总额	(万元)	551759	533705

注：1. 万平方米以上商厦：东安市场、新东安市场、丹耀大厦、工美大厦、王府井书店、东方新天地、王府井百货大楼、利生体育商厦、乐天银泰。
2. 五星级宾馆(饭店)：华侨大厦、皇冠假日饭店、天伦王朝饭店、王府饭店、东方君悦大酒店、北京饭店、贵宾楼。
3. “年末从业人员”和“全年劳动者报酬总额”所提供数据为规模以上单位数据。

北京王府井现代化商业中心区简介

王府井大街位于首都北京的中心地带，享有“中华第一街”的美称。其历史可以追溯到13世纪60年代，距今已有700多年的历史。明朝时期，这里建了10个王府和3个公主府，故称为王府大街。清光绪三十一年（1905年）重新厘定地名，因街上有一眼甘洌甜美的水井，遂定名为“王府井大街”，一直沿用至今。

王府井大街的商业活动最早出现在明中后期，到了清光绪二十九年（1903年），在清八旗兵神机营废弃的练兵场上建起东安市场。一些为洋人服务的银行、商号也落户王府井，形成真正意义上的商业街。

新中国成立后，为了繁荣首都经济，在党和中央人民政府的直接关怀下，王府井建起了北京第一座国营综合性百货商场——百货大楼。一批国内著名的老字号和知名企业陆续由津、沪等地迁入，王府井大街得到了大规模的发展，成为展示新中国和首都建设成就的窗口，成为中华第一商业街。

改革开放以后，王府井大街同古老的北京一样发生了巨变。1993年10月，在东安市场原址上建起了第一座中外合资的现代化新东安市场，从此王府井大街开始了大规模的改造。1999年9月11日，历经6年脱胎换骨的改造，王府井大街焕然一新。宏伟的东方广场拔地而起，改建的新东安市场将现代商业与传统商业完美地结合，新中国第一店——百货大楼风华正茂，百年老店、名店、特色商店交错林立，互为衬托，商业服务设施总建筑面积达到150万平方米。

经过近10年大规模的开发建设和市政设施改造，王府井地区的市容、市貌发生了翻天覆地的变化。全长800余米的王府井步行街，南有东方广场，北有新东安大厦，中有王府井百货大楼;沿街聚集了数百家商店和餐馆，成为百姓游览、购物的天堂。新建成的王府井大街东、西辅路和几处大型停车场以及拓宽的金鱼胡同，方便了各种车辆的通行和停放。王府井大街的全部市政管线得到了彻底改造，可保证在50年内不落后。沿街店面整治一新，街景、雕塑各具特色。全长2.8公里，种满绿草鲜花的皇城根遗址公园，犹如一条绿色缎带穿过王府井商业区的西侧，被称为“城市绿肺”，休闲的人群络绎不绝。修葺一新的王府井天主教堂，建筑古朴幽雅，广场绿草如茵，充分体现了党和政府尊重宗教信仰自由的政策，在国际上引起了良好的反响。

目前，在王府井地区1.65平方公里范围内，有王府井百货大楼，东方新天地，新、老东安市场等万平方米以上大型商厦9座；有东方广场、新东安大厦、国中商业大厦等设施先进的大型、超大型写字楼10余座；有北京饭店、东方君悦大酒店、王府饭店等五星级宾馆7家；有盛锡福、同升和、亨得利、中国照相、四联美发、东来顺、全素斋等众多著名老字号企业，形成了一个以商业为主导，融商务、旅游、娱乐、休闲、餐饮、会展等多种功能为一体的设施完善、交通便利、环境优美、充满东方文化色彩的国际著名商业街区。王府井紧跟消费潮流，引领消费时尚，高档名牌商品纷纷进驻，呈现出日益成熟的商业新格局。繁华的王府井成为外地游客必来之处,吸引着来自世界各地的消费者,成为北京市现代化的商业中心区。

北京西单现代商业区

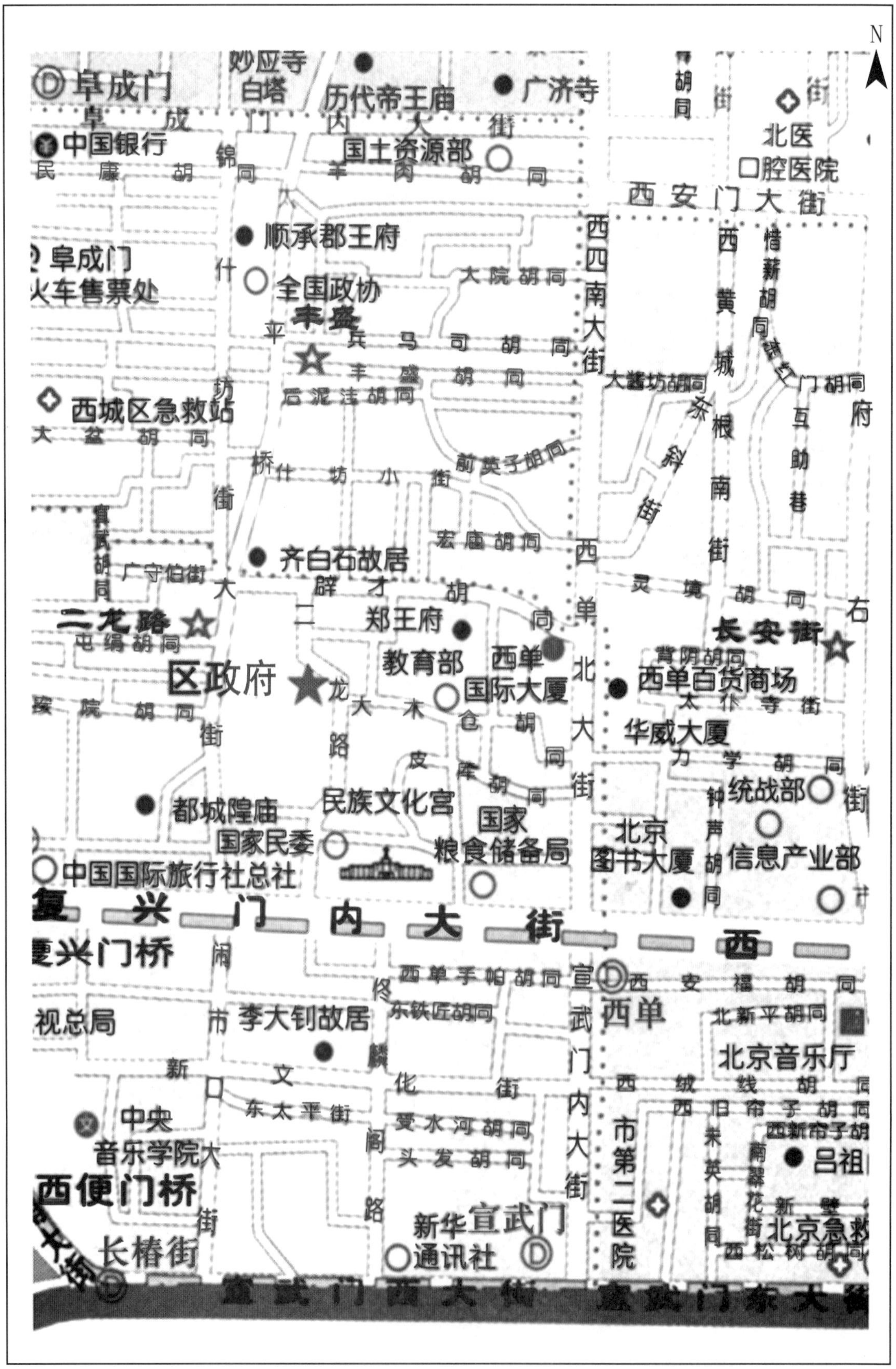

北京西单现代商业区示意图

6-2 北京西单现代商业区主要指标

项　　目		2008	2009
自然状况与基础设施			
面积(四至)	(公顷)	80	80
#绿化面积	(公顷)	3.1	3.1
道路面积	(公顷)	14.7	14.7
建筑面积	(万平方米)	80	80
营业面积	(万平方米)	21	21
区内企业状况			
法人单位数	(个)	466	583
#批发与零售业	(个)	143	179
租赁和商务服务业	(个)	96	139
住宿和餐饮业	(个)	51	58
营业情况			
资产总计	(亿元)	6489.7	9945.0
实收资本	(亿元)	3380.9	4695.9
营业收入	(亿元)	756.6	1056.5
利润总额	(亿元)	177.4	181.7
从业人员情况			
年末从业人员	(人)	21226	16235
#女　性	(人)	10276	7034
全年劳动报酬总额	(万元)	127229	149504
从业人员人均劳动报酬	(元)	59940	92087

北京西单现代商业区简介

西单商业区南起西绒线胡同，北至灵境胡同西口，南北长1600米，以西单北大街为轴线东西进深200—300米，占地80公顷。西单商业区作为具有悠久历史和深厚文化底蕴的商贾云集之地，与王府井大街、前门大栅栏并称为三大传统商业区，是国内知名的标志性现代商业中心区之一。

西单商业区的形成开始于20世纪50年代末。新中国成立之后，北京城市规模成倍扩大，并且主要是向西发展，随着长安街的开发建设，以及城市人口的大量西移，西单商业区开始一步步的发展并繁荣起来。改革开放后的十几年间，商品的丰富，流通的活跃，使西单商业区迅速发展起来，商业网点增多，使街区网点密度加大，商业延伸性和连续性增强，商品品种丰富，服务项目齐全，顾客的选择范围增大，逗留时间加长。特别是此期间区政府对东侧进行了改造，使硬件设施水平和总体功能有了质的飞跃，促进了西单商业区的繁荣。

随着西单地区城市改造的展开，区政府越来越意识到必须对西单商业区进行整体的、超前的、切实可行的规划建设，经过多方论证，统一规划，分布实施，并于1992年提出繁荣西单、发展西城的战略，全面规划了西单商业区的发展蓝图，在战略实施策略上，将旧城改造与道路拓宽，房地产开发与商业重建相结合，以商业建设为龙头，带动其他工程建设。截止到2000年10月，西单这一倾注北京市民极大关注的黄金地带，实现了由传统商业区向现代商业区的转变；实现了由单一商业业态向多种业态；由单一交通干线向多元立体化交通系统；由单一购物场所向精神文明载体建设的转变。

近年来，西单商业街不断加强城市建设，完善区域发展环境。2008年西单北大街主街两侧和宣武门内大街东侧项目建设基本完成，包括西西4#地项目、安福大厦项目、浩洋大厦项目等，完成并投入使用70.56万平方米建筑面积。以奥运会为契机，西单北大街市政基础设施得到全面改造更新，增设了自动扶梯，建成相对封闭的步行系统；更新了道路铺装，优化路面环境；改造支路、胡同道路，改善人流、车流通行环境；同时进一步深化景观建设，完善西单文化广场的更新设计改造、设施二层连廊灯光亮丽工程和绿化美化工程、更新休闲花园设计，创造休闲和谐的人文景观。此外，随着西单外观整治工程的逐步展开，以及辟才路的改造，横二条的完善，大木仓、国家教委直至太平桥大街的贯通和西单北大街11条支路、胡同的整治，相信西单商业街将会更加亮丽、时尚和繁荣。同时，西单商业区环境综合整治工程于2007年4月全面启动。在改造中，西城区政府重新设计了西单文化广场的使用功能，完成了广场的中央水景和舞台的建造，布置了绿化树阵。其中，西单牌楼的复建，是西单文化广场改造的一大亮点；通过复建，消失了85年的瞻云牌坊楼重回故地，在长安街上形成了与东单牌楼遥相对应的新景观。环境整治的同时，西单市级商业中心的功能也在不断提升和完善，以四大地块的业态产业空间布局为基础，引导拆迁改造后新增商业的高品质和多元化定位，促进百货业提升商品档次，大力引进著名娱乐品牌、旗舰店、专卖店，并开设婚纱影楼一条街，调整不符合区域功能定位和产业布局要求的业态，从而实现产业能级的提升，使西单成为特色突出、业态丰富、环境良好、管理有序的现代化大型综合商业中心区。

目前，西单商业规模不断扩大，商业街内逐步形成了业态丰富、结构合理的商业发展模式。特别是在西单商场、中友百货、君太百货这些龙头企业的带动下，西单商业区的零售业将对全区的经济增长发挥越来越大的作用。2009年，西单商业区实现社会消费品零售额76.9亿元。其中西单商场、君太百货、中友百货、北京图书大厦等4家企业年销售额超10亿元。

今天的西单商业区依旧位于北京的繁华地区，规模不断拓展，新建的商业设施丰富了西单地区的商业业态形式，提升了西单商业区的综合竞争力。作为北京重要的商业中心，西单将会在不断的完善中，延续老北京的繁华，引领现代商业的气息。

北京金融街商业区

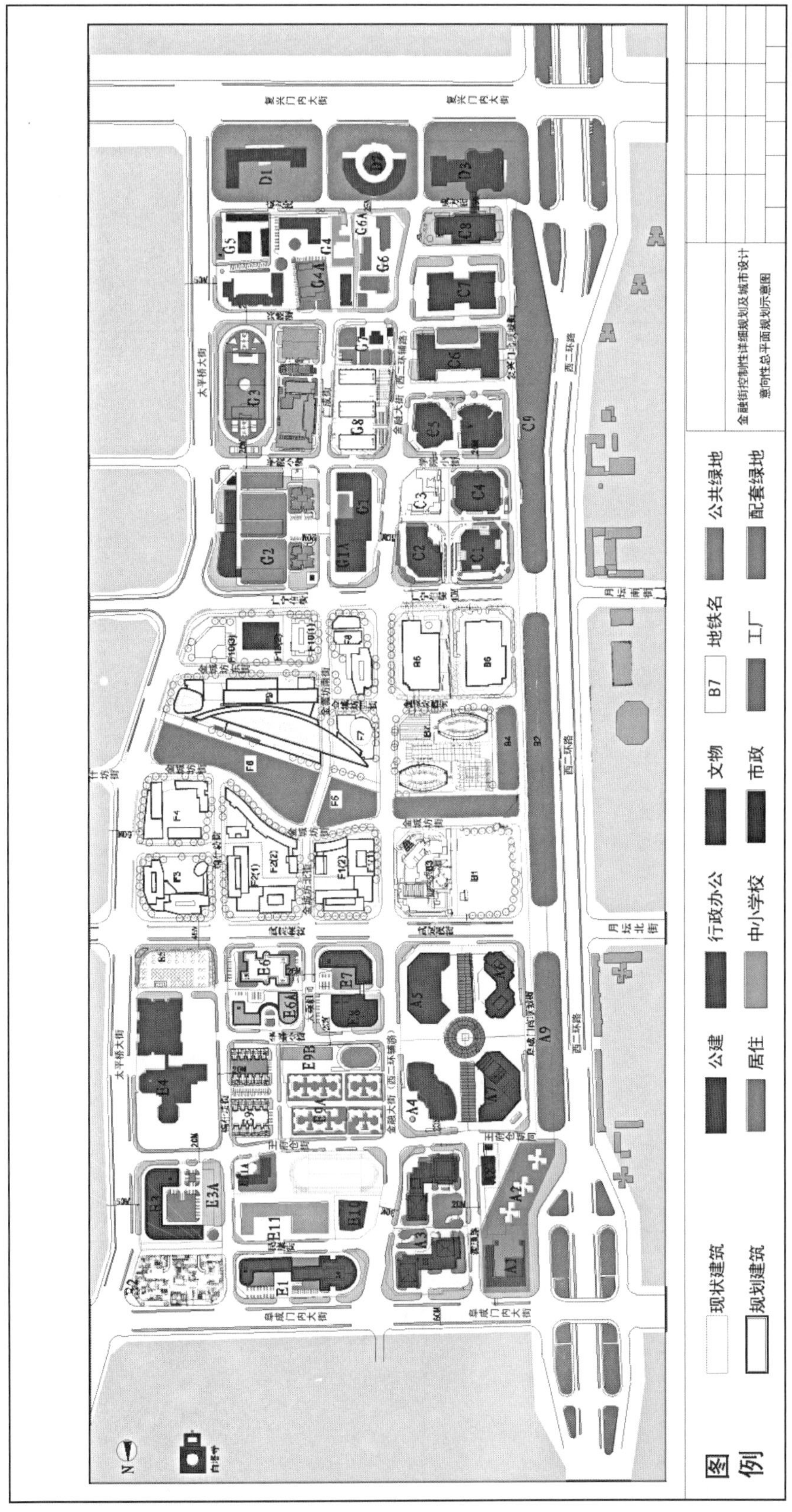

北京金融街商业区示意图

6-3 北京金融街商业区主要指标

项　　目		2008	2009
自然状况与基础设施			
面积(四至)	(公顷)	103	259
#绿化面积	(公顷)	26	26
道路面积	(公顷)	32.4	32.4
建筑面积	(万平方米)	340	340
区内企业状况			
法人单位数	(个)	2075	764
#租赁和商务服务业	(个)	627	318
批发与零售业	(个)	387	94
金融业	(个)	136	79
营业情况			
资产总计	(亿元)	206132.1	122109.6
实收资本	(亿元)	13842.4	11478.5
营业收入	(亿元)	5311.1	496.0
利润总额	(亿元)	1585.6	790.7
从业人员情况			
年末从业人员	(人)	212804	53798
#女　性	(人)	105461	21350
全年劳动报酬总额	(万元)	2306975.7	884688.5
从业人员人均劳动报酬	(元)	108409	164446

北京金融街简介

金融街史称“金城坊”，在明、清两代，遍布金坊、银号，是现代金融业的萌芽。至清末民初，户部银行、大清银行、中国银行先后在此更迭。其后，又有大陆、金城、中国实业等各银行先后在此设立总部，欲做成“银行街”。新中国成立后，金融街周围长期成为中国金融、财政的决策机构所在地。源远流长的金融文化为金融街区域所独有，也成为金融商务区的历史基础。

1992年7月，北京市计划发展委员会批准恢复在西二环东侧建设金融一条街。1993年10月，国务院批复了新的《北京城市总体规划》，高屋建瓴地提出：在西二环阜成门至复兴门一带，建设国家级金融管理中心，集中安排国家级银行总行和非银行金融机构总部。

经过十几年的建设与发展，金融街已经成为集决策监管、资产管理、支付结算、信息交流、标准制订为一体的国家金融管理中心，聚集了中国人民银行、中国银监会、中国证监会、中国保监会等国家金融决策和监管机构，已经成为国家金融政策的发源地；各类企业总部和地区总部达到152家，进入2009年《财富》全球500强的43家中国企业中，有9家总部设在金融街；聚集着中国工商银行、中国建设银行、中国银行、国家开发银行等全国性商业银行总部、中国进出口银行、中国农业发展银行等国家政策性银行总部、中国民生银行、中国光大银行等股份制银行，以及上海银行、天津银行、浙商银行、大连银行等城市商业银行分支机构；聚集着中国人寿保险公司、中国再保险（集团）公司等保险公司总部，中国移动、中国联通、中国电信等电信集团总部，以及电力、石油、天然气、建筑等行业的大型企业总部。近年来，还先后吸引高盛集团、摩根大通银行、法国兴业银行、瑞银证券等70多家世界顶尖级外资金融机构和国际组织入驻，全球500强企业中有12家外资金融总部在金融街设立了分支机构。

随着金融产业的快速发展、金融街吸引力的不断增强，国内外金融机构争相入驻。鉴于金融企业的发展需求，北京市委、市政府批准对金融街地区实施拓展计划，进一步增强产业发展的承载能力。2006年11月，北京市委常委会做出对金融街适度拓展的决定；2007年10月，《关于对金融街拓展和功能完善的意见》经市长办公会讨论通过，决定在金融街核心区现有基础上增加东、南、西三个拓展区，面积扩大至2.59平方公里。其中，西拓展区南至复兴门外大街，北至阜成门外大街，东至西二环，西至南礼士路，面积0.53平方公里;东拓展区南至复兴门内大街，北至阜成门内大街，西至太平桥大街，面积0.59平方公里；南拓展区南至铁匠胡同，北至复兴门内大街，东至宣武门内大街，西至西二环，面积0.29平方公里。2008年5月5日，北京市委、市政府《关于促进首都金融业发展的意见》正式对外公布。在这份文件中，北京率先对一个城市金融业的发展环境、空间布局、人才聚集和市场体系建设进行了详细规划和阐述，将北京定位为国家金融决策中心、金融管理中心、金融信息中心和金融服务中心；同时第一次明确提出，将北京建设成为具有国际影响力的金融中心城市。按照《意见》，北京未来的金融业将以金融街作为主中心区，以CBD作为副中心区。总建筑面积为350万平方米的金融街，目前已完成265万平方米，仍有43万平方米在建，而未来金融街的区域面积将进一步扩展。根据现状，6个拓展项目计划先期启动，其中包括月坛北街地块、月坛南街地块、复兴门地块3个西拓区项目，三十五中地块东拓区项目以及中行住宅楼地块和华嘉小区地块两个核心区项目。2009年，金融街西扩工程破土动工，拓展后的金融街功能将更加完善，为提高金融产业聚集度，完善金融产业链条，提升金融街品牌和国际化程度创造条件。

今后，随着北京建设世界城市步伐的加快，金融街将迎来前所未有的发展机遇。金融街在未来的发展中将继续强化其作为国家金融决策监管中心、金融资产管理中心、信息汇聚中心和国家交往中心的作用，努力打造“资讯发达、环境优美、设施完善、功能齐全、服务一流、交易活跃”的国际化金融功能区；并且将继续完善服务功能，提升环境品质，努力把金融街建设成为体现世界城市形象和地位的国际金融中心，使金融街真正成为推动发展方式转变、促进生产性服务业发展的重要支撑，为提高首都国际化大都市的竞争力不断做出新的贡献。

北京马连道采购中心区

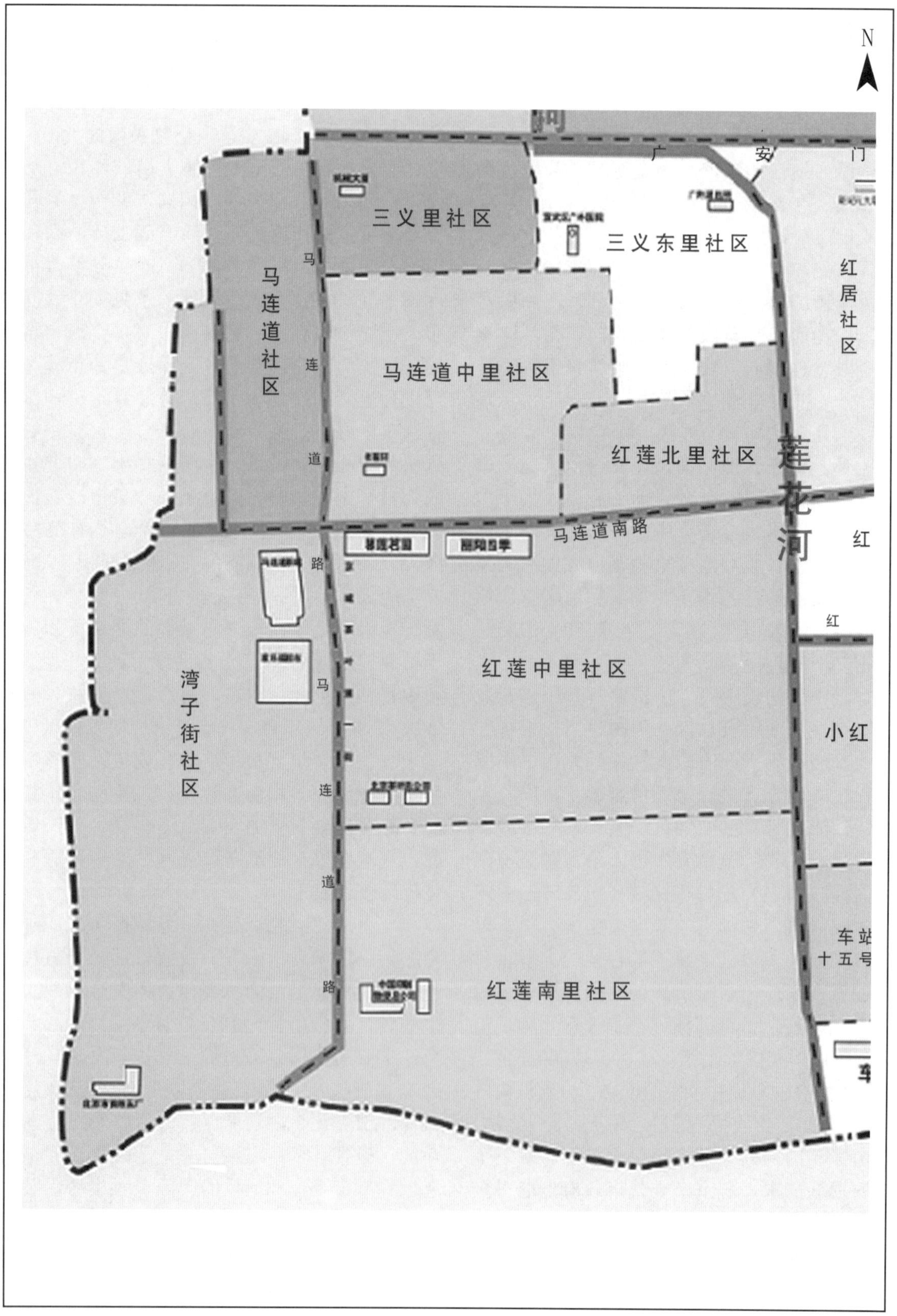

N
广
安
门
三义里社区
三义东里社区
马连道社区
马连道中里社区
红居社区
红莲北里社区
莲花河
马连道南路
马连道路
红
红莲中里社区
湾子街社区
小红
车站
十五号
红莲南里社区

北京马连道采购中心区示意图

6-4 北京马连道采购中心区主要指标

项　目		2008	2009
区内企业状况			
法人单位数	(个)	924	1318
#批发与零售企业数	(个)	512	667
#茶叶批发与零售企业数	(个)	130	145
餐饮业企业数	(个)	16	17
服务业单位数	(个)	293	495
营业情况			
主营业务收入	(亿元)	39.5	42.0
#批发与零售业	(亿元)	28.4	27.8
#茶叶批发与零售企业	(亿元)	0.9	0.9
服务业企业	(亿元)	5.3	5.4
利润总额	(亿元)	1.7	0.8
资产总计	(亿元)	61.3	68.1
税金总额	(亿元)	1.0	1.6
从业人员情况			
年末从业人员	(人)	5414	7333
#女　性	(人)	2080	2997
全年劳动报酬总额	(亿元)	1.9	2.2
人均劳动报酬	(元)	35082	30361

注：从业人员不含私营企业数。

京城茶叶第一街——马连道简介

北京市马连道茶叶街位于宣武区西部，东临广安门货运火车站，西临三环路，背靠广安门外大街，与北京西站隔街相望，南接丽泽路，辐射三条进京高速路，街道主干路长1500米，店铺总数超过700个，总建筑面积约16万平方米，总营业面积约12万平方米，其中主要有10个茶城（茶叶市场），年销售额超过30亿元。

20世纪50年代，马连道街只有一家北京茶叶总公司。随着国家农产品政策的放开，各地的茶商看到了北方茶叶市场发展的良好势头，也看中马连道的地理位置，开始在附近租房开店，这个自发聚集阶段一直持续到90年代末。1999年开始，随着茶商的集聚，马连道开始具备茶叶一条街的雏形。宣武区区委、区政府看准这里的茶叶经营特色，开始整治周边环境、修葺道路并开通公交车，全力打造“马连道茶叶一条街”。凭借地理优势，马连道茶叶一条街快速发展。目前，马连道采购中心区内拥有马连道、京马、京闽、茶缘等10家大型茶城和更香茶叶专卖店，来自全国各地的千余户茶商在此经营，品种涉及全国六大类茶叶及“中国十大名茶”，是华北地区最大的茶叶集散地。2000年，马连道茶叶一条街被北京市评为“北京特色商业街”。2005年，被中国城市商业网点建设管理联合会和中国步行商业街工作委员会授予“中国特色商业街”称号。一店(张一元)、一馆(老舍茶馆)、一街(马连道茶叶一条街)也成为2008年北京奥运会的外事接待场所。

在马连道取得辉煌成就的今天，宣武区区委、区政府审时度势，为马连道进一步制定了长远的发展战略，把马连道定位为“以大宗商业采购为支撑点，集专业化、批量化、国际化特征于一身的新型商业区域——商品采购中心区”。马连道的远景规划中突出“一区五园”的新概念。“一区”为马连道采购中心区；“五园”为茶叶茶艺园、药品保健园、图书文化园、名牌商品园、现代商务园。根据规划，马连道将建设成为马连道采购中心区，总占地面积72公顷。其中包括跨国采购和中心展会区域、茶产业采购区域、品牌商业区域、医药保健区域、图书教育区域，将进一步承担起北京城区重要物流枢纽的功能。为推动茶叶产业及弘扬茶文化发展，宣武区政府举办了一系列活动，全力打造“马连道茶文化节”特色品牌，“国际品茗会”、“市长高峰论坛对话”、“金融与茶产业项目路演”、精品茶叶展示展销等活动，为茶产业品牌化建设带来了显著成效，为广大投资者带来了无限商机，也为宣武经济的发展提供了持续动力。

马连道将利用优越的区位条件，提供优质的产品服务，以大宗采购为支撑，成为集商流、物流、信息流、资金流、文化、旅游为一体的新型商业区域。

北京商务中心区(CBD)

北京商务中心区（CBD）示意图

6-5 北京商务中心区(CBD)主要指标

项　　目		2008	2009
自然状况与基础设施			
面　积	(平方公里)	3.99	3.99
道路面积(规划)	(平方公里)	1.55	1.55
新增建筑面积	(万平方米)	130	25.2
区内单位情况			
法人单位数	(个)	5565	7466
#外商及港澳台	(个)	965	1441
#金融业	(个)	73	58
咨询业	(个)	750	1145
房地产业	(个)	355	429
营业情况			
年末资产总计	(亿元)	7169.5	8198.8
#内　资	(亿元)	4430.6	5721.5
外商及港奥台	(亿元)	2738.9	2477.3
主营业务收入	(亿元)	2365.2	2471.2
年末从业人员(城镇)	(人)	166777	185422
全年劳动报酬总额(城镇)	(亿元)	141.4	153.6
主要服务设施情况			
餐饮业法人单位数	(个)	233	288
四星级以上宾馆数	(个)	12	15

北京商务中心区(CBD)简介

北京商务中心区（CBD）位于朝阳区中东部，东起西大望路，西至东大桥路，南临通惠河，北接朝阳路—朝阳北路。自1993年，经国务院批复的《北京城市总体规划》提出建设商务中心区，特别是2000年北京市委、市政府决定全面加快北京商务中心区建设以来，北京CBD的建设已成功带动了周边区域发展。

北京商务中心区占地面积3.99平方公里，建筑规模800万—1000万平方米，其中高档写字楼占50%，公寓占25%，商业、娱乐、服务等设施占25%。自2001年推出《北京商务中心区控制性详细规划》以来，北京CBD制定了绿化系统、地下空间利用规划等十多个项目，形成了较为完整的规划体系。

CBD公共绿地面积为100公顷，占总面积的11%。包括四个主题公园、两条绿化轴线。随着区域建设的整体推进，CBD西北区绿地（现代艺术中心公园）和一航集中绿地建设已经完成，西南区绿地（CBD文化体育广场）也已建成投入使用。

经过近10年的建设，北京CBD以其特色商务经济、开放园区定位和高度的国际化优势，初步形成了以国际金融为龙头、文化传媒聚集发展、现代服务业为主导的产业格局。

北京商务中心区连同储备区10平方公里中，包含了外交部、朝阳区委区政府、北京商务中心区管理委员会、区金融办、建外街道办事处、呼家楼街道办事处、朝外街道办事处、八里庄街道办事处8处政府职能部门。另外，使馆区坐落于此，这对于区域内的经济发展将起积极作用。同时，文化对于一个区域的发展有着至关重要的作用，金台夕照碑的出土、古老的漕运河道、美丽的日坛公园、悠久的东岳庙文化无不彰显着北京商务中心区深厚的文化底蕴。

今天的北京已融入世界新经济的浪潮，焕发出前所未有的生机和活力，建设中的北京商务中心区就是今日京城的显著标志之一，它正以令世人瞩目的发展速度迎接更加美好的未来。

第七篇

BEIJING AREA
STATISTICAL YEARBOOK

华北五省市经济社会发展比较

HUABEI WUSHENGSHI
JINGJI SHEHUI FAZHAN BIJIAO

7-1 华北五省市主要指标对比（2009年）

项目		北京	天津	河北	山西	内蒙古
土地面积	(平方公里)	16411	11760	187693	156270	1183000
人口与就业						
总人口(常住人口)	(万人)	1755.0	1228.2	7034.4	3427.4	2422.1
户籍人口	(万人)	1245.8	979.8	7216.5		2452.9
从业人员	(万人)	998.3	677.1	3792.5	1630.6	1142.5
第一产业	(万人)	62.2	75.7	1479.2	635.0	558.0
第二产业	(万人)	199.6	281.0	1203.4	429.7	193.3
第三产业	(万人)	736.5	320.4	1109.9	565.9	391.2
在岗职工人数	(万人)	560.4	182.7	470.2	376.1	241.8
在岗职工平均工资	(元)	58140	44992	28383	28469	30699
城镇登记失业率	(%)	1.44	3.60	3.93	3.86	4.05
综合经济						
地区生产总值	(亿元)	12153.0	7521.9	17235.5	7358.3	9740.3
第一产业	(亿元)	118.3	128.9	2207.3	477.6	929.6
第二产业	(亿元)	2855.5	3987.8	8959.8	3993.8	5114.0
第三产业	(亿元)	9179.2	3405.2	6068.3	2886.9	3696.7
人均地区生产总值	(元)	70452	62574	24581	21522	40282
全社会固定资产投资	(亿元)	4858.4	5006.3	12311.9	5033.5	7535.2
#城镇固定资产投资	(亿元)	4378.2	4700.3	10518.5	4599.9	7340.6
#房地产开发投资	(亿元)	2337.7	735.2	1520.0	477.3	815.5
地方财政收入	(亿元)	2678.8	1809.3	2020.8	1538.0	1377.7
#地方一般预算收入	(亿元)	2026.8	822.0	1067.1	805.8	850.9
地方财政支出	(亿元)	2820.9	1467.1	2347.6		
#地方一般预算支出	(亿元)	2319.4	1124.3	2347.6	1561.7	1926.8
居民消费价格总指数	(%)	98.5	99.0	99.3	99.6	99.7
实际利用外商直接投资	(亿美元)	61.2	90.2	36.0	4.9	29.8
产业						
工业增加值(限额以上)	(亿元)	2282.2		6287.8	3313.0	4400.5
工业利润总额(限额以上)	(亿元)	742.9	831.3	1440.3	461.8	988.2
社会消费品零售额	(亿元)	5309.9	2430.8	5764.9	2809.0	2855.3
批发零售贸易业商品购进总额(限额以上)	(亿元)	25841.4	8940.8	3078.9	3037.4	
批发零售贸易业商品销售总额(限额以上)	(亿元)	27853.6	9718.2	3670.5	3573.1	2320.2
批发零售贸易业商品库存总额(限额以上)	(亿元)	3004.2	575.8	239.2	227.2	
海关出口总值	(亿美元)	483.6	299.9	156.9	28.4	23.2
海关进口总值	(亿美元)	1664.3	339.6	139.2	57.2	44.5
旅游外汇收入	(亿美元)	43.6	11.8	3.1	3.8	5.6
接待入境旅游人数	(万人次)	412.5	141.0	84.2	106.8	129.0
中资金融机构人民币存款余额	(亿元)	53428.8	13390.2	22361.4	15698.5	8373.7
中资金融机构人民币贷款余额	(亿元)	24805.1	10513.4	13123.8	7814.7	6292.5
人民生活						
城镇(市)居民人均可支配收入	(元)	26738	21402	14718	13997	15849
农村居民人均纯收入	(元)	11986	10675	5150	4244	4938
城乡居民储蓄存款余额(人民币)	(亿元)	14566.3	4860.1	13551.1	8099.4	3914.0

注：1. 河北省土地面积的口径为地表总面积。
2. 山西省地方财政收入为财政总收入；中资金融机构人民币存贷款余额的口径为金融机构人民币存贷款余额。

第八篇

BEIJING AREA STATISTICAL YEARBOOK

四大直辖市经济社会发展比较

SIDA ZHIXIASHI JINGJI SHEHUI FAZHAN BIJIAO

8-1 京津沪渝主要指标比较 (2009年)
——自然情况

项目		北京	天津	上海	重庆
土地面积	(平方公里)	16411	11760	6341	82403
年末常用耕地面积	(千公顷)				
平均气温	(摄氏度)	13.3	14.1	17.8	19.0
平均相对湿度	(%)	51	58	70	80
降水量	(毫米)	480.6	586.3	1457.9	1198.9
日照时数	(小时/年)	2512	2357	1681	944
湿地面积	(千公顷)	34.4	171.8	319.7	43.2
自然保护区个数	(个)	20			49
自然保护区面积	(万公顷)	13.59			83.86

8-2 京津沪渝主要指标比较（2009年）
——经济

项　　目		北　京	天　津	上　海	重　庆
地区生产总值	（亿元）	12153.0	7521.9	15046.5	6530.0
第一产业	（亿元）	118.3	128.9	113.8	606.8
第二产业	（亿元）	2855.5	3987.8	6001.8	3448.8
第三产业	（亿元）	9179.2	3405.2	8930.9	2474.4
地区生产总值构成	（%）	100	100	100	100
第一产业	（%）	1.0	1.7	0.7	9.3
第二产业	（%）	23.5	53.0	39.9	52.8
第三产业	（%）	75.5	45.3	59.4	37.9
人均地区生产总值	（元）	70452	62574	78989	22920
全社会固定资产投资	（亿元）	4858.4	5006.3	5273.3	5317.9
#城镇固定资产投资	（亿元）	4378.2	4700.3	4848.5	4958.7
#房地产开发投资	（亿元）	2337.7	735.2	1464.2	1238.9
财政收入（一般预算内）	（亿元）	2026.8	822.0	2540.3	681.8
财政支出（一般预算内）	（亿元）	2319.4	1124.3	2989.7	1318.1
居民消费价格总指数（以上年=100）	（%）	98.5	99.0	99.6	98.4
在岗职工工资总额	（亿元）	3227.2	823.5	2558.1	716.1
在岗职工平均工资	（元）	58140	44992	63549	30965
城镇登记失业率	（%）	1.44	3.60	4.30	3.96
社会消费品零售总额	（亿元）	5309.9	2430.8	5173.2	2479.0
地区进出口总额	（亿美元）	2147.9	639.4	2777.3	77.1
实际利用外商直接投资	（亿美元）	61.2	90.2	105.4	40.2
接待入境旅游者人数	（万人次）	412.5	141.0	628.9	104.8
金融机构（含外资）本外币存款余额	（亿元）	56960.1	13887.1	44620.3	11084.8

8-3 京津沪渝主要指标比较（2009年）
——社 会

项 目		北 京	天 津	上 海	重 庆
常住人口	（万人）	1755.0	1228.2	1921.3	2859.0
户籍人口	（万人）	1245.8	979.8	1400.7	3275.6
从业人员	（万人）	998.3	677.1	1064.4	1668.8
第一产业	（万人）	62.2	75.7	48.5	733.7
第二产业	（万人）	199.6	281.0	423.0	355.7
第三产业	（万人）	736.5	320.4	592.9	579.5
普通高等学校在校学生数	（万人）	57.7	40.6	51.3	52.3
普通中学在校学生数	（万人）	52.2	47.5	60.4	192.0
小学在校学生数	（万人）	64.7	50.7	67.1	208.1
科技活动人员	（万人）				
研究与试验发展经费支出	（亿元）				
图书总藏量	（万册）	2492.0	1192.0	2630.1	988.0
期刊总印数	（亿册）	9.7	0.3	1.8	0.6
报纸总印数	（亿册）	71.6	9.6	16.3	6.0
电影放映场次	（万场次）	62.4	1.3	44.0	
电视节目套数	（套）	26	31	25	45
城镇（市）居民平均每户家庭人口	（人）	2.80	2.88	2.93	2.93
农村居民平均每户家庭人口	（人）	3.28	3.42	3.15	3.61
登记结婚对数	（万对）	18.18	10.40	14.99	30.11
离婚登记对数	（万对）	4.13	2.76	4.82	10.14
城市居民人均住房使用面积	（平方米）	21.61	29.89	17.20	27.41
农村居民人均居住面积	（平方米）	39.42	28.48	60.18	35.73
城镇（市）居民人均可支配收入	（元）	26738	21402	28838	17191
农村居民人均纯收入	（元）	11986	10675	12324	4478
医院个数	（个）	522	255	296	386
执业医师人数	（万人）	6.23	2.73	5.11	4.19
医院床位数	（万张）	8.25	3.86	7.95	5.84
城市绿化覆盖率	（%）	44.4	30.3	38.1	36.8

注：1. 天津市、重庆市的城市居民人均使用面积为建筑面积；上海市的城市居民人均居住面积为市区口径。
2. 上海市农村居民人均纯收入指标为农村居民人均可支配收入口径。
3. 天津、重庆城市绿化覆盖率为建成区绿化覆盖率。

第九篇

三大都市圈发展比较

SANDADUSHIQUAN FAZHAN BIJIAO

9-1 中国内地沿海三大都市圈主要城市指标对比
——土地、人口

城　市	土地面积(平方公里)	常住人口(万人)		
		2008	2009	增长速度(%)
全　国	**9600000**	**132802**	**133474**	**0.5**
京津冀经济区				
北　京	16411	1695.0	1755.0	3.5
天　津	11760	1176.0	1228.2	4.4
石家庄	15848	984.6	988.1	0.4
唐　山	13472	743.3	746.8	0.5
廊　坊	6429	410.3	412.2	0.5
秦皇岛	7523	295.7	297.8	0.7
承　德	39548	340.7	344.2	1.0
张家口	36873	421.2	423.5	0.5
保　定	20584	1092.4	1101.7	0.9
沧　州	14053	697.8	702.9	0.7
长江三角洲经济区				
上　海	6341	1888.5	1921.3	1.7
江苏省	**102600**	**7676.5**	**7724.5**	**0.6**
南　京	6582	758.9	771.3	1.6
无　锡	4788	610.7	619.6	1.4
常　州	4385	440.7	445.2	1.0
苏　州	8488	912.7	937.0	2.7
南　通	8001	714.8	713.4	-0.2
扬　州	6634	447.1	449.6	0.5
镇　江	3847	304.1	306.9	0.9
泰　州	5797	463.6	466.6	0.7
浙江省	**101800**	**5120.0**	**5180.0**	**1.2**
杭　州	16596	796.6	810.0	1.7
宁　波	9816	707.0	719.0	1.7
嘉　兴	3915	423.2	431.2	1.9
湖　州	5818	282.0	285.0	1.1
绍　兴	8256	463.6	470.3	1.4
舟　山	1440	105.4	106.3	0.9
台　州	9411	574.4	575.5	0.2
珠江三角洲经济区				
广　州	7434	1018.2	1033.5	1.5
深　圳	1953	876.8	891.2	1.6
珠　海	1688	148.1	149.1	0.7
佛　山	3848	595.3	599.7	0.7
惠　州	11158	392.7	397.2	1.1
东　莞	2465	695.0	635.0	-8.6
中　山	1800	251.1	251.7	0.3
江　门	9541	414.3	420.1	1.4
肇　庆	14856	380.3	388.8	2.2

资料来源：《中国统计年鉴2010》、《北京统计年鉴2010》、《天津统计年鉴2010》、《唐山统计年鉴2010》、《廊坊经济统计年鉴2010》、《河北经济年鉴2010》、《上海统计年鉴2010》、《江苏统计年鉴2010》、《南京统计年鉴2010》、《浙江统计年鉴2010》、《广州统计年鉴2010》、《深圳统计年鉴2010》、《珠海统计年鉴2010》、《广东统计年鉴2010》、《中国区域经济统计年鉴》。

9-1-1

城市	户籍人口(万人)			#非农业人口(万人)		
	2008	2009	增长速度(%)	2008	2009	增长速度(%)
全国						
京津冀经济区						
北京	1229.9	1245.8	1.3	950.7	971.9	2.2
天津	968.9	979.8	1.1	588.3	598.5	1.7
石家庄	966.5	977.4	1.1			
唐山	729.4	733.9	0.6			
廊坊	408.3	413.3	1.2			
秦皇岛	285.9	287.2	0.5			
承德	369.4	371.9	0.7			
张家口	459.7	462.3	0.6			
保定	1141.7	1155.3	1.2			
沧州	710.1	717.5	1.0			
长江三角洲经济区						
上海	1391.0	1400.7	0.7	1216.6	1236.2	1.6
江苏省	**7388.6**	**7419.2**	**0.4**			
南京	624.5	629.8	0.9			
无锡	464.2	465.7	0.3			
常州	358.7	359.8	0.3			
苏州	629.8	633.3	0.6			
南通	763.7	762.7	-0.1			
扬州	459.8	458.8	-0.2			
镇江	268.8	269.9	0.4			
泰州	500.9	504.0	0.6			
浙江省	**4687.9**	**4716.2**	**0.6**	**1395.5**	**1434.0**	**2.8**
杭州	677.6	683.4	0.8	340.8	354.5	4.0
宁波	568.1	571.0	0.5	198.5	202.0	1.8
嘉兴	338.1	339.6	0.5	130.1	139.9	7.5
湖州	258.5	259.2	0.3	80.8	81.8	1.3
绍兴	437.1	437.7	0.2	140.0	143.5	2.5
舟山	96.8	96.8	0.0	35.8	36.1	0.9
台州	574.1	578.5	0.8	103.4	104.4	1.0
珠江三角洲经济区						
广州	784.2	794.6	1.3	704.2	714.0	1.4
深圳	232.5	246.0	5.8	232.5	246.0	5.8
珠海	99.5	102.7	3.2	99.5	102.7	3.2
佛山	364.3	367.6	0.9	364.3	367.6	0.9
惠州	318.8	324.4	1.7	186.2	187.1	0.5
东莞	174.9	178.7	2.2	76.4	81.0	6.0
中山	146.4	147.9	1.0	77.3	78.4	1.5
江门	389.9	391.5	0.4	219.8	220.3	0.2
肇庆	410.3	413.7	0.8	117.9	117.8	-0.04

9-2 中国内地沿海三大都市圈主要城市指标对比

——地区生产总值

单位：亿元

城　市	地区生产总值			第一产业			第二产业		
	2008	2009	增长速度(%)	2008	2009	增长速度(%)	2008	2009	增长速度(%)
全　国	**314045.4**	**340506.9**	**9.1**	**33702.0**	**35226.0**	**4.2**	**149003.4**	**157638.8**	**9.9**
京津冀经济区									
北　京	11115.0	12153.0	10.2	112.8	118.3	4.6	2626.4	2855.5	10.4
天　津	6719.0	7521.9	16.5	122.6	128.9	3.4	3709.8	3987.8	18.0
石家庄	2723.6	3001.3	11.1	304.1	308.3	0.2	1365.3	1487.9	10.9
唐　山	3537.5	3812.7	11.3	340.0	360.2	5.8	2102.6	2202.1	11.2
廊　坊	1061.5	1147.5	10.8	132.6	138.3	3.1	569.7	613.0	11.7
秦皇岛	760.6	804.5	9.5	92.3	102.4	5.8	316.4	311.7	10.7
承　德	743.7	760.1	11.0	108.5	113.4	5.0	409.0	392.3	12.6
张家口	746.5	800.3	10.0	118.2	121.4	2.2	317.4	334.8	12.6
保　定	1525.8	1730.0	11.0	247.0	265.5	4.8	751.5	871.3	13.3
沧　州	1620.2	1801.2	11.3	200.2	216.2	4.0	864.2	869.0	10.5
长江三角洲经济区									
上　海	14069.9	15046.5	8.2	111.8	113.8	-1.1	6085.8	6001.8	3.5
江苏省	**30982.0**	**34457.3**	**12.4**	**2100.1**	**2261.9**	**4.5**	**16993.3**	**18566.4**	**12.5**
南　京	3814.6	4230.3	11.5	119.4	129.2	4.1	1771.3	1930.7	**10.1**
无　锡	4460.6	4991.7	11.6	86.8	93.6	6.6	2576.5	2836.4	8.2
常　州	2266.3	2519.9	11.7	84.5	91.8	4.7	1317.1	1429.7	10.8
苏　州	7078.1	7740.2	11.5	133.6	142.8	4.5	4257.9	4547.1	9.8
南　通	2593.1	2872.8	14.0	219.3	236.5	4.2	1451.6	1607.5	15.4
扬　州	1645.9	1856.4	13.8	134.1	144.9	5.1	924.7	1042.0	14.3
镇　江	1491.8	1672.1	13.7	70.3	75.1	4.5	879.0	973.1	11.9
泰　州	1446.3	1660.9	13.8	123.8	133.7	4.6	828.3	943.1	14.4
浙江省	**21462.7**	**22990.4**	**8.9**	**1096.0**	**1163.1**	**2.4**	**11567.4**	**11908.5**	**6.8**
杭　州	4789.0	5087.6	10.0	179.8	190.5	3.1	2372.6	2387.1	6.5
宁　波	3946.5	4329.3	8.9	166.9	183.5	3.8	2190.8	2362.1	8.3
嘉　兴	1819.8	1918.0	9.3	105.5	107.5	3.1	1081.2	1112.5	7.5
湖　州	1022.9	1101.8	10.2	84.8	90.3	4.6	582.4	606.4	8.2
绍　兴	2230.2	2375.8	9.3	116.2	124.5	3.5	1310.8	1361.1	6.7
舟　山	509.0	535.2	11.0	49.7	52.2	-1.8	233.3	242.7	13.8
台　州	1946.2	2040.5	8.5	123.0	132.2	2.1	1041.9	1057.7	7.8
珠江三角洲经济区									
广　州	8287.4	9138.2	11.7	169.2	172.3	3.8	3227.9	3405.2	9.3
深　圳	7786.8	8201.3	10.7	8.3	6.7	-15.6	3860.5	3827.1	9.1
珠　海	997.2	1038.7	6.6	28.6	28.8	3.8	544.9	544.0	3.3
佛　山	4378.3	4820.9	13.5	97.0	95.8	3.4	2798.3	3037.7	13.6
惠　州	1304.1	1414.7	13.2	90.6	90.3	3.8	741.3	789.0	13.3
东　莞	3703.6	3763.9	5.3	14.8	14.8	2.3	1901.6	1823.1	-0.3
中　山	1457.0	1566.4	10.2	43.7	45.3	3.3	850.9	904.4	9.0
江　门	1270.9	1340.9	9.7	106.8	104.4	4.0	738.8	777.5	11.3
肇　庆	760.5	862.0	13.9	163.8	165.4	5.2	268.7	319.7	19.8

注：地区生产总值绝对值按现价计算，增长速度按可比价格计算。

9-2-1

单位：亿元

城　市	#工　业			第三产业			人均地区生产总值(元)		
	2008	2009	增长速度(%)	2008	2009	增长速度(%)	2008	2009	增长速度(%)
全　国	**130260.2**	**135239.9**	**8.7**	**131340.0**	**147642.1**	**9.3**	**23708**	**25575**	**8.6**
京津冀经济区									
北　京	2131.7	2303.1	8.8	8375.8	9179.2	10.2	66797	70452	6.3
天　津	3418.9	3622.1	18.3	2886.7	3405.2	15.2	58656	62574	11.1
石家庄	1229.3	1329.0	9.5	1054.2	1205.1	13.8	27753	30428	10.5
唐　山	1944.8	2021.0	10.9	1094.9	1250.4	13.0	47734	51179	10.8
廊　坊	496.5	523.2	10.8	359.2	396.1	11.6	26002	27904	10.4
秦皇岛	280.8	270.6	9.6	351.9	390.5	9.3	25839	27110	9.5
承　德	367.7	343.0	12.0	226.2	254.5	11.2	21895	22198	10.2
张家口	280.4	285.8	9.5	310.9	344.2	10.1	17756	18948	9.5
保　定	630.5	726.5	11.7	527.3	593.2	10.2	14013	15770	10.2
沧　州	794.0	785.2	9.7	555.7	716.1	14.9	23300	25719	10.6
长江三角洲经济区									
上　海	5576.8	5408.8	2.9	7872.2	8930.9	12.2	75109	78989	6.4
江苏省	**15271.2**	**16464.9**	**12.0**	**11888.5**	**13629.1**	**13.6**	**40499**	**44744**	**11.7**
南　京	1532.2	1640.5	9.3	1923.9	2170.4	13.5	50855	55290	9.4
无　锡	2427.7	2651.5	7.6	1797.3	2061.7	17.1	73733	81146	9.7
常　州	1209.4	1301.6	10.4	864.8	998.5	14.1	51746	56890	10.5
苏　州	4025.3	4265.5	9.5	2686.6	3050.3	14.5	78875	83696	8.2
南　通	1219.6	1319.4	13.8	922.2	1028.8	14.3	36199	40231	14.5
扬　州	821.5	913.6	14.8	587.1	669.5	15.0	36858	41406	13.4
镇　江	809.4	896.6	11.7	542.6	624.0	17.7	49235	54732	12.7
泰　州	723.3	825.4	14.7	494.2	584.2	15.0	31386	35711	12.8
浙江省	**10328.7**	**10518.2**	**5.9**	**8799.3**	**9918.8**	**12.5**	**42166**	**44641**	**7.7**
杭　州	2119.7	2101.1	5.5	2236.6	2509.9	14.2	60513	63333	8.3
宁　波	1957.4	2110.8	8.5	1588.9	1783.6	10.4	56520	60720	6.7
嘉　兴	974.3	985.5	6.2	633.1	698.0	13.4	43235	44898	7.7
湖　州	524.6	542.5	7.7	355.7	405.2	14.5	36401	38865	9.2
绍　兴	1191.7	1224.6	5.8	803.2	890.2	14.6	48393	50879	7.9
舟　山	170.0	176.4	14.0	226.0	240.3	10.7	48735	50566	9.5
台　州	950.0	957.3	7.5	781.4	850.5	10.4	33912	35489	8.3
珠江三角洲经济区									
广　州	2972.5	3117.3	9.2	4890.3	5560.8	13.4	81941	89082	10.1
深　圳	3663.0	3593.1	8.5	3918.0	4367.6	12.5	89587	92772	8.8
珠　海	511.7	506.8	2.4	423.7	465.9	11.1	67938	69889	5.2
佛　山	2698.6	2933.2	13.7	1483.0	1687.4	13.8	73732	80686	12.8
惠　州	696.9	738.3	13.0	472.1	535.5	14.7	33428	35819	11.8
东　莞	1819.2	1741.5	-0.6	1787.2	1926.0	11.4	53301	56601	10.0
中　山	812.1	859.6	9.0	562.4	616.7	12.5	58038	62304	10.0
江　门	710.1	745.1	11.0	425.4	459.1	8.1	30738	32139	8.7
肇　庆	239.6	283.7	20.6	328.0	377.0	13.1	20133	22415	11.8

注：人均地区生产总值按常住人口计算。

9-3 中国内地沿海三大都市圈主要城市指标对比

——财政、金融

单位：亿元

城　市	地方财政一般预算收入			地方财政一般预算支出		
	2008	2009	增长速度(%)	2008	2009	增长速度(%)
全　国	**28649.8**	**32602.6**	**13.8**	**49248.5**	**61044.1**	**24.0**
京津冀经济区						
北　京	1837.3	2026.8	10.3	1959.3	2319.4	18.4
天　津	675.6	822.0	21.6	867.7	1124.3	21.3
石家庄	110.0	126.0	14.5	193.8	240.9	24.3
唐　山	149.3	169.7	13.7	257.0	285.8	11.2
廊　坊	57.9	69.3	19.5	106.5	132.1	24.0
秦皇岛	48.7	56.3	15.7	94.2	103.7	10.1
承　德	37.8	45.2	19.5	106.8	129.7	21.4
张家口	41.6	47.0	12.9	111.1	155.2	39.7
保　定	66.6	73.3	10.0	166.3	200.4	20.5
沧　州	56.7	64.7	14.1	125.0	157.5	26.0
长江三角洲经济区						
上　海	2382.3	2540.3	6.6	2617.7	2989.7	14.2
江苏省	**2731.4**	**3228.8**	**18.2**	**3247.5**	**4017.4**	**23.7**
南　京	386.6	434.5	12.4	404.7	461.3	14.0
无　锡	365.4	415.9	13.8	339.0	405.6	19.7
常　州	185.2	215.9	16.6	186.7	218.8	17.2
苏　州	668.9	745.2	11.4	622.4	686.8	10.3
南　通	159.6	199.0	24.7	196.2	237.5	21.0
扬　州	104.8	128.1	22.2	126.5	159.0	25.7
镇　江	85.7	101.6	18.6	96.6	121.3	25.6
泰　州	101.1	138.6	37.1	125.4	172.9	37.9
浙江省	**1933.4**	**2142.5**	**10.8**	**2208.6**	**2653.4**	**20.1**
杭　州	455.4	520.8	14.4	419.7	490.4	16.9
宁　波	390.4	432.8	10.9	439.4	506.1	15.2
嘉　兴	126.9	141.7	11.7	135.9	161.1	18.5
湖　州	71.6	80.0	11.7	86.4	108.5	25.6
绍　兴	143.6	160.4	11.7	144.1	169.5	17.7
舟　山	43.2	48.8	13.0	76.8	82.7	7.8
台　州	126.0	136.0	7.9	153.8	176.0	14.4
珠江三角洲经济区						
广　州	621.8	702.7	13.0	713.4	789.9	10.7
深　圳	800.4	880.8	10.1	889.9	1000.8	12.5
珠　海	92.3	101.4	9.8	105.7	121.3	14.8
佛　山	228.0	254.7	11.7	244.5	267.0	9.2
惠　州	78.1	101.6	30.1	106.3	134.8	26.8
东　莞	209.2	231.2	10.5	218.3	232.6	6.6
中　山	100.1	110.4	10.3	101.2	117.9	16.5
江　门	74.7	83.6	12.0	92.6	111.1	20.0
肇　庆	43.6	55.9	28.4	79.0	106.9	35.4

注：上海市地方财政一般预算收支为地方财政收支口径，包括机场建设费、文教部门基金等。

9-3-1

单位：亿元

城　市	中资金融机构人民币存款余额			中资金融机构人民币贷款余额		
	2008	2009	增长速度(%)	2008	2009	增长速度(%)
全　国	**466203.0**	**597741.0**	**28.2**	**303468**	**399685**	**31.7**
京津冀经济区						
北　京	41500.0	53428.8	28.7	19431.1	24805.1	27.7
天　津	9490.1	13390.2	41.1	7277.5	10513.4	44.5
石家庄	4111.6	5163.1	25.6	2079.9	2886.6	38.8
唐　山	2896.9	3657.9	26.3	1554.1	2197.3	41.4
廊　坊	1267.7	1605.1	26.6	733.0	1047.9	43.0
秦皇岛	1013.8	1288.2	27.1	546.8	730.4	33.6
承　德	686.6	897.0	30.6	430.7	598.6	39.0
张家口	863.1	1133.1	31.3	546.2	782.7	43.3
保　定	1965.2	2434.2	23.9	709.8	966.6	36.2
沧　州	1393.4	1765.5	26.7	505.9	711.4	40.6
长江三角洲经济区						
上　海	31897.8	39935.1	25.2	18987.4	24108.2	27.0
江苏省	**36940.9**	**48453.0**	**31.2**	**26038.2**	**35169.8**	**35.1**
南　京	8392.9	10886.9	29.7	7171.7	9064.1	26.4
无　锡	5319.9	7216.7	35.7	3723.1	5263.4	41.4
常　州	2819.5	3765.9	33.6	1851.7	2514.0	35.8
苏　州	8340.8	10950.3	31.3	6301.8	8505.3	35.0
南　通	2966.1	3926.5	32.4	1728.2	2315.7	34.0
扬　州	1551.9	2067.1	33.2	889.4	1212.8	36.4
镇　江	1262.7	1785.3	41.4	921.0	1286.6	39.7
泰　州	1401.8	1885.4	34.5	792.9	1160.4	46.4
浙江省	**34806.4**	**44336.5**	**27.4**	**28958.4**	**37998.0**	**31.2**
杭　州	11146.2	14284.2	28.2	9784.3	13113.3	34.0
宁　波	6216.5	8241.4	32.6	5670.4	7715.9	36.1
嘉　兴	2186.2	2904.2	32.8	1603.8	2278.7	42.1
湖　州	1001.8	1397.7	39.5	775.8	1150.7	48.3
绍　兴	3232.2	4139.5	28.1	2461.3	3363.8	36.7
舟　山	730.8	943.9	29.2	635.4	854.0	34.4
台　州	2353.4	2935.6	24.7	1893.1	2518.1	33.0
珠江三角洲经济区						
广　州	16219.2	20081.5	23.8	10037.5	12316.0	22.7
深　圳	13011.2	16938.2	30.2	9017.3	11646.3	29.2
珠　海	1472.4	1962.4	33.3	647.9	908.2	40.2
佛　山	5606.1	7104.4	26.7	2941.0	3931.9	33.7
惠　州	1304.6	1734.7	33.0	659.9	924.9	40.2
东　莞	4336.3	4965.9	14.5	2365.7	2886.0	22.0
中　山	1769.8	2159.6	22.0	825.6	1142.5	38.4
江　门	1611.3	1913.0	18.7	606.4	828.5	36.6
肇　庆	718.5	909.6	26.6	370.9	554.4	49.4

注：全国、河北省市、浙江省、南京、无锡、常州、苏州、南通、扬州、镇江和台州为金融机构人民币存贷款数据。

9-3-2

单位：亿元

城　市	城乡居民人民币储蓄存款余额		
	2008	2009	增长速度(%)
全　国	**217885**	**260772**	**19.7**
京津冀经济区			
北　京	11869.9	14566.3	22.7
天　津	3956.9	4860.1	22.8
石家庄	2180.2	2567.5	17.8
唐　山	1819.8	2139.2	17.6
廊　坊	803.4	982.9	22.3
秦皇岛	615.6	740.8	20.4
承　德	463.3	547.1	18.1
张家口	609.0	724.0	18.9
保　定	1501.4	1749.7	16.5
沧　州	1014.0	1197.7	18.1
长江三角洲经济区			
上　海	11367.3	13591.9	19.6
江苏省	**16721.2**	**20080.6**	**20.1**
南　京	2505.3	3056.4	22.0
无　锡	2255.9	2700.6	19.7
常　州	1431.2	1756.2	22.7
苏　州	3337.3	3954.1	18.5
南　通	1875.2	2268.1	21.0
扬　州	899.1	1095.3	21.8
镇　江	686.7	847.6	23.4
泰　州	824.9	997.9	21.0
浙江省	**14501.5**	**17833.4**	**23.0**
杭　州	3420.7	4286.9	25.3
宁　波	2365.2	2901.8	22.7
嘉　兴	1155.4	1385.6	19.9
湖　州	539.1	688.3	27.7
绍　兴	1406.0	1707.0	21.4
舟　山	295.9	356.4	20.4
台　州	1204.4	1449.7	20.4
珠江三角洲经济区			
广　州	6836.4	7920.1	15.9
深　圳	4905.9	5723.8	16.7
珠　海	705.1	805.4	14.2
佛　山	3436.1	3885.3	13.1
惠　州	771.7	867.5	12.4
东　莞	2636.8	2902.7	10.1
中　山	1058.9	1221.0	15.3
江　门	1158.2	1289.1	11.3
肇　庆	482.8	554.1	14.8

9-4 中国内地沿海三大都市圈主要城市指标对比
——投资、消费

单位：亿元

城　市	全社会固定资产投资额			#房地产开发		
	2008	2009	增长速度（%）	2008	2009	增长速度（%）
全　国	**172828.4**	**224598.8**	**30.0**	**31203.2**	**36241.8**	**16.1**
京津冀经济区						
北　京	3848.5	4858.4	26.2	1908.7	2337.7	22.5
天　津	3404.1	5006.3	47.1	653.7	735.2	12.5
石家庄	1724.2	2436.4	41.3	280.4	374.0	33.4
唐　山	1362.2	2182.6	60.2	120.4	191.8	59.3
廊　坊	926.7	1279.7	38.1	219.8	248.4	13.0
秦皇岛	303.6	421.0	38.7	82.5	94.4	14.5
承　德	390.4	567.2	45.3	47.6	67.2	41.0
张家口	412.5	657.5	59.4	61.8	96.3	55.7
保　定	800.0	1130.4	41.3	97.7	174.4	78.5
沧　州	792.4	1102.8	39.2	52.6	69.6	32.3
长江三角洲经济区						
上　海	4829.5	5273.3	9.2	1366.9	1464.2	7.1
江苏省	**15060.5**	**18949.9**	**25.8**	**3064.5**	**3338.5**	**8.9**
南　京	2154.2	2648.0	22.9	508.2	595.7	17.2
无　锡	1877.0	2387.6	27.2	449.7	463.4	3.0
常　州	1448.2	1704.8	17.7	308.9	306.2	-0.9
苏　州	2611.2	2967.4	13.6	718.1	724.3	0.9
南　通	1505.4	1802.4	19.7	172.7	200.8	16.3
扬　州	950.0	1063.9	12.0	137.7	129.5	-5.9
镇　江	718.5	1010.6	40.6	97.0	95.5	-1.6
泰　州	900.5	1166.2	29.5	111.8	123.9	10.8
浙江省	**9323.0**	**10742.3**	**15.2**	**2023.1**	**2254.3**	**11.4**
杭　州	1961.7	2291.7	16.8	596.6	704.7	18.1
宁　波	1728.2	2004.2	16.0	307.8	374.5	21.7
嘉　兴	1006.7	1233.4	22.5	181.2	187.2	3.3
湖　州	525.2	638.7	21.6	103.3	111.3	7.8
绍　兴	915.8	1055.0	15.2	202.1	210.5	4.2
舟　山	339.4	400.7	18.0	39.0	49.0	25.8
台　州	759.6	834.1	9.8	126.3	152.3	20.6
珠江三角洲经济区						
广　州	2101.5	2659.9	26.6	762.4	817.3	7.2
深　圳	1464.3	1709.2	16.7	440.5	437.5	-0.7
珠　海	351.3	410.5	16.8	147.7	168.4	14.1
佛　山	1230.6	1470.6	19.5	403.7	358.3	-11.3
惠　州	588.7	759.0	28.9	186.8	175.3	-6.2
东　莞	943.1	1094.1	16.0	270.2	277.7	2.8
中　山	445.0	545.6	22.6	191.6	192.4	0.4
江　门	378.2	492.1	30.1	104.6	95.7	-8.6
肇　庆	326.3	462.8	41.8	54.3	60.7	11.7

9-4-1

单位：亿元

城　市	社会消费品零售额		
	2008	2009	增长速度(%)
全　国	**114830.1**	**132678.4**	**15.5**
京津冀经济区			
北　京	4645.5	5309.9	14.3
天　津	2078.7	2430.8	16.9
石家庄	1028.0	1190.6	15.8
唐　山	828.1	958.6	15.8
廊　坊	307.0	354.5	15.5
秦皇岛	245.6	283.3	15.3
承　德	189.2	218.2	15.3
张家口	237.9	274.4	15.3
保　定	633.6	730.3	15.3
沧　州	425.4	490.7	15.3
长江三角洲经济区			
上　海	4577.2	5173.2	13.0
江苏省	**9905.1**	**11484.1**	**15.9**
南　京	1659.6	1935.5	16.6
无　锡	1340.5	1542.7	15.1
常　州	764.1	891.5	16.7
苏　州	1748.8	2026.8	15.9
南　通	921.9	1080.2	17.2
扬　州	527.9	612.6	16.0
镇　江	410.2	475.7	16.0
泰　州	407.7	467.4	14.6
浙江省	**7533.3**	**8622.3**	**14.5**
杭　州	1577.6	1804.9	14.4
宁　波	1253.3	1429.7	14.1
嘉　兴	607.0	694.3	14.4
湖　州	386.8	442.6	14.4
绍　兴	626.6	717.9	14.6
舟　山	159.8	181.7	13.7
台　州	718.4	817.9	13.8
珠江三角洲经济区			
广　州	3187.4	3615.8	13.4
深　圳	2276.6	2567.9	12.8
珠　海	360.1	404.5	12.3
佛　山	1195.8	1408.8	17.8
惠　州	426.8	491.1	15.1
东　莞	881.2	959.1	8.8
中　山	480.3	549.8	14.5
江　门	493.3	562.1	14.0
肇　庆	238.5	275.8	15.6

9-5 中国内地沿海三大都市圈主要城市指标对比
——对外经济贸易

单位：亿美元

城　市	地方出口总额			地方进口总额		
	2008	2009	增长速度(%)	2008	2009	增长速度(%)
全　国	**14306.9**	**12016.1**	**-16.0**	**11325.6**	**10059.2**	**-11.2**
京津冀经济区						
北　京	575.0	483.6	-15.9	2141.9	1664.3	-22.3
天　津	422.3	299.9	-29.0	383.1	339.6	-11.4
石家庄	56.0	43.1	-23.0	13.9	12.0	-13.9
唐　山	49.4	19.2	-61.2	42.6	41.8	-1.9
廊　坊	15.2	14.4	-5.1	20.4	19.2	-5.6
秦皇岛	31.3	16.2	-48.3	18.7	17.0	-9.3
承　德	3.5	1.0	-71.1	0.8	1.3	64.5
张家口	3.7	1.7	-54.9	4.4	3.5	-21.6
保　定	34.1	27.8	-18.2	11.8	12.2	3.2
沧　州	15.8	11.2	-28.8	3.3	2.3	-29.9
长江三角洲经济区						
上　海	1693.5	1419.1	-16.2	1527.9	1358.2	-11.1
江苏省	**2380.4**	**1992.4**	**-16.3**	**1542.3**	**1395.9**	**-9.5**
南　京	236.0	184.6	-21.8	170.0	152.9	-10.1
无　锡	357.7	259.9	-27.3	201.6	179.3	-11.1
常　州	132.3	108.6	-17.9	43.8	42.1	-3.9
苏　州	1317.2	1140.9	-13.4	968.0	873.6	-9.8
南　通	117.5	111.7	-4.9	49.3	50.9	3.2
扬　州	45.7	40.1	-12.1	16.1	14.2	-11.9
镇　江	42.5	35.4	-16.7	32.1	25.0	-22.2
泰　州	48.9	42.1	-13.8	14.6	16.1	10.4
浙江省	**1542.7**	**1330.1**	**-13.8**	**568.4**	**547.2**	**-3.7**
杭　州	336.1	271.8	-19.1	144.5	132.4	-8.4
宁　波	463.3	386.5	-16.6	215.1	221.6	3.0
嘉　兴	141.0	123.4	-12.5	57.3	48.6	-15.1
湖　州	49.0	40.8	-16.8	6.9	7.6	10.2
绍　兴	175.0	157.6	-9.9	63.3	47.3	-25.3
舟　山	32.9	37.4	13.8	27.7	32.8	18.7
台　州	117.6	100.7	-14.4	20.5	19.7	-4.0
珠江三角洲经济区						
广　州	429.6	374.0	-12.9	390.0	393.3	0.8
深　圳	1797.1	1619.8	-9.9	1203.5	1081.8	-10.1
珠　海	211.7	177.8	-16.0	256.6	196.6	-23.4
佛　山	289.6	245.8	-15.1	132.5	137.6	3.8
惠　州	179.9	171.5	-4.7	117.6	120.9	2.9
东　莞	656.4	551.7	-16.0	477.8	389.7	-18.4
中　山	187.0	177.4	-5.2	72.1	67.3	-6.6
江　门	96.5	79.5	-17.7	34.9	30.9	-11.4
肇　庆	24.2	20.3	-16.0	12.6	12.3	-1.7

注：各地区进出口数据按经营单位所在地统计。

9-5-1

单位：亿美元

城　市	实际利用外商直接投资		
	2008	2009	增长速度(%)
全　国	**924.00**	**900.30**	**-2.6**
京津冀经济区			
北　京	60.82	61.21	0.6
天　津	74.20	90.20	21.6
石家庄	4.40	5.44	23.4
唐　山	8.36	7.93	-5.2
廊　坊	4.22	4.62	9.5
秦皇岛	4.01	4.57	13.9
承　德	0.56	0.67	20.1
张家口	0.64	0.81	26.6
保　定	5.34	4.25	-20.5
沧　州	1.61	1.65	2.6
长江三角洲经济区			
上　海	100.84	105.38	4.5
江苏省	**251.20**	**253.23**	**0.8**
南　京	22.61	22.82	0.9
无　锡	31.67	32.03	1.1
常　州	20.40	22.61	10.8
苏　州	81.33	82.27	1.2
南　通	29.37	20.05	-31.7
扬　州	15.10	15.19	0.6
镇　江	12.02	14.41	19.9
泰　州	10.50	10.56	0.6
浙江省	**100.73**	**99.40**	**-1.3**
杭　州	33.12	40.14	21.2
宁　波	25.38	22.05	-13.1
嘉　兴	13.60	13.35	-1.8
湖　州	8.02	8.11	1.1
绍　兴	8.40	8.11	-3.5
舟　山	1.59	1.06	-33.2
台　州	2.39	1.88	-21.3
珠江三角洲经济区			
广　州	36.23	37.73	4.2
深　圳	40.30	41.60	3.2
珠　海	11.42	11.80	3.3
佛　山	18.07	18.74	3.7
惠　州	13.52	13.95	3.1
东　莞	24.47	25.94	6.0
中　山	7.45	6.08	-18.4
江　门	9.17	10.37	13.1
肇　庆	8.58	8.88	3.4

9-6 中国内地沿海三大都市圈主要城市指标对比

——旅 游

城 市	入境旅游者人数(万人次)			旅游创汇(亿美元)		
	2008	2009	增长速度(%)	2008	2009	增长速度(%)
全 国	**13002.7**	**12647.6**	**-2.7**	**408.4**	**396.8**	**-2.9**
京津冀经济区						
北 京	379.0	412.5	8.8	44.60	43.60	-2.2
天 津	122.0	141.0	15.6	10.01	11.83	18.1
石家庄	9.8	10.7	9.4	0.37	0.43	16.8
唐 山	4.3	5.0	17.4	0.17	0.21	28.5
廊 坊	8.0	8.7	8.6	0.25	0.23	-8.9
秦皇岛	18.7	22.4	19.7	1.02	1.19	17.1
承 德	20.1	20.6	2.3	0.54	0.50	-6.4
张家口	3.0	4.1	36.3	0.05	0.08	42.7
保 定	7.4	8.1	9.4	0.22	0.28	26.1
沧 州	0.7	1.3	82.4	0.02	0.04	79.6
长江三角洲经济区						
上 海	640.4	628.9	-1.8	50.27	47.96	-4.6
江苏省	**544.3**	**556.8**	**2.3**	**38.80**	**40.16**	**3.5**
南 京	119.2	113.5	-4.8	8.72	8.37	-4.0
无 锡	61.1	63.0	3.0	3.35	3.49	4.1
常 州	29.4	30.6	3.9	2.76	2.94	6.5
苏 州	168.2	169.5	0.8	9.95	9.97	0.2
南 通	28.0	30.0	7.1	2.84	3.09	8.9
扬 州	46.4	50.0	7.9	3.59	4.01	11.8
镇 江	53.6	58.9	10.0	4.21	4.54	7.9
泰 州	6.0	6.8	13.4	0.61	0.69	12.7
浙江省	**539.7**	**570.6**	**5.7**	**30.24**	**32.24**	**6.6**
杭 州	221.3	230.4	4.1	12.96	13.80	6.5
宁 波	75.7	80.1	5.8	4.69	4.87	3.8
嘉 兴	54.0	55.7	3.2	1.89	1.92	1.4
湖 州	24.4	25.2	3.2	0.87	0.99	14.1
绍 兴	39.9	43.2	8.3	1.36	1.48	8.6
舟 山	21.2	22.3	5.4	1.12	1.14	1.5
台 州	10.4	8.7	-16.7	0.70	0.50	-29.5
珠江三角洲经济区						
广 州	612.5	689.4	12.6	31.30	36.24	15.8
深 圳	869.6	896.4	3.1	27.08	27.60	1.9
珠 海	286.2	297.8	4.1	9.48	10.27	8.3
佛 山	98.1	98.3	0.3	5.82	6.52	12.1
惠 州	132.8	144.3	8.6	3.31	4.01	21.2
东 莞	216.6	226.0	4.3	4.56	5.18	13.5
中 山	65.2	47.6	-27.0	2.27	2.04	-10.0
江 门	111.4	115.9	4.0	3.91	4.09	4.5
肇 庆	101.0	112.3	11.2	0.67	0.81	21.0

9-7 中国内地沿海三大都市圈主要城市指标对比
——物 价

单位：%

城 市	居民消费价格指数		工业品出厂价格指数		原材料、燃料、动力价格指数	
	2008	2009	2008	2009	2008	2009
全 国	**105.9**	**99.3**	**106.9**	**94.6**	**110.5**	**92.1**
京津冀经济区						
北 京	105.1	98.5	103.3	94.4	115.8	88.6
天 津	105.4	99.0	104.1	92.5	112.9	90.2
石家庄	106.7	100.3				
唐 山	105.1	99.8				
廊 坊	105.3	96.6				
秦皇岛	106.2	98.3				
承 德	107.1	98.9				
张家口	106.0	100.0				
保 定	105.1	100.2				
沧 州	105.2	97.4				
长江三角洲经济区						
上 海	105.8	99.6	102.2	93.8	110.3	89.8
江苏省	**105.4**	**99.6**	**104.6**	**95.2**	**115.0**	**91.9**
南 京	106.2	100.1	105.5	90.8		
无 锡	105.1	99.5				
常 州	105.2	99.5				
苏 州	105.3	99.8				
南 通	104.8	98.7				
扬 州	104.8	99.9				
镇 江	105.0	99.6				
泰 州	104.8	99.7				
浙江省	**105.0**	**98.5**	**104.3**	**94.9**	**110.6**	**92.6**
杭 州	104.9	98.6	105.9	95.1	110.8	92.2
宁 波	105.0	99.4	104.5	94.0	112.3	89.0
嘉 兴	105.2	99.1	103.6	94.9	113.3	92.2
湖 州	105.1	99.2	104.9	95.1	111.0	95.0
绍 兴	105.0	99.2	102.8	96.6	110.7	94.7
舟 山	105.6	99.2	103.4	96.0		
台 州	104.2	99.4	102.8	94.4	111.8	91.2
珠江三角洲经济区						
广 州	105.9	97.5	103.7	96.5	109.4	91.8
深 圳	105.9	98.7	99.6	95.3	105.3	96.3
珠 海	104.6	97.0	101.2	96.5		
佛 山	104.9	98.4	103.8	96.3		
惠 州	104.3	98.5	100.7	93.7		
东 莞	105.5	96.9	101.7	96.8		
中 山	105.5	97.1	102.6	97.6		
江 门	104.5	98.0	103.4	96.7		
肇 庆	105.3	97.8	104.2	95.9		

注：廊坊、秦皇岛、承德、张家口、保定、沧州居民消费价格指数为市区数。

9-8 中国内地沿海三大都市圈主要城市指标对比
——从业人员

单位：万人

城 市	从业人员			第一产业		
	2008	2009	增长速度(%)	2008	2009	增长速度(%)
全 国	**77480**	**77995**	**0.7**	**30654**	**29708**	**-3.1**
京津冀经济区						
北 京	980.9	998.3	1.8	63.0	62.2	-1.3
天 津	647.3	677.1	4.6	76.3	75.7	-0.8
石家庄	496.4	505.4	1.8	150.4	147.8	-1.7
唐 山	412.0	432.2	4.9	128.0	129.2	0.9
廊 坊	221.7	234.2	5.6	80.6	85.5	6.1
秦皇岛	160.6	163.9	2.1	71.4	71.5	0.2
承 德	206.7	213.3	3.2	96.1	96.8	0.8
张家口	252.0	253.4	0.5	129.3	126.0	-2.5
保 定	600.9	615.6	2.4	294.5	297.7	1.1
沧 州	383.8	390.8	1.8	120.5	112.7	-6.5
长江三角洲经济区						
上 海	1053.2	1064.4	1.1	49.4	48.5	-1.7
江苏省	**4648.9**	**4674.6**	**0.6**	**1222.7**	**1173.3**	**-4.0**
南 京	380.4	407.7	7.2	45.8	45.8	-0.1
无 锡	350.0	364.3	4.1	25.7	24.2	-5.9
常 州	290.8	304.0	4.6	29.7	29.5	-0.7
苏 州	517.6	550.0	6.3	32.1	29.6	-7.9
南 通	454.9	460.5	1.2	90.5	84.8	-6.3
扬 州	273.4	286.1	4.7	42.8	39.7	-7.2
镇 江	165.4	173.1	4.7	31.9	31.9	-0.2
泰 州	281.1	283.8	1.0	66.8	66.9	0.2
浙江省	**3486.5**	**3592.0**	**3.0**	**670.2**	**658.0**	**-1.8**
杭 州	569.2	597.5	5.0	80.3	80.2	-0.1
宁 波	439.9	443.9	0.9	64.5	69.4	7.6
嘉 兴	294.5	308.1	4.6	36.9	36.5	-1.1
湖 州	199.0	199.2	0.1	35.4	35.0	-1.0
绍 兴	315.4	329.0	4.3	52.7	52.2	-0.9
舟 山	63.2	66.0	4.3	11.1	10.9	-1.8
台 州	375.6	378.6	0.8	83.8	78.1	-6.7
珠江三角洲经济区						
广 州	714.5	738.7	3.4	79.9	79.8	-0.2
深 圳	670.4	692.5	3.3	0.8	0.4	-42.1
珠 海	101.5	98.1	-3.3	7.4	6.8	-8.3
佛 山	361.6	381.1	5.4	28.0	27.2	-2.6
惠 州	241.1	245.5	1.8	68.2	68.3	0.1
东 莞	439.2	429.1	-2.3	8.8	7.8	-11.9
中 山	203.8	210.0	3.1	14.1	14.1	-0.2
江 门	233.8	233.6	-0.1	80.5	82.0	1.9
肇 庆	238.4	235.8	-1.1	115.8	114.8	-0.9

9-8-1

单位：万人

城　市	第二产业			第三产业		
	2008	2009	增长速度(%)	2008	2009	增长速度(%)
全　国	**21109**	**21684**	**2.7**	**25717**	**26603**	**3.4**
京津冀经济区						
北　京	207.4	199.6	-3.8	710.5	736.5	3.7
天　津	271.9	281.0	3.4	299.1	320.4	7.1
石家庄	179.1	181.4	1.3	166.8	176.2	5.6
唐　山	158.4	170.1	7.4	125.6	132.9	5.8
廊　坊	78.2	83.3	6.6	62.9	65.3	3.8
秦皇岛	38.0	39.5	4.0	51.1	52.9	3.5
承　德	54.2	57.4	5.9	56.4	59.0	4.6
张家口	51.1	53.2	4.1	71.6	74.2	3.6
保　定	181.9	189.2	4.0	124.6	128.6	3.2
沧　州	154.0	162.8	5.7	109.3	115.3	5.5
长江三角洲经济区						
上　海	424.2	423.0	-0.3	579.7	592.9	2.3
江苏省	**1655.0**	**1668.9**	**0.8**	**1771.2**	**1832.5**	**3.5**
南　京	153.2	168.8	10.1	181.3	193.1	6.5
无　锡	199.5	199.9	0.2	124.9	140.3	12.3
常　州	163.1	170.4	4.5	98.0	104.2	6.3
苏　州	303.9	314.3	3.4	181.6	206.1	13.5
南　通	201.0	207.2	3.1	163.5	168.5	3.1
扬　州	136.5	145.3	6.5	94.2	101.2	7.4
镇　江	84.4	87.6	3.8	49.1	53.7	9.3
泰　州	117.4	118.4	0.8	96.9	98.5	1.7
浙江省	**1660.0**	**1726.1**	**4.0**	**1156.3**	**1208.0**	**4.5**
杭　州	263.5	278.0	5.5	225.4	239.3	6.2
宁　波	232.6	239.1	2.8	142.8	135.4	-5.2
嘉　兴	177.4	187.0	5.4	80.2	84.6	5.5
湖　州	87.0	87.3	0.4	76.7	76.9	0.3
绍　兴	170.1	171.9	1.1	92.6	104.9	13.3
舟　山	26.5	28.0	5.7	25.6	27.0	5.5
台　州	157.3	162.1	3.0	134.5	138.3	2.9
珠江三角洲经济区						
广　州	287.4	297.3	3.5	347.3	361.6	4.1
深　圳	362.4	373.7	3.1	307.3	318.4	3.6
珠　海	43.6	44.2	1.4	50.6	47.2	-6.7
佛　山	196.9	205.6	4.4	136.7	148.3	8.5
惠　州	105.0	108.0	2.9	67.9	69.2	1.9
东　莞	282.9	274.3	-3.0	147.5	147.0	-0.3
中　山	137.7	141.1	2.4	51.9	54.9	5.7
江　门	93.1	91.2	-2.1	60.2	60.4	0.3
肇　庆	60.0	58.2	-3.0	62.6	62.9	0.4

9-9 中国内地沿海三大都市圈主要城市生活质量指标对比

城市	在岗职工人数(万人)			在岗职工平均工资(元)		
	2008	2009	增长速度(%)	2008	2009	增长速度(%)
全国	**12192.5**	**12573.0**	**3.1**	**29229**	**32736**	**12.0**
京津冀经济区						
北京	526.1	560.4	6.5	54913	58140	5.9
天津	178.1	182.7	2.6	41748	44992	7.8
石家庄	81.9	80.2	-2.1	23465	27371	16.6
唐山	71.9	75.3	4.7	29168	33332	14.3
廊坊	26.2	28.8	10.0	28631	31472	9.9
秦皇岛	26.7	26.6	-0.3	29144	32234	10.6
承德	23.5	24.1	2.4	24209	26723	10.4
张家口	31.4	30.8	-1.8	23600	26678	13.0
保定	61.2	59.8	-2.2	21925	24968	13.9
沧州	41.8	39.8	-4.8	25271	29775	17.8
长江三角洲经济区						
上海	305.4	566.4	85.5	56565	63549	12.3
江苏省	**668.3**	**673.7**	**0.8**	**31667**	**35890**	**13.3**
南京	99.0	110.1	11.2	39876	43622	9.4
无锡	57.3	58.0	1.2	38843	43350	11.6
常州	35.9	36.0	0.1	34834	39220	12.6
苏州	118.1	115.8	-1.9	36090	40261	11.6
南通	57.6	58.2	1.1	30856	35224	14.2
扬州	35.9	37.1	3.5	27323	30609	12.0
镇江	34.6	34.6	0.2	30958	34209	10.5
泰州	31.7	32.2	1.7	25737	29807	15.8
浙江省	**689.4**	**749.6**	**8.7**	**34146**	**37395**	**9.5**
杭州	159.9	174.0	8.8	40193	43947	9.3
宁波	111.4	121.2	8.8	35835	39139	9.2
嘉兴	72.0	72.6	0.8	29219	31965	9.4
湖州	30.8	31.9	3.6	31455	33843	7.6
绍兴	77.7	91.8	18.1	30636	32502	6.1
舟山	12.0	14.3	19.2	38714	40560	4.8
台州	54.9	59.7	8.7	34126	36822	7.9
珠江三角洲经济区						
广州	217.3	225.5	3.8	45702	49519	8.4
深圳	198.4	220.2	11.0	43454	46723	7.5
珠海	55.0	57.5	4.5	29703	31764	6.9
佛山	54.2	54.4	0.3	31047	34106	9.9
惠州	72.6	76.6	5.5	22727	25786	13.5
东莞	20.7	22.6	9.1	39516	42585	7.8
中山	23.7	26.0	9.6	31696	36165	14.1
江门	41.0	40.6	-1.0	21675	24304	12.1
肇庆	26.0	25.9	-0.5	23386	26174	11.9

注：全国在岗职工人数为城镇单位就业人员数。

9-9-1

单位：元

城　市	城镇居民人均可支配收入			农村居民人均纯收入		
	2008	2009	增长速度(%)	2008	2009	增长速度(%)
全　国	**15781**	**17175**	**8.8**	**4761**	**5153**	**8.2**
京津冀经济区						
北　京	24725	26738	8.1	10747	11986	11.5
天　津	19423	21402	10.2	9670	10675	10.4
石家庄	15062	16607	10.3	5469	5977	9.3
唐　山	12129	13355	10.1	6625	7420	12.0
廊　坊	12312	13555	10.1	6155	6834	11.0
秦皇岛	14457	15961	10.4	5068	5516	8.8
承　德	16382	18053	10.2	3656	3926	7.4
张家口	14081	15499	10.1	3286	3559	8.3
保　定	12054	13246	9.9	4331	4682	8.1
沧　州	12062	13282	10.1	4506	4955	10.0
长江三角洲经济区						
上　海	26675	28838	8.1	11385	12324	8.2
江苏省	**18680**	**20552**	**10.0**	**7357**	**8004**	**8.8**
南　京	22337	24678	10.5	8951	9858	10.1
无　锡	23263	25027	7.6	11280	12403	10.0
常　州	21234	23392	10.2	10171	11198	10.1
苏　州	24680	27188	10.2	11785	12969	10.0
南　通	17540	19469	11.0	7811	8696	11.3
扬　州	15465	17332	12.1	7450	8295	11.3
镇　江	19001	21041	10.7	8703	9642	10.8
泰　州	16165	18079	11.8	7338	8180	11.5
浙江省	**22727**	**24611**	**8.3**	**9258**	**10007**	**8.1**
杭　州	24104	26171	8.6	10692	11822	10.6
宁　波	25196	27237	8.1	11450	12641	10.4
嘉　兴	22481	24693	9.8	11538	12685	9.9
湖　州	21604	23280	7.8	10751	11745	9.2
绍　兴	24646	26874	9.0	10950	12026	9.8
舟　山	22257	24082	8.2	11367	12612	11.0
台　州	22738	24429	7.4	9180	10006	9.0
珠江三角洲经济区						
广　州	25317	27610	9.1	9828	11067	12.6
深　圳	26729	29245	9.4			
珠　海	20949	22859	9.1	8024	8552	6.6
佛　山	22494	24578	9.3	9656	10699	10.8
惠　州	19481	21278	9.2	6626	7583	14.4
东　莞	30275	33045	9.1	12328	13064	6.0
中　山	21560	23088	7.1	11957	13061	9.2
江　门	17196	19004	10.5	6807	7534	10.7
肇　庆	13642	15063	10.4	5872	6291	7.1

注：杭州城镇居民人均可支配收入为市区人均可支配收入。

第十篇

BEIJING AREA STATISTICAL YEARBOOK

北京在全国的位置

BEIJING ZAIQUANGUO DEWEIZHI

10-1 北京与全国主要指标对比

——经 济

项 目		2008			2009		
		北 京	全 国	北京占全国(%)	北 京	全 国	北京占全国(%)
地区生产总值	(亿元)	11115.0	314045.4	3.5	12153.0	340506.9	3.6
第一产业	(亿元)	112.8	33702.0	0.3	118.3	35226.0	0.3
第二产业	(亿元)	2626.4	149003.4	1.8	2855.5	157638.8	1.8
第三产业	(亿元)	8375.8	131340.0	6.4	9179.2	147642.1	6.2
人均地区生产总值	(元)	66797	23708	——	70452	25575	——
地方财政收入(一般预算)	(亿元)	1837.3	28649.8	6.4	2026.8	32602.6	6.2
地方财政支出(一般预算)	(亿元)	1959.3	49248.5	4.0	2319.4	61044.1	3.8
工业总产值(现价,规模以上)	(亿元)	10413.1	507448.0	2.1	11039.1	548311.0	2.0
全社会固定资产投资	(亿元)	3848.5	172828.4	2.2	4858.4	224598.8	2.2
社会消费品零售总额	(亿元)	4645.5	114830.1	4.0	5309.9	132678.4	4.0
海关出口总额	(亿美元)	575.0	14306.9	4.0	483.6	12016.1	4.0
海关进口总额	(亿美元)	2141.9	11325.6	18.9	1664.3	10059.2	16.5
外商直接投资项目数	(个)	1897	27514	6.9	1423	23435	6.1
实际利用外商直接投资	(亿美元)	60.8	924.0	6.6	61.2	900.3	6.8
入境旅游人数	(万人次)	379.0	13002.7	2.9	412.5	12647.6	3.3
金融机构(含外资)人民币存款余额	(亿元)	42107.5	466203.0	9.0	54275.4	597741.0	9.1
#城乡居民储蓄存款余额	(亿元)	12538.1	217885.0	5.8	15329.2	260772.0	5.9
金融机构(含外资)人民币贷款余额	(亿元)	19985.1	303468.0	6.6	25421.8	399685.0	6.4

注:部分数据取自《北京统计年鉴》、《中国统计年鉴》。

10-2 北京与全国主要指标对比
——社 会

项 目		2008			2009		
		北 京	全 国	北京占全国(%)	北 京	全 国	北京占全国(%)
年底人口数(年末常住人口)	(万人)	1695.0	132802	1.3	1755.0	133474	1.3
城镇人口	(万人)	1439.1	60667	2.4	1491.8	62186	2.4
乡村人口	(万人)	255.9	72135	0.4	263.2	71288	0.4
从业人员	(万人)	980.9	77480	1.3	998.3	77995	1.3
城镇居民人均可支配收入	(元)	24725	15781	——	26738	17175	——
农村居民人均纯收入	(元)	10747	4761	——	11986	5153	——
登记结婚对数	(万对)	14.8	1098.3	1.3	18.2	1212.4	1.5
登记离婚对数	(万对)	3.8	226.9	1.7	4.1	246.8	1.7
普通高等学校在校学生数	(万人)	57.6	2021.0	2.9	57.7	2144.7	2.7
普通中学在校学生数	(万人)	54.4	8050.5	0.7	52.2	7867.9	0.7
小学在校学生数	(万人)	66.0	10331.5	0.6	64.7	10071.5	0.6
城市排水管道长度	(公里)	8881	315220	2.8	9344	343892	2.7
客运出租小轿车	(辆)	66646	968811	6.9	66646	971579	6.9

附录

BEIJING AREA
STATISTICAL YEARBOOK

港澳台地区
及世界主要国家
统计资料

GANGAOTAI DIQU
JI SHIJIE ZHUYAO GUOJIA
TONGJIZILIAO

附1 香港特别行政区主要统计指标

项　　目		2005	2006	2007	2008	2009
人口及生命统计						
年中人口	（万人）	681.3	685.7	692.6	697.8	700.4
粗出生率	（‰）	8.4	9.6	10.2	11.3	11.7
粗死亡率	（‰）	5.7	5.5	5.7	6.0	5.7@
婴儿死亡率	（‰）	2.3	1.8	1.8	1.8	1.6@
（按每千名登记活产婴儿计算）						
劳动、就业						
劳动人口	（万人）	353.4*	357.2*	363.0*	364.9*	367.7
劳动人口参与率	（%）	60.9	61.2*	61.2*	60.9*	60.7
失业率	（%）	5.6	4.8	4.0	3.6	5.4
就业人数	（万人）	333.7	340.1	348.4	351.9	348.0
选定行业的就业人数①						
制　造	（万人）				16.7	15.1
建　筑	（万人）				26.9	26.9
进出口贸易及批发	（万人）				58.7	55.9
零售、住宿及膳食服务	（万人）				55.9	55.6
运输、仓库、邮政及速递服务、资讯及通讯	（万人）				43.2	42.6
金融、保险、地产、专业及商用服务	（万人）				63.6	63.6
公共行政、社会及个人服务	（万人）				84.6	86.1
实际工资指数②（1992年9月=100）		115.3	115.9	117.6	123.4	120.2
对外商品贸易						
进　口	（亿港元）	23295	25998	28680	30253	26924
港产品出口	（亿港元）	1360	1345	1091	908	577
转　口	（亿港元）	21141	23265	25784	27334	24113
对外服务贸易						
服务出口	（亿港元）	4953.9	5650.5	6607.3	7172.5*	6690.2@
服务进口	（亿港元）	2642.37	2879.0	3322.4	3664.8*	3440.1@
工业生产						
工业生产指数（2008年=100）		106.4	108.7	107.2	100.0	91.7
工业电力消费量	（万亿焦耳）	14636	14015	13104	12182	11143
工业煤气消费量	（万亿焦耳）	898	903	895	905	902
土地、楼宇、建造及地产						
新落成私人楼宇数目	（栋）	778	812	358	755	669
实用楼面面积						
住　宅	（万平方米）	70.9	71.5	45.1	43.4	44.3
非住宅	（万平方米）	51.7	67.3	57.8	66.3	37.2
获批准可动工兴建私人楼宇						
初次呈交	（栋）	356	480	313	273	403
重大修改	（栋）	463	164	853	111	182

附1-1

项　　目		2005	2006	2007	2008	2009
房屋及物业						
永久性屋宇单位						
公营租住房屋③	(万个)	70.92	71.69	71.74	72.16	74.12
资助出售单位③④	(万个)	38.88	39.17	39.76	39.7	39.58
私人房屋④⑤	(万个)	133.31	136.86	138.61	139.87	140.94
总　计	(万个)	243.12	247.72	250.12	251.73	254.64
运输、通讯、旅游						
进出香港货物						
总卸下	(万吨)	16333	16366	16317	16571	15567
总装上	(万吨)	10914	11567	12229	12916.2	11745
集装箱吞吐量	(万标准集装箱)	2260	2353.9	2400	2449	2104
电话服务	(万条操作线路)	379	383.6	409	410.8*	419
访港旅客⑥	(万人次)	2335.9	2525.1	2816.9	2950.7	2959.1
政府收支、货币、金融						
政府储备结余⑦	(亿港元)	3107	3692.52	4929	4944*	5203
政府收入总额⑦⑧	(亿港元)	2470	2880.14	3585	3166	3184
政府支出总额⑦⑧	(亿港元)	2331	2294.25	2348	3151	2925
货币供应量M3						
港　元⑨	(亿港元)	23458	27955	33005	32613	36048
外　币⑩	(亿港元)	20614	22942	28393	30394*	30220
总　计	(亿港元)	44072	50897	61398	63008*	66268
港汇指数(贸易总值(进口及整体出口)加权) (2000年1月=100)		97.4	96.1	91.9	87.1	88.2
消费价格指数						
(2004年10月至2005年9月=100)						
综合消费价格指数		100.3	102.4	104.4	108.9	109.5
甲类消费价格指数		100.3	102.1	103.4	107.1	107.4
乙类消费价格指数		100.4	102.4	104.7	109.5	110.0
丙类消费价格指数		100.3	102.6	105.3	110.2	110.9
教　育						
小学学生人数	(人)	425864	410516	385949	365056	344748
中学学生人数⑪	(人)	483450	489498*	492410*	489362*	481188
教资会资助院校学生人数⑫	(人)	91786	91564	171580	182499*	168019

附1–2

项　目		2005	2006	2007	2008	2009
卫　生						
医　生	（人）	11505	11739	11961	12215	12424
中　医	（人）	5133	5268	5540	5860	6048
病　床	（张）	34119	34532	34928	35048	35062
社会保障						
综合社会保障援助⑦						
个案数目⑬	（个）	297434	294204	285773	289469	287822
发放款项⑭	（亿港元）	178	176	180	186	190@
公共福利金⑦						
个案数目⑬	（个）	574135	583474	594341	612128	627816
发放款项	（亿港元）	53	55	60	88	89@
交通意外伤亡援助⑦						
获批个案数目	（个）	7893	7604	7841	7224	7350
本地生产总值						
按2007年环比物量计算⑭						
年增长率	（%）	7.1	7	6.4	2.2@	-2.8@
本地生产总值	（亿港元）	14403	15415	16398	16753@	16291@
人均本地生产总值	（港元）	211405	224796	236767	240096@	232599@
按当年价格计算						
年增长率	（%）	7.0	6.7	9.5	3.7@	-2.6@
本地生产总值	（亿港元）	13826	14754	16155	16753@	16323@
人均本地生产总值	（港元）	202928	215158	233248	240096@	233060@
本地居民生产总值						
按当年价格计算						
本地居民生产总值	（亿港元）	13842	15027	16599	17586@	16817@
人均本地居民生产总值	（港元）	203170	219146	239664	252034@	240113@
国外净要素收入	（亿港元）	16	273	444	833	494@
国际收支平衡表						
经常账户	（亿港元）	1569.3	1781.7	1991.6	2281.3*	1416.9@
资本及金融账户	（亿港元）	-1824.3	-2099.4	-2592.5	-2311.6*	-1649.2@
净误差及遗漏	（亿港元）	255.0	317.7	600.9	30.4*	232.4@
整体的国际收支	（亿港元）	106.8 （盈余）	467.4 （盈余）	1145.0 （盈余）	2638.7 （盈余）	5492.6 （盈余）
国际投资头寸⑮						
国际投资头寸净值⑯	（亿港元）	34061	40297	37736	48267*	57682@
对外金融资产	（亿港元）	115883	149987	211941	175213*	198125@
对外金融负债	（亿港元）	81822	109690	174205	126946*	140443@

附1-3

注：①由2009年开始，数字是按“香港标准行业分类2.0版”编制，其数列已作出后向估计至2008年。

②实际工资指数是从名义工资指数中，以2004—2005年为基期的甲类消费物价指数扣除通胀的影响而计算出来。由2009年3月开始，工资统计数字是按“香港标准行业分类2.0版”编制，其数列已作出后向估计至2004年。

③房屋委员会售出的公营租住房屋单位归类为资助出售单位。

④资助出售单位包括房屋委员会及香港房屋协会售出而不可在公开市场买卖的屋宇单位。可在公开市场买卖的资助出售单位则归类为私人永久性房屋。

⑤数字包括用作住宿用途的非住宅屋宇单位。

⑥访港旅客数字包括经澳门访港的非澳门居民。

⑦数字是以相应的财政年度为根据。例如2009年的数字代表2009—2010年财政年度数字。

⑧2009年的数字有待审计署署长核实。

⑨所列数字已包括外币掉期存款。

⑩所列数字已扣除外币掉期存款。《中华人民共和国香港特别行政区基本法》说明，港元是香港特别行政区的法定货币。外币指港元以外的其他货币，因而人民币亦视作外币。

⑪数字涵盖日、夜校。

⑫是指香港城市大学、香港浸会大学、岭南大学、香港中文大学、香港教育学院、香港理工大学、香港科技大学和香港大学就读学生。由2007年起，数字也包括修读自费课程的全部学生人数。

⑬于财政年度终结时的数字。除特别注明外，财政年度是由4月1日至翌年3月31日。

⑭以环比物量计算的本地生产总值及其组成部分的参照年，已由2007年重订为2008年。重订参照年会影响环比物量估算的数值，但不会改变其变动率。

⑮期末头寸。

⑯国际投资头寸净值是对外金融资产总值与对外金融负债总值之差。

@表示数字在日后会作出修订。

附2 澳门特别行政区主要统计指标

项目		2005	2006	2007	2008	2009
人口及生命统计						
年中人口估计	(万人)	47.3	49.9	52.6	55.2	54.4
出生率	(‰)	7.8	8.1	8.6	8.5	8.8
死亡率	(‰)	3.4	3.1	2.9	3.2	3.1
婴儿死亡率	(‰)	3.3	2.7	2.4	3.2	2.1
(按每千名出生登记活产婴儿计算)						
劳动、就业						
劳动人口①	(万人)	24.8	27.5	31.0	33.3	32.9
劳动力参与率	(%)	63.4	65.9	69.2	70.6	72.0
失业率	(%)	4.1	3.8	3.1	3.0	3.6
就业不足率	(%)	1.4	1.0	1.0	1.6	1.9
就业人口	(万人)	23.7	26.5	30.0	32.3	31.8
建筑业	(万人)	2.3	3.1	3.9	3.8	3.3
批发及零售业	(万人)	3.5	3.6	3.8	4.0	4.1
酒店及饮食业	(万人)	2.5	3.0	3.5	4.1	4.4
团体、社会及个人的其他服务	(万人)	4.1	5.3	6.9	7.9	7.5
对外商品贸易						
出　口	(亿澳门元)	198	205	204	160	77
本地产品出口	(亿澳门元)	144	144	135	96	30
再出口	(亿澳门元)	55	61	69	64	47
进　口	(亿澳门元)	313	365	431	430	369
贸易价格比率(2006=100)		103.0	100.0	96.2	93.5	93.7
工业生产						
工业电力消耗量	(亿千瓦小时)	2.5	2.4	2.4	2.1	1.6
建筑(私人部门)						
新建及扩建楼宇单位数目	(个)	1277	3026	2051	1177	3251
新建及扩建楼宇总面积	(万平方米)	39	128	193	58	141
新动工的楼宇单位数目	(个)	4947	3871	4390	2046	1547
新动工的楼宇总面积	(万平方米)	213	99	220	53	23
楼宇单位买卖数目	(个)	33644	26400	32250	21516	17310
不动产买卖契约数目	(宗)	20022	13593	14558	9712	9111
不动产按揭贷款数目	(宗)	14769	9156	13250	11847	8965
运输、通讯、旅游						
进出澳门重型货运车辆数目	(万次)	60.8	66.5	67.4	56.4	40.3
进出澳门的客船班	(万次)	9.2	9.6	10.5	10.5	13.2
澳门国际机场的商业航班	(万次)	4.3	4.8	4.9	4.6	3.7
登记车辆	(万辆)	15.4	16.4	17.6	18.3r	18.9
电话线	(万条)	70.7	81.3	97.2	110.9	120.9
访澳旅客②	(万人次)	1871	2200	2699	2293	2175
酒店入住率	(%)	71	72	77	74r	71
财政收支、货币、金融						
财政总收入③	(亿澳门元)	282	372	537r	623r	699
财政总支出③	(亿澳门元)	212	273	233	304r	354
货币供应 (广义货币供应量M_2)	(亿澳门元)					
澳门元	(亿澳门元)	367	453	510	541	597
港　元	(亿澳门元)	701	910	1015	992	1138
其他货币	(亿澳门元)	288	326	331	365	387
总　计	(亿澳门元)	1357	1689	1855	1898	2122
本地/私人部门贷款及垫款	(亿澳门元)	425	488	683	889	972

附2-1

项　　目		2005	2006	2007	2008	2009
居民消费价格指数						
(2008年4月至2009年3月=100)						
综合消费价格指数		83.1r	87.4r	92.3r	100.2r	101.4
甲类消费价格指数		82.4r	87.1r	92.3r	100.7r	101.5
乙类消费价格指数		83.4r	87.5r	92.3r	100.1r	101.4
房屋(期末值)						
公共房屋④	(套)	6936	6637	6681	6253	7165
教育⑤						
幼儿教育学生	(人)	10216	9453	9149	9270	
小学生	(人)	35187	32674	29995r	27481	
中学生	(人)	45995	44988	41124r	39463	
高等教育学生	(人)	15927	17462	18743	20917	
医疗卫生						
医　生	(人)	1105	1235	1323	1373	1415
护　士	(人)	1134	1212	1335	1415	1491
病　床	(张)	984	980	1014	1030	1109
社会保障						
受益人数目	(人)	181117	204002	228125	250476	259280
供款单位数目	(个)	12305	13760	15278	17175	34260
总发放援助次数	(万次)	23.9	24.0	23.7	40.8	45.4
总发放金额	(万澳门元)	28556	26672	31753	43616	66815
治　安						
罪案数目	(宗)	10538	10855	12921	13864	12406
囚犯数目	(期末值,人)	897	859	812	912	930
本地生产总值						
按2002年不变价格计算						
支出法本地生产总值实际增长率	(%)	6.9	16.5	26.0r	12.9r	1.3
本地生产总值	(亿澳门元)	851.9	992.4	1250.3r	1412.2r	1430.9
人均本地生产总值	(万澳门元)	17.9	19.9	23.8r	25.7r	26.3
按当年价格计算						
支出法本地生产总值名义增长率	(%)	12.1	23.3	32.1r	15.5r	-2.4
本地生产总值	(亿澳门元)	921.9	1137.1	1502.1r	1735.5r	1693.4
人均本地生产总值	(万澳门元)	19.4	22.8	28.6r	31.6r	31.1

注：①2009年起劳动人口的年龄下限由14岁改为16岁。

②自2008年开始访澳旅客不包括外地雇员及学生等。

③由于公共会计编制方法及概念的改变，2007年与前期的收支及入账方式有所不同，因此2007年的收支项目不宜与前期资料直接比较。2009年数字在日后得到更多资料时会作出修订。

④不包括已出售房屋。

⑤不包括特殊教育学生。第n年的学生人数是指n/n+1学年年终学生人数。

附3 台湾省面积和人口主要指标

项　　目		2005	2006	2007	2008	2009
土地面积	（万平方公里）	3.6	3.6	3.6	3.6	3.6
户籍登记人口数	（万人）	2277.0	2287.7	2295.8	2303.7	2312.0
男	（万人）	1156.2	1159.2	1160.9	1162.6	1163.7
女	（万人）	1120.8	1128.5	1135.0	1141.1	1148.3
粗出生率	（‰）	9.06	8.96	8.92	8.64	8.29
粗死亡率	（‰）	6.1	6.0	6.2	6.3	6.2
人口自然增长率	（‰）	2.92	3.01	2.76	2.40	2.07
一般生育率	（‰）	33	33	32	31	31
结婚率	（对/千人）	6.21	6.25	5.89	6.73	5.07
离婚率	（对/千人）	2.75	2.83	2.55	2.43	2.48
期望寿命						
男	（岁）	74.50	74.86	74.46	75.49	75.92
女	（岁）	80.80	80.41	81.72	82.01	82.64
人口的年龄分布						
0—14岁	（%）	18.70	18.12	17.56	16.95	16.34
15—64岁	（%）	71.56	71.88	72.24	72.62	73.03
65岁及以上	（%）	9.74	10.00	10.21	10.43	10.63
性别比	（女=100）	103.16	102.72	102.28	101.89	101.34
人口密度	（人/平方公里）	629.2	632.2	634.4	636.6	638.8

资源来源：台湾省《统计月报》（以下各表同）。

附4 台湾省劳动力和就业状况

项目		2005	2006	2007	2008	2009
劳动力总计	(万人)	1037.1	1052.2	1071.3	1085.3	1091.7
男	(万人)	601.2	605.6	611.6	617.3	618.0
女	(万人)	435.9	446.7	459.7	468.0	473.7
就业人数	(万人)	994.2	1011.1	1029.4	1040.3	1027.9
男	(万人)	575.3	581.0	586.8	590.2	577.6
女	(万人)	419.0	430.1	442.6	450.1	450.2
就业者行业构成	(%)	100.0	100.0	100.0	100.0	100.0
农、林、渔、牧业	(%)	5.9	5.5	5.3	5.1	5.3
工 业	(%)	36.4	36.6	36.8	36.8	35.8
矿业及土石采取业	(%)	0.1	0.1	0.1	0.1	0.05
制造业	(%)	27.5	27.5	27.6	27.7	27.1
电力及燃气供应业	(%)	0.3	0.3	0.3	0.3	0.3
用水供应及污染整治业	(%)	0.6	0.6	0.6	0.7	0.7
建筑业	(%)	8.0	8.2	8.2	8.1	7.7
服务业	(%)	57.7	57.9	57.9	58.0	58.9
批发及零售业	(%)	17.4	17.4	17.3	17.0	16.9
运输及仓储业	(%)	4.1	4.1	4.0	4.0	3.9
金融及保险业	(%)	4.1	4.0	3.9	4.0	4.0
咨讯及通讯传播	(%)	2.0	2.1	2.0	2.0	2.0
住宿及餐饮业	(%)	6.4	6.6	6.6	6.6	6.7
教育服务业	(%)	5.6	5.6	5.7	5.8	6.0
公共行政	(%)	3.4	3.3	3.2	3.3	3.7
失业人数	(万人)	42.8	41.1	41.9	45.0	63.9
失业率	(%)	4.1	3.9	3.9	4.1	5.9

附5 台湾省本地居民生产总值

年 份	本地居民生产总值			人均本地居民生产总值	
	新台币亿元	实际年增长率(%)	亿美元①	新台币元	美 元①
2002	106541	5.7	3081	474294	13716
2003	110251	4.5	3203	488645	14197
2004	117374	6.4	3511	518280	15503
2005	120311	3.8	3739	529313	16449
2006	125552	5.5	3860	550099	16911
2007	132433	6.0	4033	577869	17596
2008	130131	0.5	4126	565846	17941
2009	129304	-1.1	3916	560384	16969

注：①按当年汇率折算。

附6 中国与世界主要国家(地区)对比资料
——国土面积和人口

国家和地区	国土面积（万平方公里）	年中人口数（万人）	人口增长率（%）	人口密度（人/平方公里）
世界总计	**13409.7**	**669725**	**1.17**	**52**
中　　国	960.0	132466	0.51	142
孟加拉国	14.4	16000	1.41	1229
印　　度	328.7	113996	1.34	383
印度尼西亚	190.5	22735	1.18	125
伊　　朗	174.5	7196	1.31	44
以 色 列	2.2	731	1.78	338
日　　本	37.8	12770	-0.05	350
哈萨克斯坦	272.5	1567	1.22	6
朝　　鲜	12.1	2382	0.38	198
韩　　国	10.0	4861	0.31	502
马来西亚	33.0	2701	1.71	82
蒙　　古	156.4	264	1.13	2
缅　　甸	67.7	4956	0.88	76
巴基斯坦	79.6	16611	2.14	215
菲 律 宾	30.0	9035	1.82	303
新 加 坡	0.1	484	5.32	6943
斯里兰卡	6.6	2016	0.73	312
泰　　国	51.3	6739	0.61	132
越　　南	33.1	8621	1.23	278
埃　　及	100.1	8153	1.82	82
尼日利亚	92.4	15121	2.34	166
南　　非	121.9	4869	1.73	40
加 拿 大	998.5	3331	1.01	4
墨 西 哥	196.4	10635	1.01	55
美　　国	963.2	30406	0.92	33
阿 根 廷	278.0	3988	0.99	15
巴　　西	851.5	19197	0.97	23
委内瑞拉	91.2	2794	1.63	32
白俄罗斯	20.8	968	-0.22	48
保加利亚	11.1	762	-0.48	70
捷　　克	7.9	1042	0.87	135
法　　国	54.9	6228	0.55	114
德　　国	35.7	8211	-0.19	235
意 大 利	30.1	5983	0.77	203
荷　　兰	4.2	1645	0.39	487
波　　兰	31.3	3813	0.01	125
罗马尼亚	23.8	2151	-0.15	94
俄罗斯联邦	1709.8	14195	-0.11	9
西 班 牙	50.5	4556	1.50	91
土 耳 其	78.4	7391	1.24	96
乌 克 兰	60.4	4626	-0.54	80
英　　国	24.4	6141	0.67	254
澳大利亚	774.1	2143	1.69	3
新 西 兰	26.8	427	0.96	16

资料来源：世界银行数据库。

附7 中国与世界主要国家(地区)对比资料
——按三次产业分就业人员构成

单位：%

国家和地区	第一产业		第二产业		第三产业	
	2005	2007	2005	2007	2005	2007
中　　国①	44.8	40.8	23.8	26.8	31.4	32.4
孟加拉国	48.1		14.5		37.4	
印度尼西亚	44.0	41.2	18.7	18.8	37.2	39.9
伊　　朗	24.9	22.8	30.4	32.0	44.6	45.1
以 色 列	2.0	1.6	21.7	21.9	75.6	75.6
日　　本	4.4	4.2	27.9	27.9	66.4	66.7
哈萨克斯坦	33.5②		17.4②		49.1②	
韩　　国	7.9	7.4	26.8	25.9	65.1	66.6
马来西亚	14.6	14.8	29.7	28.5	55.6	56.7
蒙　　古	39.9	37.7	16.8	17.9	43.3	44.5
巴基斯坦	43.0	43.6	20.3	21.0	36.6	35.4
菲 律 宾	37.0	36.1	14.9	15.1	48.1	48.8
新 加 坡	0.8②	1.1	24.0②	22.6	75.2②	76.2
斯里兰卡	30.3	31.3	25.2	26.6	38.4	38.7
泰　　国	42.6	41.7	20.2	20.7	37.1	37.4
越　　南	57.9②		17.4②		27.4②	
埃　　及	30.9		21.5		47.5	
南　　非	7.5	8.8	25.6	26.0	66.6	64.9
加 拿 大	2.7	2.5	22.5	21.6	74.7	75.9
墨 西 哥	14.9	13.5	25.7	25.9	58.9	59.9
美　　国	1.6	1.4	20.6	20.6	77.8	78.0
阿 根 廷	1.1		23.5		75.1	
巴　　西	20.5		21.4		57.9	
委内瑞拉	10.7③	8.7	19.8③	23.3	69.1③	67.7
保加利亚	8.9	7.5	34.2	35.5	56.6	56.9
捷　　克	4.0	3.6	39.5	40.2	56.5	56.2
法　　国	3.6	3.4	23.7	23.2	72.3	73.1
德　　国	2.3	2.2	29.7	29.8	67.8	67.9
意 大 利	4.2	4.0	30.8	30.2	65.0	65.8
荷　　兰	3.2	3.0	19.6	19.1	72.4	73.2
波　　兰	17.4	14.7	29.2	30.7	53.4	54.5
罗马尼亚	32.1	29.5	30.3	31.4	37.5	39.1
俄罗斯联邦	10.2	9.0	29.8	29.2	60.0	61.8
西 班 牙	5.3	4.5	29.7	29.3	65.0	66.2
土 耳 其	29.5	26.4	24.8	25.5	45.8	48.0
乌 克 兰	19.4	16.7	24.2	23.9	56.4	59.4
英　　国	1.3	1.4	22.2	22.3	76.2	76.0
澳大利亚	3.6	3.4	21.1	21.2	75.0	75.1
新 西 兰	7.1	7.2	22.0	21.9	70.6	70.5

注：①中国数据来源于《中国统计年鉴》。②2004年数据。③2003年数据。
资料来源：世界银行数据库。

附8 中国与世界主要国家(地区)对比资料
——国内生产总值及其增长率

国家和地区	2009 国内生产总值①(亿美元)	国内生产总值增长率（%）			
		2005	2006	2008	2009
世　界	**579375**	**4.48②**	**5.08②**	**3.02②**	**-0.60②**
中　国	49090	11.31③	12.68③	9.63③	9.11③
孟加拉国	945	6.30	6.53	6.03	5.43
印　度	12360	9.21	9.82	6.40	5.67
印度尼西亚	5394	5.69	5.50	6.01	4.55
伊　朗	3305	4.67	5.85	2.27	1.82
以色列	1948	5.10	5.28	4.00	0.71
日　本	50681	1.93	2.04	-1.19	-5.20
哈萨克斯坦	1093	9.70	10.70	3.20	1.17
韩　国	8325	3.96	5.18	2.30	0.20
马来西亚	1915	5.33	5.85	4.63	-1.72
蒙　古	42	7.25	8.56	8.92	-1.61
缅　甸	276	13.57	13.08	3.60	4.84
巴基斯坦	1665	7.67	6.15	2.04	1.97
菲律宾	1610	4.95	5.34	3.84	1.10
新加坡	1771	7.65	8.68	1.39	-1.30
斯里兰卡	413	6.24	7.67	5.95	3.50
泰　国	2639	4.61	5.15	2.46	-2.20
越　南	924	8.44	8.23	6.18	5.32
埃　及	1880	4.47	6.84	7.17	4.67
尼日利亚	1734	5.39	6.21	5.98	5.63
南　非	2872	5.28	5.60	3.68	-1.79
加拿大	13364	3.02	2.85	0.50	-2.50
墨西哥	8749	3.21	4.93	1.49	-6.54
美　国	142563	3.05	2.67	0.44	-2.44
阿根廷	3101	9.18	8.47	6.76	0.85
巴　西	15740	3.16	3.96	5.14	-0.19
委内瑞拉	3373	10.32	9.87	4.78	-3.29
白俄罗斯	490	9.44	10.01	10.02	0.20
保加利亚	471	6.25	6.32	6.01	-5.03
捷　克	1948	6.32	6.81	2.46	-4.29
法　国	26759	1.94	2.42	0.10	-2.50
德　国	33527	0.73	3.18	1.25	-4.90
意大利	21183	0.66	2.04	-1.32	-5.04
荷　兰	7948	2.05	3.39	2.00	-3.98
波　兰	4302	3.62	6.23	5.00	1.70
罗马尼亚	1615	4.12	7.92	7.35	-7.13
俄罗斯联邦	12292	6.39	7.68	5.62	-7.90
西班牙	14640	3.62	4.02	0.86	-3.64
土耳其	6153	8.40	6.89	0.66	-4.74
乌克兰	1162	2.70	7.30	2.10	-15.10
英　国	21836	2.17	2.85	0.55	-4.92
澳大利亚	9972	3.20	2.60	2.38	1.33
新西兰	1178	3.16	1.01	-0.15	-1.59

注：①按汇率法计算。②按购买力平价法加权。③数据来源于中国国家统计局。
资料来源：国际货币基金组织数据库。

附9 中国与世界主要国家(地区)对比资料
——居民消费价格指数

(2000年=100)

国家和地区	总指数			其中：食品和非酒精饮料		
	2007	2008	2009	2007	2008	2009
中　　国	113.7	120.4	119.6	133.8	152.8	153.9
孟加拉国①	147.6	160.7	168.8	151.9	168.7	177.2
印　　度②	136.0	147.5	163.1	137.0	152.3	173.1
印度尼西亚	187.8	207.2	216.1	180.4	210.9	225.7
伊　　朗	246.1	309.1	350.7	100.0③⑧	131.0③⑧	146.5③⑧
以 色 列	111.4	116.5	120.4	119.5	133.2	135.2
日　　本	98.1	99.5	98.1	98.6	101.1	101.4
哈萨克斯坦	168.8	197.5		223.1④	223.1④	
韩　　国	123.5	129.3	132.9	132.5	139.1	149.6
马来西亚	115.3	121.5	122.3	115.9	126.1	131.4
蒙　　古⑨	109.6	140.3	150.9	112.9	158.2	160.9
缅　　甸		142.5	144.6		143.8	143.3
巴基斯坦	150.3	180.8	205.5	158.8	202.6	229.6
菲 律 宾	141.8	155.0	160.1	134.9	152.3	161.3
新 加 坡	106.5	113.5	114.2	109.2	117.7	120.4
斯里兰卡(科伦坡)⑩	163.1	199.9	206.8	163.4	213.3	219.2
泰　　国（曼谷）	119.7	126.2	125.2	124.9	139.4	145.4
埃　　及	157.6	186.4	208.4	130.6⑦	162.0⑦	188.1⑦
尼日利亚	236.6	263.9	296.6	232.6	270.0	309.6
南　　非	143.5	160.0	171.4	163.1⑪	100.0⑪	109.4⑪
加 拿 大	116.9	119.7	120.0	119.9	124.1	130.1
墨 西 哥	137.0	144.0	151.6	142.6	154.1	167.5
美　　国⑤	120.4	125.0	124.6	120.9	127.6	129.9
阿根廷(布宜诺斯艾利斯)	195.2	211.9	225.2	228.5	243.9	250.9
巴　　西	163.5	172.8	181.2	161.2	182.3	
委内瑞拉(加拉加斯)	344.0	452.1	581.4	506.3	738.0	958.3
白俄罗斯	445.9	512.0	578.3	417.4	491.1	559.8
保加利亚	150.7	169.3	174.0	140.0	163.4	162.3
捷　　克	117.9	125.4	126.7	109.8	118.7	114.0
法　　国	113.4	116.6	116.7	114.3	119.9	120.4
德　　国	112.5	115.4	115.9	110.5	118.3	116.7
意 大 利	116.9⑥	120.7⑥	121.6⑥	119.0	125.4	127.7
荷　　兰	116.2	119.1	120.6	109.4	115.6	116.8
波　　兰	118.6	123.8	128.3	115.9	122.5	129.1
罗马尼亚	258.8	279.1	294.7	230.6	251.9	260.1
俄罗斯联邦	238.8	272.5	304.3	226.4	273.7	306.7
西 班 牙	121.0	125.9	125.5	126.0	133.5	132.0
土 耳 其⑫	140.0	154.7	164.3	138.2	155.9	168.4
乌 克 兰	180.5	226.0	262.4	181.9	246.7	276.2
英　　国	121.3	126.1	125.5	114.6	125.2	131.8
澳大利亚	123.0	128.3	130.7	132.3	138.5	143.6
新 西 兰	119.6	124.4	127.0	118.8	129.0	136.9

注：①政府官员。②产业工人。③包括烟草。④包括酒精饮料和烟草。⑤城市消费者。⑥不包含烟草。⑦2004年为100。⑧2007年为100。⑨2006年为100。⑩2002年为100。⑪2008年为100。⑫2003年为100。

资料来源：联合国数据库。

附10 中国与世界主要国家(地区)对比资料
——货物进出口额

单位：亿美元

国家和地区	2008		2009	
	出 口	进 口	出 口	进 口
世 界①	**160970**	**164930**	**124610**	**126470**
中 国	14307	11326	12015	10057
孟加拉国	154	239	151	218
印 度	1948	3210	1552	2436
印度尼西亚	1396	1270	1198	917
伊 朗	1137	574	781	515
以 色 列	613	677	477	492
日 本	7820	7625	5808	5507
哈萨克斯坦	712	379	432	284
朝 鲜	21	36	16	21
韩 国	4220	4353	3635	3231
马来西亚	1995	1569	1574	1238
蒙 古	25	36	19	21
缅 甸	69	43	66	46
巴基斯坦	203	423	177	317
菲 律 宾	491	604	383	458
新 加 坡	3382	3198	2698	2458
斯里兰卡	85	140	74	99
泰 国	1778	1787	1525	1338
越 南	627	807	566	689
埃 及	262	484	212	449
尼日利亚	818	500	525	390
南 非	808	995	626	720
加 拿 大	4565	4190	3156	3303
墨 西 哥	2913	3183	2297	2415
美 国	12874	21695	10569	16038
阿 根 廷	700	574	558	388
巴 西	1979	1824	1530	1336
委内瑞拉	951	496	576	422
白俄罗斯	326	394	213	286
保加利亚	224	369	164	233
捷 克	1468	1420	1133	1050
法 国②	6012	7035	4750	5511
德 国	14462	11851	11209	9314
意 大 利	5380	5549	4047	4104
荷 兰	6379	5809	4986	4458
波 兰	1705	2088	1345	1466
罗马尼亚	495	841	405	541
俄罗斯联邦	4716	2919	3040	1919
西 班 牙	2815	4208	2180	2902
土 耳 其	1320	2020	1021	1409
乌 克 兰	670	855	398	455
英 国	4597	6330	3507	4799
澳大利亚	1873	2003	1540	1655
新 西 兰	306	344	249	256

注：①包括中国香港的转口贸易。②包括法属圭亚那、瓜德罗普、马提尼克和留尼汪的贸易值。
资料来源：世界贸易组织数据库。